1689

## Das Buch

Wussten Sie, dass Cäsar den FC Bayern München gründete? Dass wir die TV-Serie »Akte X« Stalin verdanken? Oder dass Frank Sinatra durch die Erfindung der Glühbirne zur tödlichen Waffe wurde und Nietzsche den offiziellen Song zu den Olympischen Winterspielen 2010 schrieb?

Von jedem Ereignis der Weltgeschichte sind es nur sieben Schritte zu jedem noch so aberwitzig weit entfernten anderen, wie Danny Kringiel vergnüglich demonstriert. Mit Siebenmeilenstiefeln eilt er durch Popkultur und harte Historie und verknüpft Lehrreiches mit Unterhaltsamem: wie etwa Richard Wagner die patriotischsten Pommes der Welt schuf, die Pest Harry Potters Liebesleben beflügelte und Johannes Gutenberg einem abtrünnigen Mormonen Sex auf dem Mond bescherte. So zeigt er auf überraschende wie augenzwinkernde Weise, warum absolut alles mit absolut allem zu tun hat!

## Der Autor

Danny Kringiel, geboren 1977, studierte Deutsch, Kunst und Englisch in Gießen, Erziehungswissenschaft in Frankfurt und promovierte 2008 über Computerspielanalyse an der Universität Frankfurt am Main. Zugleich arbeitete er als freier Journalist und kam 2010 zu SPIEGEL ONLINE. Seit 2011 ist er dort Redakteur im Zeitgeschichtsressort »einestages«.

Danny Kringiel

# Wie Hitler das Skateboard erfand

In sieben
Schritten
durch die
Weltgeschichte

Kiepenheuer
& Witsch

# Inhalt

*Für Peter*
*für alles*
*trotz allem*

# Vorwort

Es tut mir leid. Ehrlich. Vielleicht haben Sie dieses Buch im Regal gesehen, »Hitler« und »Skateboard« auf dem Cover gelesen und gedacht: »Oha! Ein historisches Sachbuch!« Was nicht ganz falsch ist. Aber auch nicht ganz richtig.

Deshalb eine Warnung: In diesem Buch geht es tatsächlich um (oft ziemlich sonderbare) Ereignisse der Geschichte – und die (noch sonderbareren) Verbindungen zwischen ihnen. Aber es ist kein klassisches Geschichtsbuch, eher ein Gedankenspiel. Sie müssen es nicht von vorn nach hinten lesen, springen Sie gern darin herum. Schließlich habe ich das beim Schreiben ebenfalls getan. Wie jedes Spiel folgt es anderen Regeln als die »ernste« Welt. Und wie bei jedem Spiel sollte man, um Spaß daran zu haben, mal ein Auge zudrücken können. Oder zwei. Ja, manchmal sogar ziemlich fest.

Im Gegenzug werden Sie, wenn Sie sich auf das Spiel einlassen, erfahren, warum es ohne Abraham Lincoln den Weihnachtsmann gar nicht gäbe. Wie Gottlieb Daimler, Urvater des Autos, das iPhone erfand. Oder wie eine fliegende Kuh dem Potenzmittel Viagra zum Durchbruch verhalf. Diese und noch eine ganze Menge anderer historischer Herleitungen werden Ihnen mitunter ziemlich haarsträubend vorkommen.

Natürlich sind das keine geschichtswissenschaftlich völlig unstrittig gesicherten Kausalketten, durch die etwa Daimlers Nachkommen Milliardenabfindungen von Apple erstreiten könnten. Oder die der Kuh vom Pharmariesen Pfizer. Die Weltgeschichte lässt sich mithilfe dieses Buches zwar nicht eindeutiger erklären – wird aber vielleicht ein wenig unterhaltsamer.

Möglicherweise aber haben Sie ja auch etwas anderes gedacht, als Sie das sonderbare Buch mit Hitler und dem Skateboard sahen. Zum Beispiel: »Was für ein irrer Quatsch!« Sollte genau dieser Gedanke Sie dazu gebracht haben, das Buch in die Hand zu nehmen und neugierig darin zu blättern: Seien Sie herzlich willkommen! Sie sind hier richtig. Ich freue mich, mit Ihnen auf den rund 300 folgenden Seiten absurden Fragestellungen der Geschichte nachzugehen, die Sie vermutlich bisher nie zu fragen wagten. Zum Beispiel: Was soll eigentlich der ganze Unsinn?

## Aller guten Schritte sind sieben

Am Anfang war das Wort. Keiner hatte auch nur den leisesten Schimmer, was das Wort zu bedeuten hatte, aber das war halb so schlimm. Denn es klang wichtig. Darum hatte ich beschlossen, es in der Konferenz als Allererstes zu sagen: »Kleine-Welt-Phänomen.« Immerhin: Die Redakteure guckten mehrheitlich freundlich. Jedenfalls gemessen an dem Standard für nachmittägliche Besprechungen, die immer ihrer ganz eigenen Krümmung von Zeit zu folgen schienen. Der Raum in diesem Fall: Ein Konferenzsaal mit Flipchart, Notizkarten und frisch ausgedruckten Papierstapeln im dritten Stock des alten SPIEGEL-ONLINE-Gebäudes, in dem ich seit Anfang 2010 als Journalist arbeitete. Nach seiner fleischfarben marmorierten Fassade hatte man das Gebäude liebevoll »Leberwursthaus« getauft. Zeit: Ein Herbsttag Ende 2011, Konferenz für neue historische Textformate um 15 Uhr. Also in einer tiefen Grube an der Talsohle des Death Valley des menschlichen Biorhythmus. Die Stimmung war, sagen wir mal: gedämpft.

»Kleine-Welt-Phänomen?«, hakte schließlich mein Ressortleiter nach, »und was soll das sein?« Ich holte aus: Es gibt die Theorie, dass jeder Mensch auf dem Planeten von absolut jedem anderen Menschen höchstens fünf Bekanntschaften weit entfernt ist. Jeder ist also maximal der Bekannte eines Bekannten eines Bekannten eines Bekannten eines Bekannten von jedem anderen auf der Welt. So schrieb das jedenfalls 1929 der ungarische Autor Frigyes Karinthy in seiner Kurzgeschichte »Láncszemek« (»Kettenglieder«). Viele Jahre später erst, im Mai 1967, beschloss der US-Psychologe Stanley Milgram, der Idee wissenschaftlich nachzugehen: Bei seinem »Kleine-Welt-Experiment« sollten 60 Probanden aus weit entfernten Gegenden der USA einen Brief an eine vorgegebene Kontaktperson in Boston senden. Allerdings durfte das Paket nur an Bekannte weitergeschickt werden, die man so gut kannte, dass man sie mit Vornamen ansprach. Bei der Auswertung schlossen die Forscher, die Bürger der USA seien im Durchschnitt sechs soziale Schritte voneinander entfernt.

Dem Blick meines Ressortleiters nach zu schließen faszinierten ihn sozialwissenschaftliche Experimente der Sechzigerjahre nicht sonderlich: »Und wie machen wir daraus jetzt ein neues Textformat fürs Geschichtsressort?« Ich erklärte, meiner Meinung nach funktioniere das Ganze nicht nur im Raum, sondern auch in der Zeit. Schweigen. Ich fuhr fort: Und es funktioniere nicht nur von Person zu Person, sondern auch von Ereignis zu Ereignis. Leises Hupen des Ringstraßenverkehrs hinter der schallisolierten Dreifachverglasung.

Kurz gesagt, legte ich nach, habe absolut jedes Ereignis der Geschichte mit absolut jedem anderen zu tun – über eine bestimmte Anzahl von Verbindungsschritten. Ich holte aus, um zu erklären, wie mir die Idee gekommen war: beim Surfen im Netz. Ich bin leider ein chronisch ausschweifender Mensch, der ständig auf halbem Weg durch einen Gedanken an einem anderen hängen bleibt. Der Weg ist nicht das Ziel für mich, sondern ein Umweg zu einem Umweg zu einem Umweg, der irgendwohin führt, wo ich nie hinwollte. Aber auch da kann es ja interessant sein. Entsprechend kreuz und quer verlaufen meine Wege durchs Internet: Vielleicht wollte ich nur kurz nachschlagen, ob Erdnüsse eher gesund oder ungesund sind. Dabei stoße ich aber darauf, dass US-Präsident Jimmy Carter mal Erdnussfarmer war – und bei der Präsidentschaftswahl von einer sogenannten »Peanut Brigade« unterstützt wurde. Oder ich lese gerade die Entstehungsgeschichte von Coca-Cola – und stelle fest, dass ihr Erfinder John Pemberton zu dem Getränk durch einen französischen Kokainwein inspiriert wurde, an dem sich sogar Queen Victoria ergötzt haben soll.

Wenn man es jetzt schaffen würde, so war damals mein Gedanke, diese unerwarteten Themensprünge, die sich beim Surfen im Netz ständig ergeben, miteinander zu verketten, könnte man die Absurdität der Verbindungen vielleicht noch steigern. Eventuell stellt sich etwa heraus, dass ein Glas Coca-Cola wiederum 1979 einen Giftanschlag des KGB auf den afghanischen Präsidenten Hafizullah Amin vereitelte. Was zu einer weiteren Absurdität führt, die wieder zu einer anderen Absurdität führt. Und genau das, so erklärte ich meinem Ressortleiter, sei das Kernkonzept meines neuen Textformats: absurde Themensprünge der Geschichte miteinander zu verketten, Glied um Glied, bis zu einer Reihe von sieben Schritten.

Warum ausgerechnet sieben Schritte und nicht fünf, wie in der Kurzgeschichte von Frigyes Karinthy? Oder sechs, wie in den Experimenten von Stanley Milgram? Ganz einfach: Sieben Schritte schienen mir lang genug, um am Ende vom historischen Startpunkt weit genug entfernt zu landen, um das Ergebnis völlig absurd aussehen zu lassen. Und kurz genug, um vom Arbeitsaufwand her noch halbwegs berechenbar zu bleiben (übrigens eine katastrophale Fehleinschätzung, wie sich später zeigen sollte – mehr dazu im Kapitel »Sieben Schritte, sieben Plagen«). Vor allem aber entschied ich mich natürlich wegen der unwiderstehlichen Zahlenmagie für die Sieben: Für manche ist sie eine Glücks-, für andere eine Unglücks-, für Mathematiker einfach eine Primzahl. In der Bibel, für manche ein Buch mit sieben Siegeln, lesen wir von sieben Tagen Schöpfung und sieben Todsünden, packen unsere Siebensachen und ziehen mit Siebenmeilenstiefeln in den siebten Himmel, womöglich noch auf Wolke sieben, wo hoffentlich auf sieben Jahre Pech sieben Jahre Glück folgen, die wir uns damit vertreiben können, von oben die sieben Weltwunder zu bestaunen, »Über sieben Brücken musst du gehen« zur Erde runterzugrölen oder auf ProSieben 777-mal »Die glorreichen Sieben« zu sieben, äh, sehen. All diese sorgfältigen Erwägungen flossen gleichermaßen in die Entscheidung ein. Und vielleicht ein ganz kleines bisschen mein Geburtsjahrgang (Tipp: nicht '66).

Ziemlich genau sieben Jahre ist es jetzt her, seit am 22. Februar 2012 die erste Folge der skurrilen neuen Textidee im Zeitgeschichtsressort »einestages« von SPIEGEL ONLINE erschien. Fünf Tage, nachdem gerade der deutsche Bundespräsident Christian Wulff seinen Rücktritt erklärt hatte. Das Ansehen des Politikers war in seiner Amtszeit schwer beschädigt worden. Falschaussagen zu einem Immobilienkredit, Bestechlichkeit und Vertuschungsversuche hatte man ihm vorgeworfen, am 16. Februar hatte schließlich die Staatsanwaltschaft Hannover wegen Verdachts auf Vorteilsnahme Ermittlungen gegen Wulff aufgenommen. Das war für mich Anlass genug, in der Premiere der neuen Rubrik »In sieben Schritten« zu fragen, wie es wirklich zu der Krise gekommen war. Und so lautete der Titel der ersten Folge: »Wie die Erfindung des Tennis Christian Wulff in die Amtskrise stürzte« (hier im Buch nachzulesen in Kapitel 5: »Erfindungen mit Nebenwirkungen«).

Die Reaktionen der Leser auf dieses Experiment waren geteilt – und sollten es bleiben. Die einen freuten sich überschwänglich über das sonderbare Textkonzept: »Großartig! Endlich mal jemand, dessen Hirn nicht aus dem Supermarkt stammt. Sapere aude!« Die anderen machten aus ihrer Verachtung über derartigen Spielkram auf einer Zeitgeschichtswebsite keinen Hehl: »Hätte es keinen Urknall gegeben, wäre uns dieser Bericht erspart geblieben.« Andere wiederum stellten bereits zur ersten Folge über Wulff und die Erfindung des Tennis erstaunlich plausible Theorien zur Genese der Rubrik auf, beispielsweise: »Danny Kringiel wurde während der Arbeitszeit beim privaten Surfen erwischt und versucht jetzt mit dieser abenteuerlichen Herleitung zu untermauern, dass seinem – wie er betont – beiläufigen Interesse am Tennisspielen ausschließlich das intensive Verfolgen des politischen Tagesgeschäfts vorausging.«

In den vergangenen sieben Jahren hat die Rubrik »In sieben Schritten« auf SPIEGEL ONLINE einige Entwicklungen durchgemacht: Machte sie zu Beginn ihre Zielpunkte noch an zum Erscheinungszeitpunkt aktuellen Nachrichten fest – wie dem Fall Wulff –, öffnete die Serie sich thematisch weiter. Da die »Sieben Schritte« von Anfang an nicht als Nachrichten-, sondern mehr als ein spielerisches Textformat gedacht gewesen waren, schien es sinnvoll, die Auswahl möglicher absurder Zielpunkte der Zeitreise auf Ereignisse zu erweitern, die vielleicht selbst schon ein paar Jährchen auf dem Buckel hatten, aber einfach zu skurril waren, um sie nicht zu erzählen: Etwa, warum 1994 in England ein Anti-Techno-Gesetz in Kraft trat. Oder, weshalb die Macher des Kriegsfilms *Rambo III* 1988 mit ihrer Ballerorgie in Deutschland Vergnügungssteuer sparten.

Lange Zeit blieb »In sieben Schritten« thematisch auf Wikipedia-Einträge beschränkt. Hintergedanke war, den spielerischen Charakter zu betonen, mit dem sich viele Menschen von Information zu Information zappend durch die gewaltige Online-Enzyklopädie bewegen. Diese Idee hatte aber mehrere Haken: Zum Ersten ließ sich die ursprüngliche Idee »Ein Wiki-Eintrag pro Schritt« nicht durchhalten, weil einfach zu viele für »Sieben Schritte« relevante Ereignisse zwar in einem Wikipedia-Eintrag vorkamen, aber keinen eigenen hatten. Zum Zweiten tritt die assoziativ hakenschlagende Bewegung vieler User durch das Internet ja nicht nur in der Wikipedia auf – sondern auch beim Gebrauch von Suchmaschinen allgemein. Und zum Dritten sind Wikipedia-Texte in steter Bewegung und Diskussion. Ein Wiki-Eintrag, der 2012 als Basis für eine »Sieben Schritte«-Folge herangezogen wurde, konnte einen Tag, einen Monat, ein Jahr später schon völlig anders aussehen. Oder gar nicht mehr existieren. Darum wurde die Rubrik im Januar 2016 mit der Folge »Wie Hitler Justin Biebers Backgroundtänzerin castete« von der Online-Enzyklopädie losgelöst und auf andere Quellen erweitert.

Die jüngste Entwicklung der Serie nun – eine Sammlung der schrägsten und denkwürdigsten Folgen aus sieben Jahren »Sieben Schritte« sowie bisher unveröffentlichter Zeitreisen als Buch – hätte ich nie zu hoffen gewagt. Aber während ich die Rubrik sieben Jahre lang geschrieben und dabei Hühnersonnenbrillen, fliegenden Kühe, Nazi-Schokobomben und Ufo-Attacken auf L. A. begegnet bin, habe ich auf jeden Fall gelernt: Man kommt nie dort an, wo man hinwill. Interessant wird's aber trotzdem – solange man unterwegs die Augen für das offen hält, was man nicht erwartet.

*Danny Kringiel, Hamburg, im Sommer 2019*

# Zeitsprung in der Platte
# Musik

Seit Urmenschen vor Zigtausenden Jahren zum ersten Mal Steine aufeinanderschlugen und in ausgehöhlte Knochen tröteten, hat die Faszination für Töne und Rhythmen die Menschen nicht losgelassen. Das galt für den Knochenflötenspieler im Pleistozän ebenso wie für die Zuhörer, die bei Beethovens Fünfter mit den Tränen rangen. Es galt für die langhaarigen Musikverrückten, die 1969 auf Led Zeppelins erster US-Tour die Geburtsstunde des Heavy Metal feierten, indem sie im Takt ihre Haare schüttelten. Und es galt genauso für die Briten, die 1988 mit Trillerpfeifen bewaffnet in Fabrikhallen tanzten und auf Ecstasy den sogenannten »Second Summer of Love« feierten, die Geburtsstunde der Rave-Kultur.

Aber die Musik hat nicht nur selbst eine aufregende Historie. Immer wieder haben ihre Schlüsselereignisse und Künstler auch den Gang der Weltgeschichte beeinflusst. Im folgenden Kapitel werden Sie die musikalischste Tiefkühlpizza der Welt kennenlernen, eine Girlgroup, deren Mitglieder Botschafterinnen einer Biomüll-Limo wurden,

eine kannibalische Punkband, die mit Bommerlunder Rappersuppe kochte, und eine Cartoon-Katze, die eine Klassik-
Weltkarriere startete.

# Wie Wagner die patriotischsten Pommes der Welt schuf

**1. Schritt: Einmal fliegender Holländer mit extra Käse!**

Wie kein anderer steht der Name Wagner in der deutschen Kultur für ein Werk sinnlicher Intensität, das einen tief in uns verborgenen Hunger stillt, ein Œuvre ungestüm aufbrandender Empfindungen, die sich wie auf Sturmwogen tanzende Gischt in den düsteren Himmel auftürmen und sich ebenso plötzlich in zartschmelzender Harmonie zu einem delikaten Genuss zu vereinen vermögen, der nur einen Schluss zulässt: »Wirklich eine verdammt gute Tiefkühlpizza!«

Doch neben beliebter Schockfrost-Feinkost wie den Wagner Piccolinis (drei Käse), Wagner Steinofen Vegetaria (fünf knackige Grillgemüse) oder Wagner Big Pizza Boston (36 Weight-Watchers-Punkte) gab es ja noch: **Richard Wagner.** Geboren am 22. Mai 1813, gestorben am 13. Februar 1883 in Venedig, dazwischen Universalgenie, Antisemit und viel bestaunter Kotelettenträger.

Schon im zarten Alter von 13 Jahren begann er die Arbeit an seinem ersten Theaterstück, als 16-Jähriger komponierte er seine ersten Sonaten, vier Jahre später führte man seine erste Opernarie auf. Er arbeitete mit unermüdlichem Eifer: als Dramatiker, Dirigent, Kapellmeister und Theaterreformer, als Verfasser politischer Schriften – und wirrer antisemitischer Machwerke wie *Das Judenthum in der Musik.*

Bekannt wurde er auch als meisterhafter Schnorrer: Laut Thomas Mann sei der Komponist ein »Pumpgenie« gewesen, ständig auf der Flucht vor seinen Gläubigern. Wagner schaffte es, selbst beim irren Bayernkönig Ludwig II. zu nassauern, bis das Volk auf die Barrikaden ging.

Trotz dieser unsympathischen Züge wurde der Komponist zur Legende. Opern wie *Tristan und Isolde, Der fliegende Holländer* oder der *Ring-des-Nibelungen*-Zyklus machten ihn zu einer der Galionsfiguren der deutschen Kulturgeschichte.

Und nicht nur der deutschen. Denn auf der anderen Seite des atlantischen Ozeans sollte rund ein Jahrhundert nach Wagners Tod …

## 2. Schritt:
## Overlord of Kuschelrock

… ein junger US-amerikanischer Musiker namens Jim Steinman seine Leidenschaft für den deutschen Romantiker entdecken – und etwas ganz Neues aus dessen Werk erschaffen: den **Wagner-Rock.**

Steinman, der sich selbst bescheiden »The Lord of Excess« nennt, hatte schon früh ein Faible dafür, Kunst und Popkultur zusammenzubringen. Bereits als College-Student hatte er 1968 eine Musical-Adaption von Bertolt Brechts Theaterstück *Mann ist Mann* komponiert. Der zentrale Wendepunkt seiner Karriere kam vier Jahre später: Zusammen mit seinem Freund Barry Keating schuf Steinman 1972 eine Musical-Version der Oper *Das Rheingold* aus Wagners *Ring-des-Nibelungen*-Zyklus. Er hatte seine Begeisterung für den deutschen Komponisten entdeckt – und die sollte ihn nie mehr loslassen.

Seine zweite Liebe galt einer Musikrevolution, die während der Siebzigerjahre in England von Bands wie Judas Priest, Deep Purple und Led Zeppelin entfacht worden war und die nun über den Atlantik in die USA stürmte: Heavy Metal. In dieser Musik entdeckte er die gleiche Leidenschaft, die ihn an Wagner faszinierte. Steinmans Haare wurden länger, seine Garderobe schwärzer, die Gitarren in seinen Stücken verzerrter.

Die Verschmelzung seiner beiden Passionen gelang ihm schließlich, als er dem jungen Sänger Marvin Lee Aday begegnete. Mit ihm brachte er 1977 eine Platte heraus, die sich bis heute unter den meistverkauften Alben der Musikgeschichte hält: *Bat Out of Hell*. Darauf vermischten sie pompöse Orchesterklänge mit kreischenden Gitarren, Orgeln und Chöre mit Schlagzeug-Fills. Und über allem schwebte mit stets dramatischem Vibrato Adays Gesang.

Es wurde für beide der große Durchbruch: Die *Los Angeles Times* ernannte Jim Steinman zum »Richard Wagner des Rock«. Und für Aday begann unter dem Künstlernamen **Meat Loaf** eine Weltkarriere. Er feierte Chart-Erfolge mit Songs wie »You Took the Words Right Out of My Mouth« oder …

## 3. Schritt: Märchenschloss? Räkelerregend!

… mit seinem wohl größten Hit »I'd Do Anything for Love (But I Won't Do That)«, der 1993 auf dem Meat-Loaf-Album *Bat Out of Hell II: Back into Hell* herauskam. In 28 Ländern stieg die Single an die Spitze der Charts und brachte Meat Loaf einen Grammy ein. Im Text des Zwölf-Minuten-Schmachtfetzen-Duetts beschwört ein Mann seine Angebetete, dass er ihr gegenüber stets nur edelste Gefühle hegen und sich keine Fehltritte erlauben werde. Während sie ihre Ängste besingt, wie sich ihre Liebe entwickeln wird.

Das ebenfalls 1993 entstandene Musikvideo hingegen erzählt eine andere Geschichte: In einer bonbonbunten *Die-Schöne-und-das-Biest*-Variation zeigt es Meat Loaf als entstellten Schlossherrn, der im Wald eine geheimnisvolle Frau erblickt und flieht, um sein abstoßendes Äußeres zu verbergen. Doch sie folgt ihm bis in sein Heim.

Hier versteckt er sich vor ihr. Während sie sich erst einmal aufreizend in einer Badwanne räkelt, um sich anschließend aufreizend auf seinem Bett zu räkeln, bis sie schließlich ihre unsterbliche Liebe zu ihm erkennt – als sie sich gerade aufreizend auf einem schwebenden Diwan räkelt. Aus unerfindlichem Grund werden beide daraufhin von der Polizei verfolgt. Dann küsst sie ihn – und plötzlich sind seine äußerlichen Makel verschwunden. Schließlich fahren beide auf dem Motorrad in den Sonnenuntergang, dessen augenbetäubend orangerote Glut rational wohl nur durch einen übernächtigten Regisseur zu erklären ist, der kurz vor Deadline mit leerem Kaffeebecher in der Hand und der Nase auf dem Farbsättigungsregler des Bildmischers eingeschlafen sein muss. Der Name dieses jungen, damals noch unbekannten Regisseurs: **Michael Bay.**

Jahre bevor Bay als Hollywoods bestbezahlter Pyromane mit Trash-Feuerwerken wie *Armageddon* (1998) oder *Transformers* (2007) Millionen machte, verdiente er sich 1993 gerade erst seine Sporen im Business. Das Meat-Loaf-Musik-video half dabei entscheidend – es wurde sein bekanntester Videoclip. Und durch Bays Musikvideo-Arbeit wurde sein wichtigster Förderer auf ihn aufmerksam, der Produzent Jerry Bruckheimer. Er verhalf Bay …

## 4. Schritt: Giftgas-Hummel greift an

… zum Sprung vom Musikvideo- zum Kinoregisseur. Zunächst engagierte Bruckheimer Bay 1994 als Regisseur für die Buddy-Actionkomödie *Bad Boys.* In dem Film verkörperten Will Smith und Martin Lawrence zwei Polizisten in Miami, die dem Verschwinden von 100 Millionen Dollar konfiszierten Drogengeldern nachgehen. Es wurde Bays erster Blockbuster: Der Film spielte bei einem Budget von rund 19 Millionen Dollar mehr als 140 Millionen an den Kinokassen ein.

Mit einem Sprung war Michael Bay aufgestiegen in die erste Riege von Hollywoodregisseuren, denen man Multi-Millionen-Dollar-Projekte anvertraut: So betrug das Budget für seinen nächsten Film, ebenfalls produziert von Bruckheimer, bereits rund 75 Millionen Dollar. Und weniger bescheiden sollten die Budgets für Bays weitere Karriere kaum mehr werden.

Dieser zweite Film, **The Rock – Fels der Entscheidung,** handelt von dem frustrierten US-General Hummel (Ed Harris), der versucht, mit einem angedrohten Giftgasangriff auf San Francisco von der Regierung millionenhohe Entschädigungsgelder für die Familien verstorbener Marines zu erpressen. Ein FBI-Chemiewaffenexperte (Nicolas Cage) und ein ehemaliger Ausbrecherkönig (Sean Connery) werden ausgesandt, die von Hummel und seinen Männern besetzte Gefängnisinsel Alcatraz zu infiltrieren.

Ein für Hollywood eigentlich nicht außergewöhnlich origineller Stoff – doch das Besondere an der Filmgeschichte war, dass sie im Nachhinein …

## 5. Schritt: Trauben des Todes

… zum Vorbild für einen ausgewachsenen Polit-Skandal werden sollte – und zugleich zu einem Grund für sein Auffliegen. Nach den Terroranschlägen des 11. September 2001, bei denen entführte Passagierflugzeuge in die Zwillingstürme des World Trade Centers und in das Pentagon flogen, steuerten die USA, Großbritannien und die sogenannte »Koalition der Willigen« auf einen Krieg gegen Irak zu.

Dies führte zu starken Verwerfungen unter den Vereinten Nationen, deren Charta einen Angriffskrieg ihrer Mitgliedsstaaten untersagt. Als Begründung für die unbedingte Notwendigkeit dieses Kriegs brachten die USA und Großbritannien vermeintliche Beweise für Massenvernichtungswaffen im Irak und drohende Angriffe damit vor. Man berief sich auf einen angeblich bestens informierten irakischen Geheimkontakt aus den obersten Rängen von Saddam Husseins Regime. Er lieferte genaue **Schilderungen irakischer Massenvernichtungswaffen,** insbesondere chemischer Kampfstoffe.

Ein MI6-Offizier war allerdings angesichts eines Details der angeblichen Insider-Schilderungen irakischer Giftgasbehälter stutzig geworden: Sie seien ihm, so zitierte ihn 2016 der britische *Observer,* »bemerkenswert ähnlich zu denen der fiktiven Chemiewaffen im Film *The Rock*« vorgekommen. Laut dem irakischen Geheiminformanten ließ Saddam Hussein die Kampfstoffe in durchsichtigen Glasröhren aufbewahren. Diese zerbrechlichen Behältnisse mochten zwar, beim Filmdreh zu *The Rock* mit grün eingefärbter Flüssigkeit gefüllt, unheimlich gefährlich ausgesehen haben, in der Realität aber würde aus naheliegenden Gründen wohl niemand auf die Idee kommen, lebensgefährliches Giftgas ausgerechnet in fragilen, traubenförmigen Glasgefäßen zu lagern.

Trotz solcher Einwände gab der britische Außenminister Jack Straw im Jahr 2002 den Auftrag, bestehende Gutachten zur militärischen Bedrohung durch Irak dahingehend zu verändern, dass dem Land allerhöchste Kriegsgefährlichkeit attestiert werde. Und so gelang es der »Koalition der Willigen« unter Verbiegung der Tatsachen und Berufung auf eine offensichtlich von Michael Bays Film inspirierte Quelle, den …

## 6. Schritt: Blut und Öl

… als Präventivkrieg deklarierten **Irakkrieg** anzuzetteln. Am 20. März 2003 begannen Streitkräfte der USA und des Vereinigten Königreichs mit der Bombardierung von Bagdad. Sie hatten die Operation, de facto eine Invasion in ein Land mit reichen Erdölvorkommen und wichtiger geostrategischer Lage, vor den Vereinten Nationen dank ihres Sonderstatus als Vetomächte durchsetzen können.

Der offiziell nur von März bis Mai 2003 andauernde Krieg führte in den Zusammenbruch staatlicher Ordnung, der 2014 das Erstarken der Terrororganisation »Islamischer Staat« möglich machen sollte. Erst Jahre nach Beginn des Krieges deckten Untersuchungskomitees en détail auf, wie fehlerhaft die ursprünglich behaupteten Beweise für Massenvernichtungswaffen im Irak gewesen waren. Es stellte sich heraus, dass der damalige britische Außenminister Jack Straw seine Mitarbeiter sogar ausdrücklich angewiesen hatte, Berichte über die Kriegsgefährlichkeit Iraks zu frisieren, damit der Eindruck einer »außerordentlichen Bedrohung« durch das Land entstehe.

Der völkerrechtswidrige Irakkrieg hatte verheerende Folgen: Schätzungen sprechen von 650 000 bis zu 1,2 Millionen toten irakischen Zivilisten infolge des Krieges. Im Bagdader Abu-Ghuraib-Gefängnis folterten und demütigten CIA-Mitarbeiter auf entsetzliche Weise ihre Gefangenen. Der im Irak eingesetzte US-Söldnerdienst Blackwater richtete anscheinend willkürlich Zivilisten hin und veranstaltete regelrechte Treibjagden auf Iraker. Derartige Menschenrechtsverletzungen und »Kollateralschäden« riefen in vielen Ländern Widerstand gegen den Irakkrieg hervor. So auch …

## 7. Schritt: Freiheitsmampf

… in Frankreich. Das Land stellte sich im Rat der Vereinten Nationen schon früh gegen den Irakkrieg und forderte statt Kampfhandlungen die Fortführung von Inspektionen, die das Vorhandensein von Massenvernichtungswaffen prüfen sollten. Dies führte zur inneren Spaltung der UN-Staaten in Kriegsgegner und die US-treue »Koalition der Willigen«.

Stolze US-Amerikaner waren über die Opposition Frankreichs zum Angriff auf den Irak entsetzt. Und das führte zu ziemlich bizarren kulinarischen Verwerfungen – über Pommes frites. Rein statistisch nimmt jeder Amerikaner im Jahr durchschnittlich rund 14 Kilogramm Fritten zu sich, die dort als »French Fries« bekannt sind. Obwohl sie angeblich gar nicht in Frankreich, sondern in Belgien erfunden wurden. Etwa ein Drittel der jährlichen Kartoffelernte der USA wird zu vorgefertigten Tiefkühlpommes verarbeitet. In kaum einem anderen Land erfreuen sich die goldgelben Kartoffelstangen vergleichbarer Beliebtheit. Genauer: erfreuten. Bis zum Beginn des Irakkriegs.

»French Fries« drohten nun, US-Kriegsbefürwortern vor Patriotismus im Hals stecken zu bleiben. Und so ergriffen die republikanischen Abgeordneten Walter B. Jones und Bob Ney, der sich über den »sogenannten Alliierten Frankreich« empörte, die Initiative und bewahrten die Nationalehre vor allzu pazifistischem Fast Food: Sie benannten die »French Fries« um – in »**Freedom Fries**«.

Zunächst wurde die neue Frittennomenklatur nur in drei Kantinen des US-Kongresses umgesetzt, doch bald schlossen sich weitere Restaurants landesweit der Idee an. Erst 2006 wurde die Sprachneuregelung offiziell wieder abgeschafft – als Bob Ney der Korruption für schuldig befunden und zu 30 Monaten Haft verurteilt wurde.

## Wie das NS-Regime Justin Bieber zu einer Backgroundtänzerin verhalf

1. Schritt: Das große Morden beginnt

Mit dem 30. Januar 1933, der Ernennung Adolf Hitlers zum Reichskanzler, begann das finsterste Kapitel der deutschen Geschichte: Durch die sogenannte »Machtergreifung« der Nationalsozialisten endete die demokratische Weimarer Republik und die Nazi-Diktatur begann. Ein braunhaariger Choleriker (1,75 Meter, fehlender Hoden) mit Migrationshintergrund und seine Führungsriege aus SS-Chef und Nickelbrillenwichtel Himmler (1,74 Meter, kurzsichtig), Luftwaffen-Befehlshaber und Morphium-Junkie Göring (2,28 Meter Bauchumfang) und Reichspropagandahumpelstilzchen Goebbels (1,63 Meter, Klumpfuß) erklärten den Deutschen allen Ernstes folgenden Plan: Sie seien als Volk blonder, blauäugiger und athletischer Hünen zur Weltherrschaft bestimmt. Weshalb man dringend alle anderen massakrieren müsse.

Eine geradezu beispiellos schwachsinnige Idee, deren Absurdität jedoch von der Entsetzlichkeit ihrer Folgen noch überboten wurde: Millionen Menschen sollten in den kommenden Jahren durch die Nationalsozialisten vertrieben, interniert, gefoltert und ermordet werden – allein wegen ihres Glaubens, ihrer Weltanschauung, ihrer Herkunft, ihrer sexuellen Orientierung, ihres Aussehens oder ihres Kunstverständnisses.

Und neben dem Terror, den das »Dritte Reich« innerhalb

Deutschlands verbreitete, trugen die Expansionsbestrebungen der Nazis den Schrecken bald auch über die Landesgrenzen hinaus, als …

## 2. Schritt: Ein Tannenberg und eine Welt in Flammen

… Adolf Hitler am 1. September 1939 ohne jede Kriegserklärung die Wehrmacht in Westpolen einmarschieren ließ. Vorgeblich war dies nur eine Reaktion auf einen polnischen »Überfall« auf den deutschen Radiosender Gleiwitz. Der war aber in Wahrheit nur von der SS inszeniert worden, unter dem Tarnnamen »Unternehmen Tannenberg«.

Mit diesem Überfall auf Polen begann der größte Militärkonflikt der Menschheitsgeschichte – der **Zweite Weltkrieg.** Mit über 60 beteiligten Staaten und mehr als 100 Millionen Menschen unter Waffen brachte der bis 1945 andauernde Krieg unfassbares Leid über die Menschheit. Er kostete etwa 65 Millionen das Leben, die meisten von ihnen Zivilisten.

Die deutsche Rüstungsindustrie blühte inmitten all dieses Mordens und Sterbens auf. Doch anderen Branchen drohte durch den Krieg das Aus, etwa dem …

## 3. Schritt: Zisch die Restmüllbrause!

… deutschen Ableger der Coca-Cola Company. Deutschland hatte sich für das US-Unternehmen als lukrativer Markt erwiesen – bis zum Zweiten Weltkrieg: Denn zur Cola-Herstellung waren die Werke auf Zulieferung des geheimen Grundstoffs »7X« aus den USA angewiesen. Und die drohte mit Amerikas Kriegseintritt zu versiegen.

Also trug Max Keith, Präsident der deutschen Coca-Cola-Tochter, seinen Chemikern auf, ein Getränk zu erfinden, das unter Kriegsbedingungen weiter herstellbar wäre. Sie schufen eine koffeinhaltige Limonade, die vage nach Früchten schmeckte – tatsächlich aber aus Resten zusammengepanscht wurde, die bei der Lebensmittelproduktion anfielen: etwa aus gelblicher Molke, einem Nebenprodukt der Käseherstellung. Und aus Fruchtresten, die in Mostpressen bei der Apfelweinherstellung übrig geblieben waren. Keith selbst soll angemerkt haben, die Notfall-Limo bestehe aus »Abfällen von Abfällen«.

Eine so unappetitliche Mischung wollte natürlich mit Fingerspitzengefühl vermarktet werden. Da naheliegende Markennamen wie »Restmülllimo« oder »Abfallbrause« werblich fragwürdig schienen, forderte Keith alle Angestellten auf, für einen Produktnamen ihre Fantasie spielen zu lassen. Woraufhin der Verkäufer Joe Knipp eine besonders fanta-sievolle Idee hatte: **Fanta.**

Wie befürchtet versiegten nach Eintritt der USA in den Weltkrieg 1941 tatsächlich die deutschen Coca-Cola-Vorräte. Da Fanta von der Zuckerrationierung befreit blieb, war sie süßer als die Konkurrenz – und deshalb beliebter. Wenngleich nicht nur als Getränk: Weil Zucker rationiert war, begannen findige Hausfrauen, stattdessen Fanta zum Kochen zu verwenden, etwa beim Abschmecken von Suppen und Eintöpfen.

So beliebt Fanta im Deutschland der Vierzigerjahre war, im Ursprungsland der Coca-Cola …

## 4. Schritt: Teeniespaß mit dunkler Vergangenheit

… blieb die deutsche Biotonnenbrause noch lange unbekannt. Auch nachdem die Limonade 1955 von einem italienischen Abfüller ihren heute bekannten Orangengeschmack erhielt und Europa eroberte, blieb Coca-Cola skeptisch. Erst drei Jahre später versuchte man zögerlich, Fanta in den USA vorzustellen. Doch die Brause mit der NS-Vergangenheit konnte sich lange nicht durchsetzen.

Nachdem Coca-Cola in den Sechzigerjahren begonnen hatte, erfolgreich unter dem Namen »Minute Maid« Orangenlimonade in den USA zu vertreiben, gab das Unternehmen die Marke Fanta schließlich wieder auf: 1986 wurde der Verkauf in Nordamerika eingestellt, ausgenommen blieben Regionen mit vielen Einwanderern, die Fanta aus ihrer alten Heimat kannten.

Außerhalb der USA erfreute sich das Getränk nichtsdestotrotz großer Beliebtheit – in Europa, Afrika und Asien wuchs die Zahl der Fanta-Sorten stetig an, und auch in Südamerika wurde die einstige Notstandslimonade gern getrunken. Also entschied sich Coca-Cola 2001 für ein **Comeback der Fanta in den USA** als spaßiges Getränk für die wohl zuckerwasseraffinste Zielgruppe der Welt: amerikanische Teenager.

Nur mussten sie denen noch das wahre Ausmaß der Spaßigkeit ebenjenes Getränks klarmachen, das sie ihnen jahrelang vorenthalten hatten. Wozu sie auf ungewöhnliche Mittel zurückgriffen, nämlich …

## 5. Schritt: Fanta Vier im Minirock

... die **Fantanas,** eine Art Orangenlimo-Girlgroup. 2002 wurden sie von der Star-Werbeagentur Ogilvy & Mather eingeführt, wobei jede der so knallbunt wie knapp bekleideten jungen Damen eine der vier in den USA erhältlichen Fanta-Sorten repräsentieren sollte: Die lilafarbene »Raquel« stand für Trauben-Fanta, die gelbe »Leelee« für Zitronen-Fanta, »Calli« in Orange verkörperte den klassischen Orangengeschmack und die rote »Nina« die Erdbeer-Variante.

Aber Casting? Models? Das klang viel zu professionell und kalkuliert für das anvisierte jugendlich-witzige Image. Darum erfand man flugs eine Entstehungslegende: Demnach habe Medienmogul Sir Rupert Geraty-Hernandez die Fantanas nach dem Stranden seiner Jacht auf dem entlegenen »Fantana Island« entdeckt, dessen Bewohner alle glücklich, total spaßig und stets äußerst erfrischt gewesen seien. Gemeinsam mit einem alten Freund, zufällig Marketingchef bei Fanta, habe er vier Inselbewohnerinnen überreden können, in die USA zu kommen und den Spaß mit ihnen zu teilen.

Fortan tourte das quietschbunte Quartett durch die Staaten, um im Namen zuckerhaltiger Erfrischung in ein paar Radiosendungen, einer Handvoll Fernsehshows und jeder Menge Getränkemärkten aufzutreten, für ein Männermagazin zu posieren und natürlich in diversen Fanta-Werbeclips mitzuspielen. In denen reichten die Fantanas Mitmenschen in Not rettende Orangenlimonade an: einmal etwa verschwitzten jungen Männern beim Rasenmähen. Dann wieder verschwitzten jungen Männern beim Autoanschieben. Oder verschwitzten jungen Männern beim Fernsehen. Anschließend kieksten sie ihren Slogan: »Wanta Fanta! Don't you wanna?«

Die USA wollte. Das Limo-Notrettungsteam erwies sich als so erfolgreich, dass …

## 6. Schritt:
## Erdbeer-Botschafterin bei Miley Cyrus

… 2004 für eine zweite Auflage des Werbekonzepts ein neuer Fantanas-Trupp zusammengestellt wurde – im Look des Swinging London der Sechzigerjahre. Diesmal bestand die tanzende Fruchtbowle aus Sophia (Traube), Lola (Zitrone), Kiki (Orange) – und Capri, der US-Botschafterin für Erdbeer-Fanta.

Bürgerlich hieß Capri **Katerina Alexandre Hartford Graham**, stammte weder vom fernen Fantana-Island noch aus London oder den USA, sondern aus der Schweiz, und hatte sich seit ihrem sechsten Lebensjahr um eine Karriere im Showbusiness bemüht. Ihre Auftritte hatten sich allerdings bisher beschränkt auf Werbespots für Barbie oder Toaster-Törtchen und kleinere Nebenrollen in TV-Serien wie *Malcolm mittendrin* oder *Hannah Montana* an der Seite von Miley Cyrus, deren großer Durchbruch mit dem öffentlichkeitswirksamen Ablecken von Gegenständen noch bevorstand. Wenig später aber sollte die Karriere von Graham gehörig an Fahrt aufnehmen, denn …

## 7. Schritt: Oh, wie Föhn ist Fantana

… Kat Graham, wie die Schauspielerin und Tänzerin sich kurz nennt, begann eine eigene Gesangskarriere. 2007 tourte sie im Vorprogramm der Black Eyed Peas durch die USA und bekam schließlich zwei Jahre später eine große Rolle in der Fernsehserie *Vampire Diaries*.

Der wohl erhabenste Augenblick ihrer bisherigen Laufbahn aber war ihr vergönnt, als sie im Sommer 2010 auserkoren wurde, in einem Musikvideo des damals wahrscheinlich berühmtesten Playmobilfrisurenträgers des Planeten aufzutreten: Zu den Klängen der Remix-Version von »Somebody to Love« durfte Graham **Justin Biebers** adonisgleichen Körper betatschen und antanzen.

Trotzdem – zum »Belieber«, wie sich eingeschworene Fans des Sängers nennen, wurde die Ex-Fantana wohl nicht. Dem Klatschmagazin *Hollywoodlife.com* jedenfalls sagte sie im Mai 2011 auf die Frage, ob sie etwas von ihm gelernt habe: »Ich war im Raum, als er seine Haare föhnte. Das hat mir sehr verdeutlicht, wie man seine Haare wirklich genau richtig föhnt.« Das sei zwar auch das Einzige, was er ihr bislang beigebracht habe, »aber wer weiß, was noch kommt«.

# Wie Fred Astaire Hip-Hop und Heavy Metal verschmolz

## 1. Schritt: Ein Name wie ein Gemetzel

Schon im zarten Alter von vier Jahren studierte der kleine Frederick Austerlitz in seiner Heimatstadt Omaha, Nebraska, Choreografien mit seiner Schwester Adele ein. Dabei stammte er nicht gerade aus einer Künstlerfamilie: Sein Vater Frederic »Fritz« Austerlitz, ein österreichischer Auswanderer, arbeitete in einer Brauerei. Seine Mutter Johanna aber, die deutsche Wurzeln hatte, legte großen Wert darauf, dass ihre Kinder einmal Karriere machen sollten – am besten beim Theater. Sie hoffte, dass ihre Familie so dem verhassten Omaha entfliehen könnte. Darum kultivierte sie die Konkurrenz zwischen ihren tanzenden Kindern und ließ sie Sprach-, Tanz- und Gesangsunterricht nehmen.

So besessen war Johanna Austerlitz von der Karriereplanung ihres Nachwuchses, dass sie 1905 nach Beratung mit der Tanzlehrerin der Kinder sogar den Familiennamen in einen klangvolleren ändern ließ. Austerlitz, so war laut Frederick ihre Argumentation, klinge »einfach zu sehr nach einer Schlacht«, nämlich der Schlacht bei Austerlitz, in der 1805 Kaiser Napoleon I. von Frankreich die russischen und österreichischen Truppen am Pratzeberg besiegte.

Durch die Namensänderung wurde aus dem gerade erst sechsjährigen Frederick Austerlitz **Fred Astaire.** Und unter diesem Namen sollte er …

## 2. Schritt: Glatzentanz in der Traumfabrik

… Geschichte schreiben und den **Tanzfilm** revolutionieren. Dabei sah es zunächst gar nicht danach aus: Bei einem ersten Vortanzen in Hollywood wurde Astaire, mittlerweile ein junger Mann, 1932 harsch bescheinigt: »Kann nicht spielen, kann nicht singen. Glatzenansatz. Kann ein bisschen tanzen.« Doch der Tänzer ließ sich nicht abwimmeln – und schaffte 1933 mit dem Filmmusical *Flying Down to Rio* an der Seite von Ginger Rogers seinen großen Durchbruch. Es wurde der Beginn einer der größten Karrieren des klassischen Hollywood. Insgesamt sieben Jahrzehnte im Filmgeschäft standen ihm bevor, in denen er sich nach Einschätzung des American Film Institute Platz fünf unter den größten US-Leinwandlegenden erspielte. Besonderen Ruhm erlangte Astaire mit den zehn Filmen, die er gemeinsam mit Ginger Rogers drehte und die beide Schauspieler zum wohl berühmtesten Tanzpaar der Filmgeschichte machten.

Doch es war eine andere Filmpartnerin, an deren Seite Astaire schließlich singend und tanzend eine außergewöhnliche Ereigniskette in Gang setzte – nämlich …

## 3. Schritt: Total berückt nach dir

… Hollywood-Sexsymbol Rita Hayworth, auch ehrfürchtig nach einer *Life*-Coverstory »Die Liebesgöttin« genannt. 1942 drehte Fred Astaire mit ihr das **Filmmusical Du warst nie berückender** (Originaltitel: *You Were Never Lovelier*), das 1942 in den USA und vier Jahre später in deutschen

Kinos anlief. Astaire spielte darin den glücklosen Spieler und Tänzer Bob Davis, der in Buenos Aires all sein Geld verzockt. Davis versucht, einen Job in einem Nachtclub zu ergattern, um sich über Wasser zu halten. Dabei verliebt er sich in die schöne Tochter des Clubbesitzers, Maria Acuña (Rita Hayworth). Leider lässt die ihn eiskalt abblitzen. Doch ihr Vater, der nichts von Davis' Gefühlen für seine Tochter ahnt, bezahlt ihn dafür, ihren Verehrer zu mimen. Es folgt ein Verwirrspiel, bei dem sich die beiden Liebenden wider Willen nach reichlich Missverständnissen, Gesangs- und Tanznummern am Ende natürlich doch kriegen.

Es war der zweite und letzte Film, den Astaire mit Hayworth drehte. Später sollte er sie seine liebste Filmpartnerin nennen – wohl auch, weil sie sich als äußerst begabte Tänzerin entpuppte. Und Gelegenheit zum Tanzen bot der Musikfilm mehr als reichlich: ob bei leichtfüßigen Solos wie Bob Davis' Vortanzen im Nachtclub, zu romantischen Liebesschwüren wie dem Titelstück »You Were Never Lovelier« oder den Stepptanzeinlagen, die Hayworth und Astaire zum Stück »The Shorty George« hinlegten. Besonders am Herzen lag Astaire bei der musikalischen Gestaltung, dass …

## 4. Schritt: Ornithologen-Samba zum Mitzwitschern

… lateinamerikanische Musik und Tänze vorgestellt wurden, schließlich spielte die Filmhandlung in Argentinien. Der weniger latin-affine Filmkomponist Jerome Kern hatte seine liebe Mühe mit der ihm wenig vertrauten Stilistik, doch auf Astaires Drängen fanden sich am Ende viele Rumba- und Samba-Stücke in dem Film.

Eines davon war **der Samba** »**Chiu-chiu**« aus der Feder des chilenischen Komponisten Nicanor Molinare Rencoret.

Es war eines der Stücke, mit denen Molinare 1937 seinen Durchbruch gefeiert hatte. Der eigentümliche Titel ging auf den Hang des Komponisten zu lautmalerischen Songnamen wie das huftrappelnde »Galopa, galopa« oder »Cocorocó« zurück, das ein Hahnenkrähen nachahmte. »Chiu-chiu« hingegen hatte einen spezielleren ornithologischen Bezug: Es sollte das Zwitschern der Morgenammer nachahmen, eines in Südamerika weitverbreiteten Singvogels.

Nachdem Molinare zu Beginn seiner Karriere vor allem in seiner Heimat Chile, sowie in Peru und Mexiko zum Star geworden war, half der Astaire-Film *Du warst nie berückender,* ihn auch in den USA und international bekannter zu machen. Besonders in Deutschland wurde »Chiu-chiu« zu einem zeitlosen Gassenhauer, wenngleich …

## 5. Schritt: Ei oder Schinken – das ist hier die Frage

… in leicht modifizierter Form. Anfang des 20. Jahrhunderts war in Deutschland die sogenannte Wandervogel-Bewegung in Mode gekommen und erfreute sich in den folgenden Jahrzehnten großer Beliebtheit. Die Wandervögel waren Gruppen junger Menschen, die dem tristen Grau der Städte entflohen und den Weg zurück zur Natur suchten – vor allem, indem sie gemeinsam lange Wanderungen durchs Grüne machten. Um diese anstrengenden Wanderungen besser durchzuhalten, marschierte dabei oft ein Gitarrist vorweg, und alle sangen gemeinsam zum Takt ihrer

Schritte Lieder. Es waren nicht nur ein paar vereinzelte Exzentriker, die so durch den Wald zogen, sondern so viele, dass sogar das Wort »Wandergitarre« für kleine Akustikgitarren in Deutschland gebräuchlich wurde.

Die auf diesen Wanderungen gesungenen Lieder hatten häufig Texte, die immer auf ein Neues von vorn wiederholt wurden, sodass die marschierten Kilometer schneller vorüberzogen. Nun wären deutsche Wandervogel-Jungsgrüppchen 1937, als »Chiu-chiu« herauskam, von dem spanischen Text vermutlich ein wenig überfordert gewesen. Auch wenn ein Haufen Dreikäsehochs in Kniestrümpfen bestimmt ziemlich lustig ausgesehen hätte, wenn sie statt »Das Wandern ist des Müllers Lust« oder »Im Frühtau zu Berge« im Chor gesungen hätten: »Mira que la vida es triste / Y tu cantar me alegra el corazón« (Sieh, dass das Leben traurig ist / Und dein Gesang mein Herz glücklich macht).

Also textete man das Lied einfach um – und statt des chilenischen Singvogels spielte darin plötzlich ein amerikanisches Erfrischungsgetränk die Hauptrolle, das in den Dreißigerjahren Deutschland erobert hatte: »**Eisgekühlte Coca-Cola** / Coca-Cola eisgekühlt«. Da man auf einem Bein bekanntlich nicht wandern kann, fügte man zur Komplettierung der Jause noch an: »Und dazu ein belegtes Brot mit Schinken / Ein belegtes Brot mit Ei / Das sind zwei belegte Brote / Eins mit Schinken, eins mit Ei«.

»Eisgekühlte Coca-Cola« wurde ein im ganzen Land beliebtes Wanderlied – doch damit hatte die Karriere des Songs gerade erst begonnen, denn …

## 6. Schritt: Komasaufen in der Dorfkirche

… auch das Coca-Cola-Lied wurde noch einmal umgetextet, sehr zum Nutzen der Karriere einer damals noch unbekannten Band. Sie hatte sich 1982 in Düsseldorf zusammengefunden: Andreas Frege, Andreas Meurer und Andreas von Holst saßen eines Tages mit drei befreundeten Nicht-Andreassen in der Künstlerkneipe Ratinger Hof beisammen und beschlossen, eine Punk-Combo zu gründen. Ihr Name: **Die Toten Hosen.**

In bester Punk-Manier schufen sie ihr eigenes Kleinstlabel »Totenkopf«, um ihre Platten herauszubringen, ohne sich der kapitalistischen Mühle der Musikindustrie ausliefern zu müssen. Die ersten beiden Singles der Toten Hosen, »Wir sind bereit« und »Reisefieber«, erschienen noch 1982 und fanden eher mäßigen Anklang. Einen ersten Erfolg brachte ihnen dafür die dritte Single, die 1983 herauskam: »Bommerlunder«. Ihre Melodie wäre alten Wandervögeln, so sie denn auf Punk standen, sicher bekannt vorgekommen, der Text ging: »Eisgekühlter Bommerlunder / Bommerlunder eisgekühlt / Und dazu ein belegtes Brot mit Schinken …«. Simple Änderung, große Wirkung: Der durch nur ein neues Wort zum Trinklied umgetextete Song begeisterte das Publikum. Darunter den Stuttgarter Radio-DJ Stefan Siller, der das Lied im Süddeutschen Rundfunk spielte. Damit stieg die Bekanntheit von »Bommerlunder« schlagartig an.

Auch das Plattenlabel EMI lernte den Saufhit der Düsseldorfer Punks nun kennen und nahm sie noch im Sommer des Jahres unter Vertrag. Ausgerechnet ein altes Wanderlied hatte Die Toten Hosen also auf einen Schlag in den deutschen Pop-Himmel katapultiert. Prompt produzierte EMI sogar ein Musikvideo für »Bommerlunder«: Darin feierten die Bandmitglieder in einer Dorfkirche eine Punk-Hochzeit und mischten das Gotteshaus auf, bis sogar der Pfarrer sich am Ende seine Sorgen mit dem Flachmann wegspült. Das Lied hatte so große Bedeutung für den Karrieresprung der Toten Hosen von der kleinen Garagen-Punkband zu nationalen Rockstars, dass sie ihm …

## 7. Schritt: Dummkopfs und die Rappersuppe

… sogar noch eine weitere Version widmeten. Sie wurde in der Vorweihnachtszeit 1983 veröffentlicht – unter dem klangvollen Namen »Hipp Hopp Bommi Bop«. Als Gastmusiker hatten sie sich dieses Mal aber einen Künstler hinzugeholt, der mit Punk so gar nichts am Hut hatte: den New Yorker Rapper und Graffiti-Künstler Frederick Brathwaite, besser bekannt als Fab 5 Freddy.

Als die Punks und ihr MC die ungewöhnliche Melange in der Fernsehsendung »Formel Eins« vorstellten, war das selbst Moderator Peter Illmann sichtlich nicht ganz geheuer: Zu einem Drumcomputer-Beat, verzerrten Gitarren und Funk-Akkorden rappte Fab 5 Freddy aus einem großen dampfenden Kessel heraus, in dem er offenbar gegart werden sollte. Die Hosen-Musiker rührten derweil in Kannibalenverkleidung mit ihren Gitarren in der Rappersuppe und versuchten sich an ziemlich betrunken aussehenden Breakdance-Moves. Der peinlich berührte Fab 5 Freddy dazu: »Dummkopfs! Dummkopfs! You guys must be from Dusseldorf!«

Ein reichlich bizarrer Auftritt, der allerdings gleichzeitig die Geburtsstunde eines neuen Musikstils darstellte. So attestierte es jedenfalls Punk-Experte und Kulturjournalist Hollow Skai 2007 in seiner »Tote Hosen«-Bandbiografie: Zum ersten Mal seien hier harte, verzerrte Rockgitarren und Hip-Hop miteinander verschmolzen. Und tatsächlich: Die anderen Musiker, die gemeinhin als Initiatoren des in den Neunzigerjahren boomenden Gemischs aus **Metal, Funk und Rap – Crossover** genannt – gelten, hatten alle eines gemeinsam. Ob »Walk This Way« von Aerosmith und Run D. M. C. (1986), die Gründung der niederländischen Gruppe Urban Dance Squad 1989 oder von Rage Against the Machine 1991 – sie alle kamen erst Jahre nach dem »Hipp Hopp Bommi Bop«.

# Wie die Schweinegrippe Lang Lang zum Piano-Weltstar erhob

## 1. Schritt: Schweinerei mit Folgen

Im April 2009 wurde in Mexiko und den USA bei Grippepatienten ein gefährlicher neuer Subtyp des Influenzavirus entdeckt, der Subtyp A H1N1. Kurz darauf gab die Weltgesundheitsorganisation WHO die höchste Warnstufe für eine drohende weltweite Pandemie der sogenannten »Schweinegrippe« aus. Schlimmstenfalls Zigmillionen Opfer, so fürchtete die WHO, könnten drohen, man zog Vergleiche zur verheerenden Spanischen Grippe des Jahres 1918. Schneller als das Virus breitete sich aber eine globale Hysteriewelle aus, befeuert von Regierungen, die zu Impfungen drängten, obwohl das Virus für die allermeisten Menschen eigentlich ungefährlich war. Viele Bürger waren in Panik, wollten auf Nummer sicher gehen, die Pharmaindustrie verdiente derweil gut an den Impfstoffen. Letztendlich entpuppte sich die Aufregung als heillose und von Lobbyisten beeinflusste Überreaktion der WHO. Man verspottete sie als »Welt-Hysterie-Organisation«, als sie die selbst beschworene Pandemie im August 2010 für beendet erklärte.

Obwohl dieser Fall eines »Schweinegrippe« genannten Influenza-Virus für Aufregung sorgte – er war beileibe nicht der erste: Schon Jahrhunderte zuvor hatte eine Schweinegrippe eine entscheidende Rolle für die Geschichte Amerikas gespielt. Denn als der berühmte Seefahrer Christoph

Kolumbus ein Jahr nach seiner Entdeckung Amerikas 1493 die Karibischen Inseln bereiste, brachte er den dortigen Einwohnern einen ungebetenen Gast mit: Auf seiner Reise dorthin hatte Kolumbus nämlich auf den Kanarischen Inseln Schweine gekauft – und die waren mit einer Variation des Influenza-Virus infiziert. Die Folgen waren verheerend: Das Virus sprang auf die Menschen über und auf den Karibischen Inseln starben mehr als eine Million Menschen an der Krankheit. Auch die spanischen Seeleute waren betroffen – aber vor allem die Einheimischen wurden, so der spanische Medizinhistoriker Francisco Guerra, »fast vollständig ausgelöscht«. Es war nur die erste mehrerer Krankheitswellen, die von europäischen Siedlern ausgingen und …

## 2. Schritt: Gold, Gott und Glasperlen

… die ursprüngliche Bevölkerung der Karibikinseln drastisch reduzierten. Dafür strömten nun aus der Alten Welt immer mehr selbst ernannte Entdecker und Eroberer hinüber in die Neue Welt. Zunächst kamen die spanischen Konquistadoren. Sie speisten die indigenen Völker hier im Tauschhandel mit billigen Glasperlen ab, um sich an ihrem Hab und Gut zu bereichern. Die Spanier unterjochten und zwangschristianisierten die von ihnen »entdeckten« Ländereien, besonders auf dem südamerikanischen Festland, und erklärten sie zu Kolonien Spaniens. Besonders die Hoffnung auf Goldfunde in dem von Sagen beschriebenen Goldland »El Dorado« lockte immer neue Siedler an.

Bald versuchten sich auch andere europäische Nationen im boomenden Geschäftsfeld der Ausbeutung von Einwohnern Nord- und Südamerikas und der Karibik: Niederländer, Franzosen, Briten und andere Kolonialmächte segelten in die Neue Welt und die auf dem Weg dorthin gelegene Karibik, damals noch »Westindien« genannt. Dort allerdings stießen sie auf ein unerwartetes Problem: Aufgrund der von Krankheitswellen dezimierten Bevölkerung waren **kaum noch Einheimische zum Ausbeuten da.** Doch statt den Unterjochungsplan aufzugeben, zurückzusegeln und es mit ehrlicher Arbeit zu versuchen, kam den Kolonisten schnell …

## 3. Schritt: Teufelsdreieck

… eine neue Idee: Warum nicht einfach Benachteiligte aus Afrika versklaven und sie in die Neue Welt hinüberschiffen, um sie dort auszubeuten? Skrupellose Sklavenhändler aus Europa begannen, an Afrikas Westküste Menschenhändlern Landsleute abzukaufen, als Arbeitskräfte für die Neue Welt. Vor allem entlang der Bucht von Benin blühte der Menschenhandel, bald nannte man die Region einfach die »Sklavenküste«.

Vom 16. bis ins 19. Jahrhundert sollten durch den **Sklavenhandel** Millionen Menschen aus Afrika in die Neue Welt verschleppt werden. Die meisten von ihnen zunächst nicht direkt nach Nord- oder Südamerika, sondern auf die Karibikinseln, deren Bevölkerungen die europäischen Eindringlinge so stark dezimiert hatten. Es entstand ein perfider Dreieckshandel zwischen Afrika, der Karibik und den britischen Kolonien in Nordamerika: Aus Afrika wurden Sklaven in die Karibik verschifft, wo sie auf Zuckerrohrplantagen schuften mussten. Das Zuckerrohr wiederum transportierte man aufs amerikanische Festland nach Neuengland, wo Rum daraus destilliert wurde. Und einen Teil dieses Rums verschifften die Kolonisten nach Afrika – um ihn gegen neue Sklaven einzutauschen.

So konnte der in der Karibik erfundene Rum im 17. Jahrhundert die nordamerikanischen Kolonien erobern. Und zwar mit solchem Erfolg, dass die Rumproduktion bald zum größten Industriezweig Neuenglands aufstieg. Die Beliebtheit der Spirituose unter den nordamerikanischen Siedlern hatte wiederum Folgen für …

## 4. Schritt: Das Schaumschlägerei

… den Import eines weiteren Getränks. Aus dem Vereinigten Königreich fand im 18. Jahrhundert durch britische Siedler ein Rezept nach Amerika, das in der Alten Welt unter Aristokraten beliebt war: schaumig geschlagenes Eigelb mit reichlich Zucker, unter das langsam eine Mischung aus Gewürzen, Milch und Sherry, Madeira oder Brandy gerührt wird. Eine seltsame Kreuzung aus Dessert und Dröhnung, die ob ihrer zu jener Zeit sehr kostspieligen Zutaten in Großbritannien der Oberschicht vorbehalten blieb. Man taufte den Drink auf den schrulligen Namen »Eggnog« (»Nog« stand damals für eine Art Holzbecher) und stieß damit zu besonderen Anlässen auf Wohlstand und Gesundheit an.

Als dieser exklusive Eierpunsch nun seinen Weg über den großen Teich in die Neue Welt machte, standen die dortigen britischen Siedler bei der Zubereitung vor einem Problem:

Brandy, Madeira oder Sherry waren in den noch jungen USA nur als hoch besteuerte Importwaren zu bekommen. Rum hingegen hatte man durch das Sklavenhandelsdreieck reichlich zur Verfügung. So konnte der Eggnog in modifizierter Form mit Rum angemischt die USA erobern – und wurde dort sogar noch beliebter als in Großbritannien. Ganz besonders eine …

## 5. Schritt: Weiße Mäuse im Cocktailglas

… heiße Variation des Drinks wurde im 19. Jahrhundert in den USA zu einem beliebten Weihnachtsgetränk: Mit Eischnee und heißer Milch sowie Nelken zubereitet, entstand eine Eggnog-Variante zum Aufwärmen an kalten Wintertagen: »Tom and Jerry«.

Die Entstehung des Drinks führte die *New York Times* im Dezember 1885 auf Jeremiah Thomas zurück, damals einer der berühmtesten US-Barkeeper. Er gilt als einer der Initiatoren des Cocktail-Booms Ende des 19. Jahrhunderts und verfasste mit *How to Mix Drinks or the Bon Vivant's Companion* das erste US-Fachbuch zum Cocktailmixen. Obwohl es naheliegend scheint: Thomas benannte den Drink nach eigenen Angaben nicht direkt nach sich selbst, sondern nach zwei Haustieren: Als ihn im Jahr 1847 ein Gast um ein Zuckerei gebeten habe, so Thomas, sei ihm spontan die Idee gekommen, daraus einen alkoholischen Drink zu mixen: »Ich hatte damals zwei weiße Mäuse, eine davon hieß Tom und die andere Jerry. Ich kombinierte diese Kurznamen, denn Jeremiah P. Thomas hätte ziemlich dick aufgetragen geklungen für einen Drink.«

Da Cocktailrezepte nicht patentiert werden konnten, adaptierten bald viele andere Kneipiers Thomas' heißen Eierpunsch. Der Tom and Jerry erfreute sich schnell großer Beliebtheit im ganzen Land, offenbar auch bei …

## 6. Schritt: Katz-und-Maus-Spiel

… einem Mann namens John Carr, der 1940 als Animationskünstler für das Metro-Goldwyn-Mayer Cartoon Studio in Hollywood arbeitete. Dort hatte kurz zuvor das Cartoonistenteam William Hanna und Joseph Barbera das Konzept für einen neuen Zeichentrickfilm vorgelegt: »Puss Gets the Boot« (deutsch: »Die Mieze fliegt raus«). Es ging darin um eine graue Katze namens Jasper, der von der Haushälterin der Rauswurf angedroht wird, sollte sie noch einmal auf der Mäusejagd etwas kaputt machen. Daraufhin macht sich die Maus des Hauses, Jinx, einen Spaß daraus, zerbrechliche Gegenstände zu Fall zu bringen, um Jasper anzuschwärzen.

MGM beschloss, den kurzen Film herauszubringen, aber die Begeisterung über das Konzept hielt sich in Grenzen. Es gab, so befürchtete man, einfach schon viel zu viele Cartoons mit Katzen und Mäusen. Sogar William Hanna selbst stand eher halbherzig hinter dem Projekt. Der Film wurde ohne große Werbemaßnahmen veröffentlicht. entpuppte sich aber als Überraschungserfolg. Sogar für einen Oscar als bester Kurzfilm wurde »Puss Gets the Boot« nominiert. MGM war bereit, sich an einer Fortsetzung zu versuchen – allerdings unter neuem Namen. »Jasper und Jinx« hatte als Titel nicht überzeugt, daher riefen Hanna und Barbera einen Wettbewerb unter allen Studiomitarbeitern aus: Wer ein überzeugendes neues Namenspaar vorschlug, würde 50 Dollar gewinnen. Das Preisgeld ging am Ende an John Carr, der die beiden neuen Zeichentrickhelden nach einem offenbar lieb gewonnenen Weihnachtsdrink auf »**Tom and Jerry**« taufte.

Der Rest ist Geschichte: »Tom and Jerry« ging 1941 mit der Folge »The Midnight Snack« in Serie und wurde der erfolgreichste Titel in der Geschichte des Cartoon-Studios von Metro-Goldwyn-Mayer. Und das nicht nur in den USA: Seit den Vierzigerjahren eroberte das ständig streitende Zweiergespann aus Maus und Mieze in 161 Serienfolgen die Welt. Selbst im fernen …

## 7. Schritt: Der Kater vor dem Karrieresprung

… China begeisterte man sich für ihr ewiges Katz-und-Maus-Spiel mit seinen unzähligen Slapstick-Einlagen. Einen kleinen Jungen inspirierten Tom und Jerry hier sogar zu einer Weltkarriere: Im Jahr 1984 saß der gerade mal zweijährige **Lang Lang** vor dem Fernseher, als die *Tom and Jerry*-Folge »The Cat Concerto« ausgestrahlt wurde. In dem oscarprämierten Cartoon muss Kater Tom bei einem Klavierkonzert die Ungarische Rhapsodie Nr. 2 aufführen – was dadurch erschwert wird, dass der im Flügel eingeschlafene Mäuserich Jerry vom Lärm aufwacht und ihm beim Spielen dazwischenfunkt.

Der kleine Lang Lang war fasziniert: So rasend schnell wie der graue Kater die Tatzen über die – bisweilen mit Mausefallen präparierten – Tasten sausen ließ, wollte auch er spielen können. Es war für ihn das erste Mal, dass er mit westlicher klassischer Musik in Berührung kam, und er war hin und weg. Für den Rest seines Lebens sollte ihn diese Liebe nicht mehr loslassen. Mit drei begann Lang Lang, Klavierunterricht zu nehmen, und nur zwei Jahre später gewann er in seiner Heimatstadt Shenyang bereits seinen ersten Klavierwettbewerb.

Er zog in die USA, um in Philadelphia Musik zu studieren. Mit nur 17 Jahren gelang ihm dort der Durchbruch, als er 1999 zufällig durch den Ausfall eines Pianisten beim Chicago Symphony Orchestra einspringen und Tschaikowskis 1. Klavierkonzert spielen durfte. Seither spielt Lang Lang mit namhaften Orchestern überall auf der Welt – und ist zu einem der wenigen Popstars der klassischen Musik aufgestiegen.

# Sport

Die Geschichte der Leibesertüchtigung ist wahrscheinlich genauso alt wie die Geschichte der Menschheit selbst. Gut, zu Beginn wird man einen konzentrierten Sprint mit vorgeschobener Brust, zurückgezogenen Schultern und ordentlich angewinkelten Armen wahrscheinlich noch nicht »Sport« genannt haben – sondern eher »nicht vom Säbelzahntiger gefressen werden«. Den stoffwechselanregenden, das Herz-Kreislauf-System aktivierenden und den Muskelaufbau fördernden Wirkungen hat das sicher keinen Abbruch getan.

Weil der Mensch aber mehr will als Überleben, nämlich Wettkampf, stetige Selbstoptimierung und Sponsorenmillionen, überlegte er sich Varianten des Sprints für Momente, in denen gerade kein Säbelzahntiger zugegen war: etwa mit einem Holzklotz in der Hand (Staffellauf), einem kleinen schwarz-weißen Stück Leder hinterher (Fußball) oder eine kaputte Rolltreppe hinauf, die nie endet (J. Lo's Butt-Workout). Schließlich fügte er noch Synchronschwimmen, Tauziehen, Florettfechten und Wok-WM hinzu, zerteilte das Ganze vorsichtig in olympische Disziplinen und rührte eine Handvoll überbezahlter Funktionäre unter – et voilà: Fertig war der Sport.

Dass sich die lange Geschichte des Sports aber nicht nur auf das Wunder von Bern, Muhammad Ali versus George Foreman und den Becker-Hecht reduzieren lässt, werden die kommenden Seiten vorführen. Dort erfahren Sie alles über eine Funsportart, die das NS-Regime hervorbrachte, Turnübungen für Guerillakämpfer, einen Superhelden bei den Olympischen Spielen – und eine Spionageaffäre, die Radsportler auf die Eisenbahn umsatteln ließ. Also: Auf die Plätze, fertig, lies!

# Wie Hitler das Skateboard erfand

1. Schritt:
Größter Farbpanscher aller Zeiten?

Der österreichische Teenager, der sich im Oktober 1907 an der Wiener Kunstakademie vorstellte, fiel zunächst nicht durch Allmachtsfantasien und absonderliche Bartmodevorlieben auf. Allerdings auch nicht durch besonderes künstlerisches Talent: »Zweifellos ungeeignet«, urteilte der Rektor, sei der 18-jährige **Adolf Hitler** für ein Studium an der Akademie.

Kein Verdikt freilich, dem sich der überambitionierte Hobbymaler in spe voreilig unterworfen hätte: Also bewarb Hitler sich in den folgenden Jahren erneut (erfolglos) an der Kunstakademie, fertigte (talentlos) diverse Aquarelle von Wiener Stadtansichten an, versuchte sich (brotlos) als Künstler. Bevor er schließlich einsehen musste, dass seine Karriereoptionen wohl doch eher im Sektor des Größenwahns lagen. Und so schwang Hitler sich nach dem Ersten Weltkrieg zunächst zum Propagandaredner der Reichswehr auf, dann zum Führer der NSDAP und 1933 zum Diktator über das Deutsche Reich. Damit begann die Schreckensherrschaft des NS-Regimes, geprägt von gesellschaftlicher Gleichschaltung, Antisemitismus und systematischem staatlichem Massenmord. Schließlich ließ Hitler am 1. September 1939 ohne jede Kriegserklärung die Wehrmacht in Westpolen einmarschieren und eröffnete damit …

## 2. Schritt:
### Ein Schnurrbart gegen den Rest der Welt

… den **Zweiten Weltkrieg.** Fast sechs Jahre lang sollte rund um den Globus der Krieg wüten, Millionen Todesopfer fordern, Millionen ihrer Heimat berauben. Hitler schloss einen Pakt mit dem faschistischen Italien und mit Japan, um dadurch die USA von einem Eingriff ins Kriegsgeschehen in Europa abzuhalten.

Am 7. Dezember 1941 attackierte Japan Pearl Harbor auf Hawaii, den strategisch wichtigsten Pazifikstützpunkt der USA, woraufhin Hitler mit dem verbündeten Italien auch den Vereinigten Staaten den Krieg erklärte. Nachdem sich die USA lange gegenüber dem fernen Kriegsgeschehen offiziell neutral verhalten und höchstens Hilfsgüter an die gegen Deutschland kämpfenden Staaten verschickt hatten, änderte sich nun die Haltung: Am 8. Dezember 1941 erklärten die USA Japan den Krieg. Nicht nur die darauf folgenden Kampfhandlungen gegen Japan und Deutschland sollten die US-Regierung vor ganz neue Herausforderungen stellen, sondern auch die aus dem Krieg resultierenden Probleme mit …

## 3. Schritt:
### Todesverwaltung mit Platznot

… der eigenen Verwaltung. Das US-Kriegsministerium in Washington, D. C., hatte nun alle Hände voll zu tun, zum Zeitpunkt des Kriegseintritts arbeiteten in den Büros des Ministeriums 23 000 Mitarbeiter am militärischen Erfolg

Amerikas. Doch die Räumlichkeiten selbst wurden zum Problem: Als provisorisches Hauptquartier diente das Main Navy and Munitions Building, ein während des Ersten Weltkriegs entstandener Komplex, sowie diverse weitere Gebäude, die über das Stadtgebiet verstreut waren. Diese Bürolösung war nicht nur ausgesprochen unübersichtlich und unpraktisch, sondern es fehlten auch Räume für die im Zweiten Weltkrieg schnell wachsende Mitarbeiterzahl. Das Problem war altbekannt. Zwar hatte die Regierung schon in den Dreißigerjahren einen neuen Bau für das Kriegsministerium im Washingtoner Stadtteil Foggy Bottom errichten lassen, doch auch dieser war bereits bei seiner Fertigstellung zu. Als die USA nun 1941 in den Weltkrieg eintraten, wurde der Umzug des Ministeriums unvermeidbar.

Kriegsminister Henry L. Stimson forderte den US-Präsidenten Franklin D. Roosevelt auf, möglichst kurzfristig ein neues Gebäude zur Verfügung zu stellen. Man beschloss, es zu bauen – allerdings nicht in der dicht bebauten Innenstadt von Washington, sondern ausgelagert. Im benachbarten Virginia, jenseits des Potomac River, sollte es entstehen. Man nahm ein Grundstück in der Nähe des Arlington-Nationalfriedhofs in den Blick, groß genug für einen gewaltigen Bau, aber unpraktischerweise fünfeckig. Kurzerhand passte man die Pläne an – und plante einen riesigen Bau mit fünfeckigem Grundriss. Letztendlich entschied man sich später doch für ein anderes Landstück, aus Furcht, die Aussicht vom Friedhof auf Washington zu verbauen. Die fünfeckige Form wurde jedoch beibehalten. Die Bauarbeiten liefen unter Hochdruck, und im Januar 1943 wurde es fertiggestellt: das mit 600 000 Quadratmetern Fläche und Korridoren von mehr als 28 Kilometern Gesamtlänge größte Bürogebäude der Welt – **das Pentagon**. Und in diesem Bau würde viele Jahre später …

## 4. Schritt: Schluss mit eitel Sonnenschein

… ein Herr Nasworthy seinen Dienst antreten. Aus Kalifornien stammend, zog der Marinepilot mit seinem Sohn für einen Job im Sommer 1970 nach Annandale, ein Nest im verregneten Norden Virginias, nur fünfzehn Minuten Autofahrt vom Pentagon entfernt. Das war es dann aber auch schon mit den Vorzügen der neuen Heimat, jedenfalls, was den Sohn **Frank Nasworthy** anbelangte.

Für Frank, damals noch ein Teenager, war der Ortswechsel nicht leicht. Nicht nur, dass er auf einen Schlag gut dreieinhalbtausend Kilometer entfernt von der sonnigen Surferküste Amerikas lebte, auch seine Freunde und Schulkameraden waren plötzlich weg. Er musste sich ganz neu orientieren, aber Frank arrangierte sich: Auf der Schule lernte er einen anderen Jungen kennen, mit dem er sich anfreundete, Bill Harward. Eines Tages …

## 5. Schritt: Eine Erfindung kommt ins Rollen

… wollte Frank mit seinem Kumpel Bill einen weiteren Freund besuchen. Aber dessen Mutter schickte sie weiter: Der Junge sei bei seinem Vater auf der Arbeit, in einer kleinen **Plastikfabrik**. 2011 erinnerte sich Frank Nasworthy in einem Interview, wie in dieser Werkstatt die Geschichte ihren Lauf nahm: »Sein Vater arbeitete mit den verschiedensten Anwendungen von Polyurethan.« Dieser neue Kunststoff war ursprünglich bereits in den Dreißigerjahren von Otto Bayer in Leverkusen entwickelt worden, doch mit dem Ausbruch des Zweiten Weltkriegs waren die erforderlichen Rohstoffe verknappt, sodass sich das Material nur langsam international auf dem Markt durchsetzte – etwa in der Produktion von Schaumstoffen.

Als Frank Nasworthy nun aber 1970 in der kleinen Kunststofffabrik stand, waren es keine Schaumstoffe, die sein Interesse erregten: Eines der Dinge, an denen der Vater seines neuen Bekannten die Materialverwendbarkeit des Stoffes erprobte, war ein Karton voller Polyurethanrollen für Rollschuhe. Der Vater selbst hatte sie als gescheitertes Experiment abgetan. Aber weil der kleine Frank von den Rollen fasziniert war, überließ er ihm den ganzen Karton. Als am Ende des Sommers der Job von Franks Vater für das Pentagon endete, nahm Frank seinen Karton voller Rollen wieder mit zurück ins heimatliche Kalifornien. Und dort …

## 6. Schritt: Surfen auf der Pappmascheewelle

… schaffte er es, mit seiner Beute einen Trend davor zu retten, dass er in einer Sackgasse der Geschichte endete: Rollbretter zum »Sidewalk Surfing«, wie man den Sport damals in Kalifornien nannte. Aus Langeweile hatten Anfang der Sechzigerjahre einige Surfer, wenn sie nicht aufs Wasser konnten, damit begonnen, Rollschuhachsen an Bretter zu nageln und damit ihre Surf-Moves auf Straßen und Parkplätzen nachzuahmen. Doch schon wenige Jahre später war Skateboarding als Trend wieder verschwunden – und galt als gescheitertes Experiment. Der Grund dafür lag dabei an dem Kernelement des Rollbretts: den **Rollen.** Die frühen Prototypen waren nämlich entweder Metallrollen oder etwas später sogenannte »Clay Wheels« (deutsch: Lehmrollen). Letztere bestanden nicht wirklich aus Lehm, sondern einem Gemisch aus Pappmaschee und diversem Unrat – etwa Walnussschalensplittern, die die Hersteller günstig als Abfall aus der Lebensmittelproduktion bezogen. Beide Bauarten funktionierten nicht: Erstens blieben die Rollbretter sofort stehen, sobald man auf der Straße auch nur auf den winzigsten Kieselstein traf – und der Fahrer wurde ungebremst in Fahrtrichtung weitergeschleudert. Das führte zu vielen Verletzungen und Widerstand unter Politikern, Eltern und sogar bei der Polizei. Verbote der Rollbretter wurden gefordert. Zweitens nutzten zumindest die Clay Wheels sich so rasend schnell ab, dass man schon nach wenigen Stunden neue Rollen aufziehen musste – was schnell nervig und vor allem teuer wurde. Und drittens machten diese Rollen das Skateboard als Sportgerät im Grunde völlig unbrauchbar, denn man konnte mit ihnen nicht richtig in Fahrt kommen. Geschwindigkeit für Tricks war so nicht zu gewinnen.

Und hier kam Frank Nasworthy ins Spiel: Er kaufte bei der Spielzeugladenkette Toys R Us einige letzte Restexemplare dieser gescheiterten frühen Skateboard-Prototypen auf und tauschte die Clay Wheels gegen die eigentlich für Rollschuhe gedachten Polyurethan-Wheels aus, die er in Virginia geschnorrt hatte. Sie rollten butterweich und schienen überhaupt nicht mehr stehen bleiben zu wollen. Frank Nasworthy hatte die entscheidende Innovation zustande gebracht, die …

## 7. Schritt: Bretter, die die Welt bedeuten

… das Skateboard erst als Sportgerät brauchbar machte und ihm zum Durchbruch verhalf. Denn erst mit der von Frank Nasworthy eröffneten Möglichkeit, Geschwindigkeit aufzubauen, konnte man hohe und steile Rampen befahren, waghalsige Sprünge machen und über Straßen rasen, ohne dass jeder Stein zur tödlichen Gefahr wurde. So wurde Nasworthy zum Erfinder des modernen **Skateboards.**

Stacy Peralta, einer der großen Pioniere des Sports, früher Skateboard-Profi und Gründer der lange die Szene prägenden Skateboard-Firma Powell-Peralta, erklärte 2004 in der *Washington Post,* ohne Polyurethan-Wheels würde »Skateboarding nicht existieren«. Seine erste Fahrt auf den neuen, von Frank Nasworthy etablierten Rollen bezeichnete Peralta als »Höhepunkt in meinem Leben«. Larry Balma, Firmengründer des Skateboard-Achsenherstellers »Tracker Trucks« formulierte es so: »Die Polyurethanrolle war nichts weniger als der Urknall, der (…) alle großen Skateboard-Firmen hervorbrachte.« Ohne es zu ahnen, hatte Nasworthy eine neue Sportart erschaffen, die in den Achtzigerjahren einen gewaltigen Boom erleben sollte, sich in der Popkultur etablierte und bis heute unentwegt fortentwickelte: Dank der Polyurethanrolle sind Skateboarder in den vergangenen Jahrzehnten über Geländer gerutscht, aus Rampen geflogen, über Treppen, von Hausdächern, aus Hubschraubern und sogar über die Chinesische Mauer gesprungen – und werden ab dem Jahr 2020 auch zu den Olympischen Spielen antreten.

# Wie Cäsar den
# FC Bayern München gründete

## 1. Schritt: Mord, Totschlag und Lateinstunde

Der römische Herrscher **Gaius Julius Cäsar** war ein viel beschäftigter Mann: Zermalmte er nicht gerade gallische Stämme oder unterjochte mit Horden bis an die Zähne bewaffneter Legionäre Nachbarland um Nachbarland, so zeigte er sich als echter Schöngeist – und schrieb Bücher. Hervorstechendstes Merkmal seines literarischen Schaffens war sein überaus beschränkter Wortschatz, der seiner Schreibwut allerdings keinen Abbruch tat: Mit einem bescheidenen Vokabular von nur etwa 1300 Wörtern führte er etwa in den sieben Bänden der *Commentarii de bello Gallico* in epischer Breite die taktischen Feinheiten von Mord und Totschlag während des Gallischen Krieges aus. Eine beachtliche Leistung, wenn man bedenkt, dass Untersuchungen bereits bei deutschen 15-Jährigen einen Wortschatz von rund 12 000 Wörtern festgestellt haben.

Auch wenn der Stil nicht gerade literaturnobelpreisverdächtig gewesen sein mag, traf die Wortkargheit des antiken Feldherrn sehr viel später doch den Nerv einer ganz besonderen Zielgruppe: Lateinlehrer. Denn aufgrund des überschaubaren Vokabulars in Cäsars Schriften ist es selbst einem Sprachanfänger zumutbar, sie zu übersetzen. Und so werden seit Jahrhunderten Generationen von Schülern mit den kriegsstrategischen Aufzeichnungen Cäsars gequält. Einer dieser Schüler war …

## 2. Schritt: Inselbegabung

… ein kleiner Junge, der am 15. August 1769 auf einem ganz außerordentlich pittoresken Steinhaufen geboren wurde. Dummerweise lag dieser Steinhaufen mitten im Mittelmeer. Und als der Junge aufwuchs, bemerkte er bald, dass ihm hier etwas fehlte: nämlich Perspektive. Und Nachbarn. Zwei Probleme, die eng zusammenhingen – denn Steine gab es auf dem bisweilen auch »Korsika« genannten Steinhaufen einfach viel mehr als Bewohner. Und weil kaum jemand hier lebte, musste jeder, der es zu etwas bringen wollte, weg. Nun hatte der Stadtstaat Genua, zu dem Korsika gehört hatte, die Insel genau ein Jahr vor Geburt des Jungen an Frankreich verkauft. Wer aber im Mutterland leben wollte, kam mit der korsischen Sprache nicht weit.

Daher wurde der Junge im Dezember 1778 von seinem Vater aufs Festland geschickt, um Französisch zu lernen und Karriere zu machen. Er lernte die Sprache schnell, vor allem dank seiner Lesewut: Band um Band verschlang er Bücher in französischer Sprache, bevorzugt Übersetzungen der Werke von Julius Cäsar.

So gelang es dem jungen **Napoleon Bonaparte** schließlich, in fließendem Französisch seine Prüfung an der Kadettenschule von Brienne abzulegen. Nun endlich konnte er den Traum seines Vaters wahr werden lassen und tatsächlich …

### 3. Schritt: Großer Mann ganz groß

… Karriere beim französischen Militär machen. Und was für eine: Napoleon entpuppte sich schon bald als großer Stratege – auch abseits des Schlachtfelds. Ob er sich durch Wahlmanipulation zum Führer der korsischen Nationalgarde aufschwang, sich taktisch bei den Jakobinern anbiederte oder durch seine Heirat mit Joséphine de Beauharnais versuchte, seine politischen Verbindungen auszubauen, stets hatte Bonaparte seinen Aufstieg im Blick.

Über den Antrieb dieses unermüdlichen Machtstrebens sollte später viel spekuliert werden. Die wohl bekannteste Theorie dazu entwickelte der österreichische Psychotherapeut Alfred Adler, der den Begriff »Napoleonkomplex« prägte. Dahinter verbirgt sich die Idee, dass Menschen, die wie Bonaparte (mit seinen 1,69 Metern) eher klein sind, diesen Mangel an Körpergröße durch besonderen Ehrgeiz kompensieren würden. Im Alltag hält sich die diskriminierende Theorie bis heute hartnäckig – und das, obwohl bereits ihr namensgebendes Beispiel nicht korrekt eingeordnet ist. Denn obwohl Napoleon Bonaparte nach heutigen Standards klein wäre, war er für damalige Verhältnisse mit seinen 1,69 Metern auch körperlich ein großer Mann: So betrug die durchschnittliche Größe französischer Militärrekruten im Jahr 1835 nur 1,62 Meter.

Ob nun getrieben von einem Kleiner-Mann-Syndrom oder Großer-Mann-Syndrom: Am 2. Dezember 1804 erreichte Napoleon Bonaparte schließlich das oberste Ende der Karriereleiter – wenn man die Position »Gott« einmal ausklammert jedenfalls. In der Kathedrale Notre-Dame de

Paris krönte sich Bonaparte selbst zum Kaiser. Anschließend begann der Monarch mit der **Ausdehnung seines Reichs** und brachte mit militärischer Gewalt einen Großteil Europas unter seine Kontrolle, unter anderem Preußen. Damit jedoch …

## 4. Schritt: Früherziehung für Kindersoldaten

… rief er einen Mann auf den Plan, der Anfang des 19. Jahrhunderts begann, mit ungewöhnlichen Mitteln gegen die napoleonische Besetzung anzukämpfen: den preußischen Pädagogen **Friedrich Ludwig Jahn.** Der ersann nämlich ein Programm zur systematischen Leibesertüchtigung, das die Körper junger Knaben und Mädchen für den Kampf gegen die französischen Eindringlinge stählen sollte.

Jahn, als Sohn eines evangelischen Pfarrers geboren, hatte schon früh die christliche Nächstenliebe gegen Fremdenhass, Rassismus und Antisemitismus getauscht. Auch wenn später vor allem sein Wahlspruch »Frisch, fromm, fröhlich, frei« im Gedächtnis bleiben sollte, prägte er auch pädagogisch weniger wertvolle Bonmots wie »Hass alles Fremden ist des Deutschen Pflicht« und den Begriff des »Volkstums«. Darunter verstand Jahn Charakterzüge, die angeblich jeweils alle Angehörige einer bestimmten Nation gemeinsam hätten. Eine irre Idee, die leider später bei einem irren Österreicher mit hässlichem Schnurrbart und noch hässlicherem Menschenhass ausgesprochen gut ankam.

Im Jahr 1810 gründete Jahn mit einem kleinen Kreis befreundeter Fremdenhasser einen geheimen Zirkel, der sich »Deutscher Bund« nannte und die französische Besatzung deutscher Gebiete beenden wollte. Jahns Rezept für den geplanten Krieg gegen die Franzosen: lange Wanderungen an der frischen Luft, Diskussionen darüber, warum die Deutschen alle super und die anderen alle doof sind, sowie kräftigende Sportübungen an speziellen, damals noch ungebräuchlichen Turngeräten. Mit diesem Programm wurde »Turnvater Jahn«, wie er später genannt werden sollte, zum …

## 5. Schritt: Mobilmachung am Stufenbarren

… Begründer des organisierten **Turnens** in Deutschland. Ob am Reck, Barren, Pferd oder an den Ringen – bald war Jahns Revolution in vollem Gange. Tausende Menschen wollten plötzlich ihre Körper trainieren, um sich auf einen von turnübungsgestählten Guerillas geführten »Befreiungskrieg« gegen ausländische Invasoren vorzubereiten, der ganz Deutschland vereinen sollte.

Jahn führte sein Turnprogramm in seinem 1816 erschienenen Buch *Die Deutsche Turnkunst* minutiös aus. Es enthielt sowohl konkrete Turnübungen wie das »Springhocken«, den »Heuschreckensprung« und den gefürchteten »Hinkkampf« als auch praktische Trainingstipps für den geneigten Hobby-Guerillero in spe (»Man laufe in der ersten Übezeit nur mit dem Wind, nicht gegen den Wind«).

Ganz reibungsfrei verlief Jahns Turnrevolution nicht: So kam es nach einer von Jahn geplanten öffentlichen Bücherverbrennung und der Ermordung eines Schriftstellers 1819 zu einem deutschen Turnverbot und zur Inhaftierung Jahns, der fast sechs Jahre hinter Gittern blieb.

Doch schließlich wurde Friedrich Jahn 1840 vom preußischen König Friedrich Wilhelm IV. rehabilitiert und das Turnverbot zwei Jahre später aufgehoben. Im Deutschen Bund wurden nun wieder Turnvereine gegründet, die den hochverehrten »Turnvater Jahn« mit Spenden unterstützten. Der Boom hielt an: Über Jahrzehnte hinweg sollten Turner den deutschen Vereinssport dominieren, was …

## 6. Schritt: Sportrevolution am Kneipentresen

… im Februar 1900 zu einem folgenreichen Streit führen sollte: Wie viele andere deutsche Sportvereine war auch der **MTV München 1879** fest in der Hand der Turner. Schließlich war er im namensgebenden Jahr 1879 auf der Höhe des deutschen Turn-Booms als »Männer-Turn-Verein München« gegründet worden. Von »König Fußball« war also 1900 in München noch nicht viel zu spüren – Fußballspieler waren hier nicht mehr als eine geduldete Minderheit. Entsprechend weigerte sich die Vereinsleitung auf Bitten der Fußball spielenden Mitglieder hartnäckig, den Verein dem Verband Süddeutscher Fußballvereine anzuschließen.

Für die Kicker ein Unding: Frankfurt war schließlich schon in dem Verband, Mannheim ebenfalls, Karlsruhe sogar mit zwei Vereinen, verdammt, sogar Hanau durfte rein. Nur München nicht. Die Demütigung wurde dadurch auf die Spitze getrieben, dass der Verband im Vorjahr, in der Saison 1898/99, gerade die erste süddeutsche Fußballmeisterschaft veranstaltet hatte – an der die Spieler des MTV München nicht teilnehmen durften. Für diese allein schon aus lokalpatriotischen Gründen eine völlig inakzeptable Situation.

Wutentbrannt versammelten sich darum die benachteiligten Münchner Fußballspieler in einer Nacht-und-Nebel-Aktion am 27. Februar 1900 in dem örtlichen Gasthaus »Bäckerhöfl«, um unter steter Zuführung alkoholischer Getränke einen geeigneten Ausweg aus der Misere zu finden. Manche dachten über eine Abspaltung von dem so schändlich fußballfeindlichen Sportverein nach. Der harte Kern dieser Abspaltungsbefürworter zog nach dem Gelage gegen halb zehn abends weiter in das Restaurant »Gisela« in Schwabing, wo sie beschlossen, …

## 7. Schritt: Elf Multimillionäre sollt ihr sein

… die Turner einfach Turner sein zu lassen und einen eigenen Fußballverein zu gründen. Der FC Bayern war geboren. Dass dieser simple Beschluss die deutsche Sportgeschichte so nachhaltig verändern sollte, dass 117 Jahre später vor Ort sogar ein Gedenkstein aufgestellt werden würde, konnte den Beteiligten damals noch nicht bewusst gewesen sein. Sie waren einfach froh, endlich der Unterjochung durch die dominanten Turner entfliehen zu können. Der Verein sollte eine Erfolgsgeschichte ohnegleichen schreiben. Bereits das erste Spiel gegen ihren örtlichen Konkurrenten, den 1. Münchner FC 1896, gewannen sie deutlich mit 5:2. Immerhin noch ein Jahrzehnt dauerte es, bis der FC Bayern auch bei der süddeutschen Meisterschaft antreten durfte – dafür belegten sie dort auf Anhieb den zweiten Platz.

Nachdem er 1932 erstmals die Deutsche Meisterschaft gewann, wurde ihr Verein – heute besser bekannt als **FC Bayern München** – deutscher Rekordmeister und Halter des ersten Platzes auf der ewigen Tabelle der Bundesliga. Aus dem kleinen örtlichen Fußballverein wurde längst ein millionenschweres Unternehmen mit einem 75 000 Fans fassenden Stadion, an dem internationale Megakonzerne wie Adidas und Audi Aktienanteile halten. Wirtschaftlich und sportkulturell hat der Verein längst eine solche Bedeutung eingenommen, dass etwa die Verurteilung des Vereinspräsidenten Uli Hoeneß wegen Steuerhinterziehung im Jahr 2014 ganz Deutschland zu bewegen schien. Eine echte Fußballlegende also mit allen glanzvollen wie dunklen Seiten, die Ruhm und Geld mit sich bringen. Und mit mittlerweile über 290 000 Mitgliedern der größte Sportverein, nicht deutschland-, sondern weltweit.

# Wie Nietzsche den offiziellen Song zu den Olympischen Winterspielen 2010 schrieb

## 1. Schritt: Explosiver Pferdeflüsterer

Die wohl berühmteste Anekdote über den deutschen Philosophen **Friedrich Wilhelm Nietzsche** ist aller Wahrscheinlichkeit nach frei erfunden: Angeblich, so ist es überliefert, hängte sich der große Denker an einem Tag im Januar 1889 plötzlich einem Kutschenpferd um den Hals. Vor Mitleid mit der armen Kreatur, die von ihrem Kutscher misshandelt worden sei, habe er sogar geweint. Gut belegt ist hingegen, wie sehr der große Denker des 19. Jahrhunderts ab seinem 45. Lebensjahr in den Wahnsinn abdriftete und wirre Briefe an Bekannte und Unbekannte verschickte – etwa König Umberto I. von Italien, den er als seinen »geliebten Sohn« ansprach. Sein letztes Lebensjahrzehnt sollte Nietzsche als Pflegefall in dieser Umnachtung verleben – und bekam so den späten Ruhm, der seinem Werk widerfuhr, nicht mehr bewusst mit.

Es war ein Ende, das in seiner Radikalität zu dem Leben und Schaffen des 1844 im sächsischen Röcken geborenen Intellektuellen passte. »Ich bin kein Mensch, ich bin Dynamit«, hatte Nietzsche in seiner ab 1888 bis zu seinem Zusammenbruch im Folgejahr verfassten Autobiografie *Ecce Homo* geschrieben, und das beschrieb sein philosophisches Programm recht treffend. Es ging ihm darum, althergebrachte Werte, Wahrheiten und Weltanschauungen zu zerschmettern. Nietzsche philosophierte, wie er es selbst ausdrückte, »mit dem Hammer«. Er wollte alte Zweiteilungen in »gut« und »böse«, »wahr« und »unwahr« zerschlagen und christliche Moralvorstellungen in der Philosophie ausmerzen und so zur Weiterentwicklung des Menschen beitragen.

Ziel dieser Weiterentwicklung ist in Nietzsches Augen ein neuer Mensch, der dem Menschen seiner Zeit überlegen ist, und den er deshalb, in Anlehnung an einen Begriff des französischen Philosophen Helvétius, den »Übermenschen« nennt. Nietzsche versteht diesen »Übermenschen« als Gegenmodell zum »guten Menschen« des humanistischen Denkens. Ein besonders hoch entwickelter Mensch ist für ihn ein mehr als alle anderen nach Macht strebender Mensch, der von keiner Moral in seiner Handlungsfreiheit beschränkt wird – wie Julius Cäsar oder Napoleon Bonaparte. Sogar die »Züchtung« und die »Vernichtung von Millionen Mißrathener« erklärt er zu legitimen Mitteln, um »den zukünftigen Menschen zu gestalten«. Damit liefert der Philosoph das theoretische Fundament, das …

## 2. Schritt: Göttliche Lizenz zum Töten?

… Jahrzehnte später das Schreckensregime des Nationalsozialismus in Deutschland für seine menschenverachtende Ideologie vom deutschen »Herrenmenschen« instrumentalisierte. Schon vor Beginn des NS-Regimes selbst war die Vorstellung eines über dem Durchschnittsbürger und der Moral stehenden, überlegenen Menschen im Sinne Nietzsches Anfang des 20. Jahrhunderts im Bildungsbürgertum beliebt geworden, das sich selbst in dieser überlegenen Position wähnte. Unter dieser Vorstellung ließen sich auch die Gräuel der europäischen Kolonialbestrebungen legitimieren, im festen Glauben an eine Überlegenheit der »weißen Rasse« über vermeintlich unterlegene, »primitive« Völker, denen Kultur erst beigebracht werden müsse.

Die Nazis bauten auf dieser Basis die **nationalsozialistische Vorstellung einer »germanischen Herrenrasse«** auf. Unzählige Gewaltverbrechen der NS-Diktatur wurden auf Basis dieses Gedankengerüsts gerechtfertigt, etwa der Massenmord an den als »Untermenschen« verfemten Deutschen jüdischen Glaubens oder die als »Euthanasie« beschönigte Sterilisierung oder Ermordung Kranker und Behinderter. Woher Hitler die Befugnis abgeleitet hatte, die Deutschen zum Richter und Henker der Weltbevölkerung zu ernennen und die vermeintlich höherwertigen »Arier« von minderwertigen »Rassen« zu unterscheiden? »Vom Schöpfer des Universums« – so jedenfalls hatte es der größenwahnsinnige Massenmörder in spe schon vor seiner »Machtergreifung« in *Mein Kampf* festgehalten.

Das Grauen, das mit der sogenannten »Machtergreifung« im Januar 1933 und der Nazi-Diktatur über die Welt kam, erschütterte die Menschheit. Und schon in diesem schicksalhaften Jahr, lange bevor der nationalsozialistische Terror sich in seiner ganzen Abscheulichkeit zeigen sollte, ahnten offenbar …

## 3. Schritt: Ein Vogel? Ein Flugzeug? Nein ... ein Despot!

... die US-Amerikaner Jerry Siegel und Joe Shuster bereits, welches Unheil aufgrund der Vorstellung eines »Übermenschen« drohte. Die zwei befreundeten Teenager stammten aus jüdischen Familien, Siegels Eltern waren im Jahr 1900 vor dem Aufkeimen des Antisemitismus aus ihrer alten Heimat Litauen in die USA geflohen. Der Erfolg der NSDAP in Deutschland konnte Shuster und Siegel daher kaum gleichgültig lassen, und angesichts der düsteren Situation in Europa beschlossen sie, das Thema eines »Übermenschen«, der zum Unmenschen wird, auf ihre eigene Weise zu verarbeiten. Denn Siegel war ein Geschichtenerzähler: In seiner Schulzeitung hatte er zum Beispiel eine Serie von Tarzan-Parodien unter dem Titel »Goober the Mighty« veröffentlicht. Bei der Beschäftigung mit dem »Tarzan«-Stoff war Siegel auch auf das Konzept des »Übermenschen« gestoßen: denn Siegels Vorbild, der »Tarzan«-Schöpfer Edgar Rice Burroughs, ließ in einer seiner Originalgeschichten den Dschungelhelden auch als »Übermenschen« ansprechen. Shuster konnte seinerseits gut zeichnen, und er hatte schon mehrfach Illustrationen zu Siegels Geschichten beigesteuert.

Beide waren große Fans von Science-Fiction-Geschichten, und so entschieden sie, das despotische Potenzial der »Übermenschen«-Ideologie in einer bebilderten Sci-Fi-Kurzgeschichte auszuloten: »**The Reign of the Superman**« (deutsch: Die Herrschaft des Übermenschen). Unter dem Pseudonym Herbert S. Fine schrieb Siegel darin die Geschichte des armen Herumtreibers Bill Dunn, der an einer Suppenküche von einem verrückten Professor zu einem Experiment überredet wird: Wenn Dunn eine experimentelle Droge ausprobiere, so der Professor, werde er ihn mit einer anständigen Mahlzeit und neuer Kleidung belohnen. Durch die Droge jedoch gewinnt der Vagabund übermenschliche Fähigkeiten – er kann Gedanken lesen und sogar steuern. Anstatt seine Fähigkeiten aber einzusetzen, um gegen Unholde zu kämpfen, ermordet der neu geschaffene »Übermensch« – im Englischen »Superman« – den Forscher und will die Welt unterjochen. Doch die Wirkung der Droge war nur vorübergehend, und ohne Hilfe des Forschers kann er sie nicht reproduzieren. Am Ende der Geschichte findet sich Dunn darum an der Suppenküche wieder. Shuster steuerte zu der Geschichte Zeichnungen des »Superman« als zähnefletschenden Fiesling mit Glatzkopf bei, und die beiden veröffentlichten die Story in ihrem selbst gemachten Science-Fiction-Fanzine »Science Fiction: The Advance Guard of Future Civilization«. Auf diesem Wege aber …

## 4. Schritt: Jetzt noch superer!

… erreichte ihre Schöpfung nur einen sehr eingeschränkten Leserkreis im heimatlichen Cleveland. Von dem Fanzine erschienen insgesamt nur fünf Ausgaben, doch Shuster und Siegel wollten den »Superman«-Charakter bekannter machen. Fünf Jahre lang suchten sie nach einem Verlag – und nahmen zugunsten größerer Publikumstauglichkeit radikale Veränderungen an ihrem düsteren, ursprünglichen Konzept vor: Aus dem ursprünglich als Bösewicht angelegten Protagonisten machten die beiden einen altruistischen Comichelden, einen All American Hero, der seine Kräfte zum Schutz der Menschen nutzte und stets für das Gute und gegen das Böse kämpfte.

Nietzsche hätte sich vermutlich im Grabe umgedreht, hätte er von diesem popkulturellen Remix seines machtberauschten »Übermenschen« erfahren – doch Verleger zeigten nun Interesse: Im Jahr 1935 hatten die beiden Freunde Jobs im selben Unternehmen gefunden – bei dem damals gerade frisch gegründeten kleinen Comicverlag Detective Comics Inc., heute besser bekannt als DC Comics. Drei Jahre lang arbeiteten sie dort an verschiedenen Figuren, etwa den damals besonders beliebten und für ihren Verlag namensgebenden Detektiv-Comics, bis ihre Eigenkreation »Superman« schließlich bei DC veröffentlicht wurde. Ihr Held – nun mit Haaren, blauen Ganzkörperleggings und rotem Cape – erschien in Ausgabe 1 der im Juni 1938 debütierenden Comicreihe »Action Comics« und wurde zum wohl berühmtesten Superhelden der Geschichte.

**Der neue, menschenfreundliche Superman** war eigentlich ein Außerirdischer, geboren auf dem Planeten Krypton, der als Kleinkind mit einer Rettungskapsel kurz vor der Zerstörung seines Planeten ins All geschossen wurde und auf der Erde strandet. Dort von Bauern großgezogen und auf den Namen Clark Kent getauft, wird er Journalist – und rettet nebenberuflich in seiner Geheimidentität als Superman immer wieder die Menschheit vor Bösewichten. Die Comicfigur wurde ein riesiger Erfolg und begründete quasi im Alleingang das ganze Genre der Superheldencomics. »Action Comics« Nummer 1 gilt entsprechend seiner his-

torischen Bedeutung bis heute mit Gebrauchtmarktprei-
sen von bis zu 3,2 Millionen US-Dollar als das wertvollste
Comicheft der Welt. Superman hatte eine lange Erfolgsgeschichte vor sich, in deren Verlauf …

## 5. Schritt: Des Teufels Mineral

… die Figur und ihre persönliche Historie immer weiter
modifiziert wurden. Denn Siegel und Shuster hatten früh
ihre Rechte an Superman an DC Comics verkauft – eine
Entscheidung, die sie angesichts des ungeahnten Erfolgs
der Figur später bereuen sollten. Das Unternehmen ließ
die Comics von einem Autorenpool weiterproduzieren und
konnte nun praktisch uneingeschränkt Veränderungen vor-
nehmen, um die Attraktivität des Helden und seine Profita-
bilität zu steigern.

Es war Dorothy Woolfolk, die erste weibliche Autorin bei
DC Comics, die sich beklagte, Supermans uneingeschränkte
Unverwundbarkeit sei langweilig, und die vorschlug, man
solle das Element **Kryptonit** von seinem Heimatplaneten
Krypton als Material einführen, das den »Man of Steel« völlig hilflos machen könne. Eigentlich hatte Siegel selbst die
grüne kristalline Substanz schon 1940 in einer Geschichte
namens »The K-Metal from Krypton« einführen wollen – doch war diese damals vom Verlag abgelehnt worden.
Woolfolk aber kam nun mit dem Vorschlag durch. Mit dem
»Superman«-Heft Nr. 61 wurde der erzählerische Kniff im
November 1949 eingeführt. Jetzt ergaben sich durch Supermans Verwundbarkeit schier endlose dramaturgische Möglichkeiten und die Geschichten wurden wieder spannend.

Das fiktive außerirdische Material, das selbst den größten aller Superhelden töten konnte, wurde schließlich fast so berühmt wie Superman selbst: Kryptonit – oder im Englischen Kryptonite – wurde so etwas wie die moderne Pop-Variante von Achilles' Ferse und fand sogar …

## 6. Schritt: Welthit aus der Mathestunde

… seinen Weg in die Pop-Charts. In den Neunzigerjahren gründeten die Freunde Brad Arnold, Todd Harrell und Matt Roberts aus dem Örtchen Escatawpa in Mississippi eine kleine Schülerband, um auf der Gartenparty eines Freundes zu spielen. Sie lernten ein paar einfache Rocksongs und tourten im Anschluss durch die Dörfer der Umgebung, dann auch durch benachbarte Bundesstaaten – ohne dabei wirklich bekannt zu werden. Bei einem dieser Konzerte fiel ihnen ein Schild an einem verlassenen Hotel auf, dem einige Buchstaben fehlten. Es bildete das Wort »Doors Down« – und so beschloss das Trio, sich künftig »3 Doors Down« zu nennen.

Kurz vor der Jahrtausendwende war es schließlich so weit: Die ehemalige Highschool-Band, inzwischen zum Quartett angewachsen, arbeitete an ihrem ersten richtigen Album. Bei der Auswahl der Stücke entschied sich Sänger und Schlagzeuger Brad Arnold für ein altes Stück, das er bereits als 15-Jähriger geschrieben hatte – während er im Mathematikunterricht saß. Es war einer seiner ersten Versuche als Songwriter überhaupt gewesen. Ein Lied, das von einer schwierigen Beziehung zu erzählen schien, in der der Erzähler eine Last für seinen schwächeren Partner trägt und sich zugleich nicht dessen Zuneigung sicher ist: »Wenn ich lebendig bin und gesund, wirst du / Da sein und meine Hand halten / Ich behalte dich an meiner Seite / Mit meiner übermenschlichen Kraft / Kryptonit.«

Der **Song** »Kryptonite« bescherte der Band »3 Doors Down« den großen Durchbruch: Hatte zunächst nur ein örtlicher Radiosender, Biloxi's WCPR, den Song immer wieder gespielt, lief die Single nach Erscheinen des ersten Studioalbums plötzlich überall. »Kryptonite« stand monatelang an der Spitze der US-Charts und spielte vierfaches Platin in den Vereinigten Staaten ein. Das dazugehörige Debütalbum *The Better Life,* das im Jahr 2000 erschien, spielte sogar sechsfaches Platin ein und machte aus den Highschool-Rockern …

## 7. Schritt: Patriotischer Glanz

… über Nacht Rockstars. Bis heute veröffentlichten sie sechs Studioalben und insgesamt 29 Singles und verkauften weit über 13 Millionen Tonträger. Besonders in den USA wurde die Band nach dem Erfolg von »Kryptonite« beliebt auf Rocksendern – jedes ihrer Alben platzierte sich dort in den Top Ten der Charts.

Diese Bekanntheit sicherte ihnen im Jahr 2010 einen ganz besonderen Auftrag: einen **offiziellen Song zu den Olympischen Winterspielen 2010** zu schreiben, die vom 12. bis zum 28. Februar des Jahres in Vancouver stattfinden sollten. Die Band schrieb hierzu den Song »Shine«, eine Rockhymne, deren Text die Athleten anfeuerte: »Es ist meine Zeit zu glänzen / Denn ich weiß, was mir gehören könnte / Es ist ganz klar / Also ist es meine Zeit / Es ist meine Zeit zu glänzen.«

Das Lied schaffte es zwar nicht, sich in den US-Charts zu platzieren, erschien aber im März 2010 zusätzlich zur Single-Veröffentlichung auch als Opener auf dem Album »AT&T Team USA Soundtrack«, einem Sampler, dessen Verkaufsgewinne vollständig dem US-amerikanischen Olympiateam zugutekamen.

# Warum wir einem chinesischen Eunuchen die Tour de France verdanken

## 1. Schritt: Papiertiger

Eigentlich war der **Eunuch Cai Lun** am Hof des chinesischen Kaisers He zuständig für die Fertigung von Instrumenten und Waffen, bei Gelegenheit auch mal für die eine oder andere Hofintrige mit Todesfolgen. Doch nicht etwa besonders originelle Entwürfe zu neuen Tötungsinstrumenten führten dazu, dass ihm zu Ehren später Tempel errichtet und sogar ein Mondkrater nach ihm benannt werden sollten. Seine größte Erfindung war friedlicher Natur: Um 105 nach Christus dokumentierte er zum ersten Mal die Herstellung von Papier durch das Aufschließen von Pflanzenfasern aus Maulbeere und Bambus und deren Verarbeitung zu einem Brei, von dem sich mit einem Sieb dünne Lagen abschöpfen und zu Papierblättern trocknen ließen. Er gilt seither als Urvater des Papiers, wie wir es heute kennen.

Die Neuentwicklung, die die menschliche Schriftkultur revolutionierte und zu den wichtigsten Erfindungen der Menschheitsgeschichte gezählt wird, sollte ihren Schöpfer unsterblich machen. Im übertragenen Sinne jedenfalls, Cai Luns irdisches Dasein wurde von ihm selbst beendet – nachdem er ein letztes Bad genommen und sich in Seidengewänder gekleidet hatte, schluckte er eine giftige Tinktur, um nicht von einem gerade neu an die Macht gekommenen Herrscher eingekerkert zu werden.

Cai Luns Erfindung allerdings lebte weiter. Sie fand weite Verbreitung in mannigfaltigen Formen – etwa als Tapeten, als Papiertaschentücher, in Kleidungsstücken sowie als Grundmaterial für Toilettenpapier, das bald in rauen Mengen für den chinesischen Kaiserhof hergestellt wurde. Vor allem aber diente Papier natürlich als Trägermaterial für Schriftstücke. Da allerdings längst nicht jedes Schriftstück fehlerfrei gelang, …

## 2. Schritt: Runde Ablage

… wurde über die Jahrhunderte eine weitere bahnbrechende Erfindung erforderlich – der **Papierkorb.** Ob geflochtene Papierkörbe, feuerfeste Papierkörbe für Hotels, Papierkörbe mit eingebautem Aktenvernichter oder seit 1982 der digitale Papierkorb, der uns hilft, auf dem Computerdesktop Ordnung zu halten. Und auch wenn es um Letzteren einen Rechtsstreit durch Apple gab, die versuchten, anderen Herstellern die Verwendung einer Papierkorb-Metapher in ihren Betriebssystemen zu verbieten: Ein Patent für den nicht-virtuellen Papierkorb hat es nie gegeben. Weshalb es auch unmöglich ist zu sagen, wer ihn denn eigentlich erfunden hat (bedauerlich, denn die Lizenzgebühren hätten diesen jemand vermutlich noch reicher gemacht als Steve Jobs).

Sicher ist jedenfalls, dass etwa der berühmte US-Präsident Thomas Jefferson als Gründervater der Vereinigten Staaten von Amerika bereits um 1776 die missglückten Entwürfe der amerikanischen Unabhängigkeitserklärung in einen Papierkorb zu werfen pflegte. Mitunter ließen sich also durchaus interessante Zeitdokumente in der runden Ablage finden. Eine Erfahrung, die auch …

### 3. Schritt: Geheimagentin mit Wischmopp

… die Französin **Marie Bastian** Ende des 19. Jahrhunderts machte. Bastian arbeitete als Putzfrau im Palais Beauharnais, der deutschen Botschaft in Paris. Dort fand sie am 25. September 1894 ein zerrissenes Schreiben im Papierkorb des Militärattachés Maximilian von Schwartzkoppen, das ihr interessant erschien.

Sie verkaufte die Papierfetzen an den französischen Nachrichtendienst, der sie wieder zu einem lesbaren Dokument zusammensetzte – um eine erschütternde Entdeckung zu machen: Es handelte sich bei dem Schreiben offenbar um den Begleitzettel einer Sammlung von Geheimdokumenten des französischen Militärs, die ein Spion aus den eigenen Reihen den Deutschen übersandt hatte. Das von einem anonymen Generalstabsoffizier verfasste Schreiben enthielt unter anderem brisante Informationen über französische Artillerieformationen, Details zu von Frankreichs Truppen verwendeten Waffentechnologien sowie zu den damaligen französischen Invasionsplänen in Madagaskar.

Die entdeckte Sicherheitslücke war ein Skandal – und eine ernst zu nehmende Bedrohung für die Sicherheit Frankreichs. Also leitete der französische Geheimdienst seinen Fund schleunigst an das Kriegsministerium weiter. Dort begann sofort eine fieberhafte Suche nach der undichten Stelle im Generalstab, und schon wenig später wurde der Öffentlichkeit ein Schuldiger präsentiert: der …

## 4. Schritt: Eine verhängnisvolle Affäre

… französische Artilleriehauptmann **Alfred Dreyfus**. Dabei hatte sich dessen Familie in der Vergangenheit gerade nicht als sonderlich germanophil verdächtig gemacht: Dreyfus war 1859 im französischen Mülhausen geboren worden. Als aber die Stadt – wie das gesamte Elsass – 1871 nach Ende des Deutsch-Französischen Kriegs dem neu gegründeten Deutschen Kaiserreich zugefallen war, hatte die Familie sich für die Emigration nach Paris entschieden, statt sich in Deutschland einbürgern zu lassen. Doch allein die Mülhausener Wurzeln von Alfred Dreyfus schienen ihn in den Augen der Untersuchungskommission verdächtig zu machen – war er doch gerade im Vorjahr erst in die nun deutsche Stadt gereist. Dass dieser Besuch stattfand, um der Beerdigung seines Vaters beiwohnen zu können, zerstreute den Verdacht offenbar nicht.

Noch 1894 wurde Dreyfus von einem Pariser Kriegsgericht des Landesverrats für schuldig befunden. Dabei war er unschuldig – tatsächlich waren höchste Kreise des französischen Militärs in die Spionageaffäre verwickelt und hatten ihn zum Sündenbock gemacht. Der tatsächliche Täter, Major Ferdinand Walsin-Esterházy, war unterdessen straffrei davongekommen.

Die »Dreyfus-Affäre« wurde zum Justizskandal, der noch jahrelang das Land spaltete: Auf der einen Seite standen leidenschaftliche Dreyfus-Unterstützer wie der Schriftsteller Émile Zola, der die Verfahrensfehler des Falls öffentlich anprangerte – und anschließend aus Furcht vor Repressalien aus Frankreich fliehen musste. Ihnen gegenüber stand die Front jener, die mit Unterstützung antisemitischer Zeitungen und Politiker (Dreyfus war Jude) gegen den angeblichen Verräter hetzten. Zu ihnen gehörte unter anderen ...

## 5. Schritt: Attentäter mit Gehhilfe

... der mächtige Automobilfabrikant **Graf Jules-Albert de Dion,** der nicht damit hinter dem Berg hielt, dass er von Dreyfus' Schuld vollkommen überzeugt war. Und de Dion war ein Mann von Einfluss und Geld: Er entstammte einem jahrhundertealten, äußerst wohlhabenden Adelsgeschlecht, und sein Unternehmen De Dion-Bouton galt am Anfang des 20. Jahrhunderts als der größte Automobilhersteller weltweit. Er konnte also auf die öffentliche Meinung einen gewissen Einfluss ausüben.

Berüchtigt wurde sein Auftritt bei dem Pariser Auteuil-Pferderennen im Jahr 1899: De Dion und andere Dreyfus-Gegner gerieten hier mit einer Gruppe von Dreyfus-Unterstützern in einen so erbitterten Streit, dass es zu Handgreiflichkeiten kam. Unter anderem schlug der Automagnat mit seinem Spazierstock auf den französischen Präsidenten Émile Loubet ein – und wurde dafür zu 15 Tagen Gefängnis und einer Geldstrafe von 100 Franc verurteilt. Ein gefundenes Fressen für Pierre Giffard, den Herausgeber von *Le Vélo,* der damals erfolgreichsten Sportzeitung Frankreichs. Im Gegensatz zu de Dion war Giffard überzeugt von Dreyfus' Unschuld – und so berichtete *Le Vélo* ausführlich und äußerst bissig über den Ausraster des Autoherstellers und dessen Inhaftierung. Das schmeckte dem Bloßgestell-

ten natürlich überhaupt nicht, daher beschloss de Dion
nach seiner Freilassung umgehend, …

## 6. Schritt: Krieg der Blätter

… sich an Giffard zu rächen und ihn in den Ruin zu treiben. Dazu schloss Albert de Dion sich mit anderen Drey-
fus-Gegnern wie dem Autohersteller Adolphe Clément und
dem Luftreifen-Erfinder Édouard Michelin zusammen, um
die **Sportzeitung** *L'Auto-Vélo* zu gründen und Giffards
auffällig ähnlich betiteltes Blatt *Le Vélo* damit vom Markt zu
drängen. Am 16. Oktober 1900 ging de Dions Zeitung ge-
wordene Kampferklärung gegen Giffard auf den Markt, mit
dem Ex-Radsportprofi Henri Desgrange als Chefredakteur.
Trotz dessen redaktioneller Leitung konzentrierte die Zeitung sich zunächst vor allem auf Motorsport – vermutlich
nicht zuletzt, da de Dion selbst Teil der Automobilindustrie
war.

Doch Giffard mit *L'Auto-Vélo* einfach links liegen zu lassen erwies sich trotz aller finanziellen Möglichkeiten de
Dions als leichter gesagt als getan: So sehr der wohlhabende
Automagnat und seine nicht minder finanzstarken Verbündeten sich auch bemühten – die Verkäufe von *L'Auto-Vélo*
stagnierten weit unter denen des verhassten Konkurrenz-
blattes.

Daher berief die Redaktion am 20. November 1902 ein
Krisentreffen ein, um Vorschläge zu sammeln, wie man den
Absatz anheizen und *Le Vélo* doch noch auf die Plätze ver-
weisen könne. Nach langer Beratung kam die rettende Idee
ausgerechnet von …

## 7. Schritt: Radrennen im Eisenbahnwaggon

… dem jüngsten Redaktionsmitglied: Der 26-jährige Rad-sportjournalist Géo Lefèvre schlug vor, den Absatz von *L'Auto* (wie die Zeitung nach einer Plagiatsklage von Giffard nun hieß) mit einem selbst ins Leben gerufenen Sportspek-takel anzukurbeln: einem Sechs-Tage-Fahrradrennen quer durch Frankreich, das mit seinen gigantischen Ausmaßen alle anderen Radsportwettkämpfe in den Schatten stellen würde – die **Tour de France.** Herausgeber Henri Desgrange war begeistert. Dieser Schachzug, so Desgrange, werde Gif-fard endlich »den Schnabel zunageln«.

Tatsächlich wurde die Veranstaltung ein riesiger Erfolg: Bereits während der ersten Tour de France stieg die Auf-lage von *L'Auto* um mehr als 200 Prozent. Denn die Zeitung begleitete hautnah die 60 Radsportler, die sich in diesem ersten richtigen Etappenrennen ihrer Disziplin einer nie da gewesenen Tortur aussetzten: Nach dem Start in einem Pariser Vorort fuhren sie über die sechs Etappen Lyon, Mar-seille, Toulouse, Bordeaux und Nantes wieder zurück nach Paris – eine Strecke von insgesamt 2428 Kilometern. Am Ende war es der Franzose Maurice Garin, der als Erster die Ziellinie überquerte – mit einem stattlichen Vorsprung von beinahe drei Stunden.

Von Anfang an erregte das Megarennen quer durch Frankreich allerdings nicht nur durch sportliche Höchst-leistungen Aufmerksamkeit, sondern durch immer neue Skandale. Fahrer kürzten die Routen einfach querfeldein ab, verwendeten modifizierte Reifen mit höherem Druck, ließen sich zeitweise von Autos ziehen oder fuhren sogar einen Teil der Strecke heimlich mit dem Zug weiter, um Vorsprung zu gewinnen. Diese Skandale rund um die Tour de France sind bis in die Gegenwart nicht abgerissen: Seit den Neunzigerjahren sind es vor allem immer neue Dopingskandale um Radprofis wie Lance Armstrong, die dem Ruf der Tour nachhaltig geschadet haben. Und doch hat es in den mehr als 100 Jahren, die seit der ersten Tour de France vergangen sind, kein anderes Radsportevent gegeben, das diese Superlative überflügeln konnte – im Guten wie im Schlechten.

# Verschnaufpause: Ist unsere Geschichte nur eine Kette von Zufällen?

Die meisten Menschen haben ein fundamentales Problem mit Chaos. Mir wurde das schon früh klar: Immer wenn mein Vater in mein Kinderzimmer kam, auf einen Legostein trat, mit schmerzverzerrtem Gesicht auf einem Bein weiterhüpfte, dabei fast auf einem Matchbox-Auto ausrutschte, mit rudernden Armen Halt im Regal suchte, wo er den großen Knopf auf dem Kopf meines Spielzeugroboters traf, der blinkend losdröhnte: »HALLO! ICH HEISSE DICKIE! KOMM, SPIEL MIT MIR, ICH MÖCHTE DEIN FREUND SEIN!«, woraufhin mein Vater schließlich fluchend aus dem Zimmer hinkte. Also im Grunde täglich.

Geschichte scheint im Gegensatz zu meinem Kinderzimmer zum Glück sehr übersichtlich geordnet zu sein, nach Ursache und Wirkung: In Prag werfen 1618 wütende protestantische Bürger ihre katholischen Statthalter aus dem Fenster – und das wird zum Auslöser eines Religionskrieges, der den ganzen Kontinent erfasst und 30 Jahre dauert. Das von einer Wirtschaftskrise geplagte Deutschland fühlt sich durch die Reparationszahlungen nach dem Ersten Weltkrieg gegängelt und dürstet nach neuem Selbstbewusstsein – dadurch fallen die fremdenfeindlichen und größenwahnsinnigen Pläne der Nazis für ein deutsches Weltreich auf fruchtbaren Boden. Dem Zufall ist anscheinend nichts überlassen in dieser Weltgeschichte.

Nun behauptet aber dieses Buch, dass Richard Wagner die kriegerischsten Pommes der Welt einführte. Oder dass Cäsar den FC Bayern München gründete. Oder gar, dass Hitler das Skateboard erfand. Was die Frage aufwirft: Wenn Geschichte wirklich nach so klaren Ursache-Wirkungs-Ketten aufgebaut ist – weshalb lassen sich Elemente der Weltgeschichte dann auch alternativ aus Ereignissen herleiten, mit denen sie auf den ersten Blick rein gar nichts zu tun haben? Ist vielleicht die Bedeutung des Zufalls und des Chaos für die Geschichte größer, als wir bisher gedacht haben?

Um dem auf den Grund zu gehen, habe ich mit Professor Jonas Grethlein von der Universität Heidelberg gesprochen – einem Experten, der prädestiniert ist für einen wissenschaftlichen Kommentar zu diesem Buch – aus drei Gründen: Zum Ersten kennt er sich hervorragend mit der Rolle des Zufalls in der Geschichtsschreibung aus. Schon in seiner Habilitation hat der Altphilologe sich 2005 mit der Rolle des Zufalls für die Historienschreiber der griechischen Antike beschäftigt und seither untersucht, wie sich der Umgang mit dem Zufall in der Geschichtsschreibung der Moderne verändert hat. Zum Zweiten geht seine Forschung unter anderem der Frage nach, inwiefern das Aufschreiben von Geschichte immer auch schon bedeutet, Erzählungen zu konstruieren. Zum Dritten bringt Grethlein

den für den thematischen Fokus dieses Buches unabding-
baren Praxisbezug mit: Er fährt Skateboard.

Herr Professor Grethlein, was ist eigentlich Zufall?

Das ist schwierig. Man könnte sagen, Zufall ist, was man
nicht kausal erklären kann. Aber da fangen die Probleme
schon an. Denn was man kausal erklären kann oder nicht,
ist auch immer eine Frage der Perspektive. Sie zeigen das
ja in diesem Buch: dass man historische Kausalketten auch
ganz anders aufbauen kann, wenn man eine andere Perspektive einnimmt.

Dann hätte ich gern eine Einschätzung aus Ihrer Perspektive. 1930 stolpert einem Bericht zufolge ein japanischer
Öltankerkapitän beim Landgang in Kalifornien und fällt
in einen Feigenkaktus, wofür er von den anwesenden Amerikanern übel verspottet wird. 1942 kehrt er dann zurück,
nun als U-Boot-Kapitän, und startet einen Überraschungs-
angriff an der gleichen Stelle der kalifornischen Küste. Was
würden Sie sagen: Zufall oder nicht?

Ich denke Zufall. Es sei denn, der Mann hat den Sturz in den
Kaktus selbst als Schlüsselerlebnis für den Angriff genannt.

Dann ein komplexeres Beispiel. Hitler eröffnet den Zweiten
Weltkrieg. Durch den Krieg braucht das US-Kriegsministerium ein größeres Hauptquartier, man baut das Pentagon
in Virginia. Ein Herr Nasworthy bekommt 1970 einen Job
dort und zieht mit seinem Sohn Frank nach Virginia. Dort

freundet der sich mit einem Jungen an, dessen Vater in einer Plastikfabrik arbeitet und Frank einen Karton voller gescheiterter Materialexperimente schenkt: Kunststoffrollen. Frank entdeckt, dass die sich unter Skateboards montieren lassen, die damals im Begriff waren zu verschwinden, weil Skateboardrollen sich bisher als unbrauchbar und lebensgefährlich erwiesen hatten. Damit erfindet Frank Nasworthy das moderne Skateboard, das sich nun erst als Sportgerät verwenden lässt. Kausalkette oder Zufall?

*(lacht)* Als alter Skater finde ich es jedenfalls beängstigend, dass man das Skateboard auf die Machtergreifung Hitlers zurückführen kann. Interessant ist an dem Beispiel, dass es verschiedene Arten von Kausalverbindungen enthält. Hilfreich schiene es mir, da zwischen notwendigen Kausalverbindungen zu unterscheiden, ohne die ein anderes Ereignis nicht stattfinden konnte, und hinreichenden Kausalverbindungen, die zwangsweise ein bestimmtes Ereignis hervorriefen. Zum Beispiel ist der Umzug der Nasworthys nach Virginia sicher eine notwendige Bedingung dafür, dass der Junge seinen neuen Freund kennenlernen konnte. Aber vermutlich keine hinreichende. Insofern würde ich die ganze Abfolge, so brillant ich sie auch finde, nicht als Kausalkette anerkennen. Ich finde, das Beispiel führt im Gegenteil gerade das Bestreben ad absurdum, Geschichte in Kausalketten einfangen zu wollen. Damit sind Sie ganz nah an der Chaostheorie.

Der Meteorologe Edward Lorenz prägte 1972 die wohl berühmteste Frage der Chaostheorie: »Kann der Flügelschlag eines Schmetterlings in Brasilien einen Tornado in

Texas auslösen?« Lässt sich das auch auf Geschichte bezie-
hen? Konnte der Flügelschlag eines Schmetterlings in der
Antike einen Krieg in der Moderne auslösen?

Damit sind wir wieder bei der Frage nach der Kausalität.
Die Chaostheorie betrachtet ja naturwissenschaftlich klar
beobachtbare Kausalitäten in hochkomplexen dynamischen
Systemen – wie etwa dem globalen Wetter. Ein Schmetterlingsflügel bewegt sich, also schwingt ein Grashalm. Ein
Luftstrom treibt Regenwolken vom Meer weg – also erwärmt die Sonne das Wasser. Meeresströmungen treiben
warmes Wasser an eine ferne Küste – also erwärmt sich dort
auch die Luft.

Wenn man diese naturwissenschaftliche Kausalität auch
auf die menschliche Geschichte übertragen will, stellt das
die ganze Idee der menschlichen Handlungsfähigkeit in-
frage. Dann wäre der Mensch eben kein Wesen mehr, das
frei über seine eigenen Handlungen entscheiden kann, sondern nur ein Grashalm, den ein Schmetterlingsflügel in
Schwingung versetzt.

Eine Vorstellung, die heute für die meisten ziemlich beun-
ruhigend sein dürfte. Aber dass der Gedanke der menschlichen Fähigkeit, das Schicksal in die eigene Hand zu nehmen, nicht immer selbstverständlich war, haben Sie bereits
in Ihrer Habilitation untersucht. Darin haben Sie die Ilias
analysiert, in der Homer Mythen der griechischen Antike
und das historische Geschehen der Trojanischen Kriege
erzählerisch aufbereitet. Welche Rolle spielte der Zufall in
dieser frühen Form von Geschichtsschreibung?

Eine ausgesprochen wichtige. In einer zentralen Passage der *Ilias,* dem sogenannten Blättergleichnis, vergleicht Homer die Lebenswege der Menschen mit fallendem Laub, das vom Wind umhergetrieben wird, einige Blätter hierhin, andere dorthin.

Der Mensch, hilflos vom Zufall umhergewirbelt – ein düsteres Bild.

… das aber die Umstände gut trifft, unter denen der Mensch existiert. In der Antike sogar noch mehr als heute: Die Menschen waren damals zum Beispiel Naturgewalten viel hilfloser ausgesetzt. Das Leben war unsicherer, allein die Kindersterblichkeit war weitaus höher.

Homer schenkte der Macht des Zufalls also große Aufmerksamkeit. Wie geht im Vergleich dazu die moderne Geschichtsschreibung damit um?

Es gibt natürlich viele Strömungen der Geschichtswissenschaft. Aber grundsätzlich versucht der moderne Historiker, den Zufall wegzuerklären. Er erklärt, wie etwas entstanden ist, das passiert ist. Wenn man das als Historiker dem Zufall zuschreibt, sieht es schnell danach aus, als hätte man versagt.

Obwohl also im Alltag die Hilflosigkeit gegenüber dem Zufall abgenommen hat, wird er in der Geschichtsschreibung nun stärker als Bedrohung angesehen? Wie passt das zusammen?

Das hat vor allem damit zu tun, dass etwa um 1800 die Vorstellung aufkam, die Zukunft sei offen für grundlegend neue Entwicklungen, die man selbst gestalten könne. In der Geschichtsschreibung der Antike hat man sich weniger für Entwicklungsprozesse interessiert. Es gab Geschichten, das Wort »Geschichte« im Singular, wie wir es heute kennen, wurde erst um 1800 gebräuchlich. Zu einer Zeit, in der auch der Begriff des »Fortschritts« entstand: die Idee, dass die Geschichte in der Vergangenheit als eine lange Kette von Ursache und Wirkung verlief – und sich darum durch Einflussnahme des Menschen auch in Zukunft steuern lässt. In der Antike nahm man die Zukunft hingegen als etwas wahr, in dem menschliche Pläne durch Zufall – oder die Götter – ganz schnell zunichtegemacht werden konnten.

Und doch blitzt auch in der modernen Geschichtsschreibung immer wieder die Macht des Zufalls auf – wenn auch eher am Rande der großen historischen Entwicklungslinien. Beispielsweise das Stauffenberg-Attentat auf Adolf Hitler am 20. Juli 1944: Rein zufällig lehnte sich Hitler genau in dem Moment über eine schwere Eichentischplatte, als darunter eine Bombe explodierte. Die Platte fing einen Großteil der Druckwelle ab, Hitler überlebte. Ein überaus folgenschwerer Zufall. Dennoch eher eine Randnotiz in der Geschichte des NS-Regimes, wie sie einem etwa im Schulunterricht begegnet. Weshalb schenkt die Geschichtsschreibung den großen, kohärenten Kausalketten so viel mehr Aufmerksamkeit als solchen folgenreichen Zufällen?

Wir sind als Menschen dem Zufall ausgesetzt. Wir können uns aber eine gewisse Sicherheit verschaffen, indem wir im Rückblick alles schön kohärent ordnen. So erleben wir eine Macht über den Gang der Ereignisse, die wir eigentlich auch in der Gegenwart gern hätten.

Hängt dieser verstärkte Wunsch nach Kontrolle über den Lauf der Weltgeschichte, den es so in der Antike noch nicht gab, zusammen mit der nachlassenden Bedeutung von Religion? Ist der Zufall unerträglich geworden, weil man nun nicht einmal mehr glauben kann, dass jemand den Bus fährt, in dem wir durch das Chaos schlingern?

Es fällt jedenfalls eine Sicherheit weg, wenn man den Lauf der Geschichte nicht mehr nachträglich als Handeln Gottes interpretieren kann. Die Kälte des Zufalls ist dadurch schwerer zu ertragen.

Interessanterweise greifen selbst Wissenschaftler auf religiöse Begriffe zurück, wenn sie es mit dem Zufall zu tun bekommen. Als beispielsweise die Physiker Niels Bohr und Albert Einstein stritten, ob es einen absoluten Zufall geben kann, der wirklich auf keine kausale Ursache zurückzuführen ist, äußerte Einstein: »Gott würfelt nicht.« Offenbar bringt der Zufall menschliches Denken an seine Grenzen. Fällt es dem Menschen vielleicht auch aus Eitelkeit so schwer, diese Grenze anzuerkennen, dass selbst Einstein lieber auf das Hilfskonstrukt »Gott« zurückgriff, um den Zufall nicht anerkennen zu müssen?

Das ist natürlich besonders interessant aus dem Mund von Naturwissenschaftlern, von denen man das eigentlich nicht erwarten würde. Der Zufall weist uns in unsere Schranken. Diese Beschränkung zu akzeptieren, kann hart sein – besonders ohne die Hilfe der Religion. Trotzdem ist sie nicht der einzige Weg, mit dieser Bedrohlichkeit des Zufalls umzugehen. Eine andere Form, die gerade in unserer heutigen säkularen Gesellschaft sehr verbreitet ist, ist, den Zufall rational zu durchdringen und sich so gefügig zu machen.

Lässt Geschichte sich denn überhaupt erklären?

Darüber gab es eine riesige Debatte in der Geschichtswissenschaft. Auf der einen Seite standen Historiker, die behaupteten, dass die Geschichtswissenschaft genauso exakt erklären könne wie die Naturwissenschaften. Auf der anderen Seite waren Forscher, die in der Tradition der Hermeneutik meinten, es gehe in der Geschichtswissenschaft um das Verstehen des Individuellen, aber nicht um das Erklären.

Verstehen versus Erklären – aber geht es bei der Geschichtsschreibung vielleicht auch um das Erzählen? Schließlich konstruiert man aus unzählbar vielen historischen Ereignissen mit unendlich komplexen Querverbindungen so etwas wie eine kohärente, an Konflikten und Auflösungen entlang aufgereihte Narration.

Das Erzählen ist für den Menschen grundlegend wichtig: Er versucht, durch das Erzählen mit seiner eigenen Fragilität umzugehen – und zumindest im Rückblick eine Kohärenz und einen Sinn zu erzeugen, der ihm in Zukunft nicht sicher ist. Erzählen ist eine anthropologische Konstante: Menschen haben immer erzählt. Ich glaube, unsere Erfahrung kann gar nicht losgelöst von Erzählungen existieren. Denn bereits die Art, wie wir unsere Welt erleben, ist erzählerisch kodiert. Wir nehmen die Wirklichkeit auf eine Weise wahr, die narrativ geprägt ist. Und tatsächlich macht jede Geschichtsschreibung beides: einerseits Kausalitäten erklären, andererseits erzählen. Die Schwerpunkte können variieren. Mir als Philologen ist natürlich die Erzählung sympathischer *(lacht)*.

**Wenn das aber so ist, und die Geschichtsschreibung konzentriert sich auf Ursache-Wirkungs-Paare und das Erzählen von kohärenten, linearen Geschichten – wie kann sie dann dem Zufallselement des chaotischen Weltgeschehens gerecht werden?**

Gerade deshalb finde ich ja dieses Buch so interessant. Weil Sie sich damit praktisch einem Blindpunkt der Geschichtsschreibung widmen und sich diese Zufälle anschauen, um sie selbst zu eigenen, absurden Ketten zusammenzufügen.

**Würden Sie denn zustimmen, wenn ich behaupten würde, die Welt sei nur eine Kette von Zufällen?**

Ganz auf Zufälle reduzieren lässt sich Geschichte meiner Meinung nach nicht – aber eine große Rolle spielen sie ganz bestimmt.

# Film und Fernsehen

Reisen zu fremdartigen Kreaturen an das andere Ende des Universums. Revolverduelle unter der Mittagssonne auf staubumwehten Straßen des Wilden Westens. Machtgierige Medienmogule, die sich ein millionenschweres Zeitungsimperium erkämpfen, nur weil ihnen als Kind mal jemand den Schlitten weggenommen hat. Seit die Brüder Auguste und Nicolas Lumière 1895 in einem Pariser Café zum ersten Mal öffentlich ihren Cinématographe mit dem Kurzfilm eines einfahrenden Zuges vorführten – woraufhin die Gäste der Legende nach in Entsetzen davongerannt sein sollen –, hat der Film einen langen Weg hinter sich gebracht. Und er hat uns selbst reisen lassen, nur mithilfe ein paar bunter Lichtpunkte auf einer Leinwand oder Mattscheibe.

Schon in den Dreißigerjahren veränderten die Bilder, die gerade erst laufen gelernt hatten, ihren Charakter: Ab 22. März 1935 strahlte der Berliner Fernsehsender Paul Nipkow das erste regelmäßig gesendete Fernsehprogramm der Welt aus. In der zweiten Hälfte des 20. Jahrhunderts sollte Fernsehen zu *dem* Leitmedium werden und um die Jahrtausendwende vor allem mit der explosionsartigen Evolution neuer Fernsehserien dem Kino allmählich die Vormachtstellung im Unterhaltungssektor ablaufen. Derzeit wiederum scheint das klassische Programmfernsehen im Begriff zu sein, durch IPTV mit dem Internet zu verschmelzen.

Dass von Film und Fernsehen nicht nur Querbezüge zu anderen Medien bestehen, sondern auch historische Verbindungen zu den absonderlichsten Geschehnissen der Weltgeschichte, demonstriert dieses Kapitel: Es verrät, wie Batman zu einer eigenen Zugstation kam, welcher Brathähnchenkönig einen Stuntman zum Detektiv machte, wie John Wayne mit Scheinhinrichtungen den Kommunismus besiegen wollte – und vor allem: wie man auf pädagogisch wertvolle Weise einen Helikopter mit einem Panzer rammt.

# Wie Stalin die X-Akten öffnete

## 1. Schritt: Käse aus Stahl

Von 1927 bis zu seinem Tod 1953 regierte der gebürtige Georgier Iosseb Bessarionis dse Dschughaschwili als Diktator die Sowjetunion, besser bekannt unter seinem Kampfnamen **Stalin,** »der Stählerne«. Beziehungsweise »der Dreikäsehoch« – so jedenfalls pflegte ihn angeblich US-Präsident Harry S. Truman aufgrund Stalins Körpergröße von nur 1,62 Metern zu nennen.

Dieser kleine Mann aber verbreitete Staatsterror gewaltigen Ausmaßes: Millionen Sowjets fielen während seiner Herrschaft politischen »Säuberungen« zum Opfer und wurden als Oppositionelle in Strafarbeitslager deportiert oder hingerichtet. Weitere Millionen starben bei Hungersnöten, die sich infolge von Stalins Wirtschaftsreformen ausbreiteten.

Doch nicht nur für andersdenkende Sowjetbürger wurde der Alleinherrscher mit dem einschüchternden Schnäuzer zur Gefahr für Leib und Leben. Nachdem die USA 1946 eine Machtausbreitung der Sowjetunion in Iran unter Androhung von Atomwaffeneinsatz verhindert hatten, entflammte der Kalte Krieg zwischen Ost und West, der die Welt über Jahrzehnte in Atem halten sollte. Mit Stellvertreterkriegen, gegenseitigen Destabilisierungsmaßnahmen, Propaganda und Gegenpropaganda – bis hin zu Attentaten auf Schlüsselfiguren der Gegenseite. Mitunter waren die allerdings recht überraschend gewählt: So soll Stalin …

## 2. Schritt: Strandausflug mit Scheinhinrichtung

… befohlen haben, den US-Westerndarsteller John Wayne zu ermorden. Autor Michael Munn berichtet in der Biografie *John Wayne – The Man Behind the Myth* gleich von mehreren stalinistischen Attentatsversuchen auf den Schauspieler während der Vierziger- und Fünfzigerjahre. »Seit 1949«, so zitiert Munn Wayne, »haben die Kommunisten versucht, mich umzubringen.« Doch er habe die »Commie-Bastarde in die Pfanne gehauen«.

1951 erfuhr das FBI laut Munn von einem geplanten Attentat: Zwei Sowjetagenten sollten als FBI-Mitarbeiter getarnt das Warner-Bros.-Gelände betreten, um Drehbuchautor James Grant und Wayne beim Arbeitstreffen im Büro aufzusuchen und zu töten. Doch als sie den Plan durchführen wollten, lauerten den Tätern zwei echte FBI-Agenten auf, die sich im Nebenzimmer versteckt hatten. Sie nahmen die Killer mit vorgehaltenen Waffen in Gewahrsam.

Aber statt die Sowjets zu inhaftieren, führten sie auf Wunsch Waynes und Grants erst ein menschenverachtendes Schauspiel mit ihnen auf: Sie fuhren an einen entlegenen Strand und ließen die gefesselten Agenten im Sand niederknien, während Wayne und Grant Pistolen auf ihre Hinterköpfe richteten. Dann, so Munn, habe Wayne zu zählen begonnen »Eins … zwei … drei …« – und den Abzug gedrückt. Ein Knall, Rauch – und sie steckten ihre mit Platzpatronen geladenen Waffen wieder ein und überließen die Sowjets dem FBI. Mit der Scheinhinrichtung, sagte Wayne, wollte er »die Commies nur wissen lassen, dass sie mir keine Angst machen«. Damit allerdings auch seine Angehörigen sorglos blieben, bat Wayne die FBI-Männer, nicht publik zu machen, dass Stalin ihm nach dem Leben trachtete.

Auch wenn er verhindert worden war, sollte dieser Anschlagsversuch nicht der letzte auf den Schauspieler bleiben. Glücklicherweise bekam er bald schlagkräftige Unterstützung im Kampf gegen die rote Bedrohung, nämlich …

## 3. Schritt: High Noon in der Druckerei

… von dem Mann, der Wayne gelehrt hatte, wie ein Cowboy zu gehen und zu sprechen: **Stuntman-Legende Yakima Canutt.** 1932 hatte Wayne den Ex-Cowboy und Rodeo-Weltmeister beim Dreh kennengelernt. Sie arbeiteten eng zusammen und wurden gute Freunde. Als Wayne auf Stalins Abschussliste landete, gründete Canutt kurzerhand eine antikommunistische Stuntman-Taskforce. Da Stuntmen zwar an den Sets Hollywoods arbeiteten, aber unbekannt waren, so die Idee, könnten sie leichter als die großen Stars unerkannt unter falscher Identität Kontakte zu kommunistischen Gruppen herstellen. Jahrelang suchte Canutts Agentennetz nach weiteren Attentätern – mit Erfolg.

Eigentlich war der Todesbefehl gegen Wayne nach Stalins Tod 1953 von Nikita Chruschtschow aufgehoben worden. Dennoch erfuhr Canutt angeblich zwei Jahre später vom Stuntman Cliff Lyons, dass eine kommunistische Zelle aus Burbank Stalins Mordpläne noch immer umsetzen wollte. Begleitet von Mitgliedern seines Stuntman-Netzwerks, allesamt ehemalige Cowboys, begab sich Canutt zum Treffpunkt der Zelle im Hinterzimmer einer Druckerei.

Es kam zu einem so brutalen wie bizarren Showdown,

den Canutt später den »Bloody Battle of Burbank« taufte: Die Stuntmen, so Canutt, hätten die Verblüffung der Kommunisten genutzt: »Es gab einen gewaltigen Kampf. Stühle und Tische flogen überall herum.« Viel Blut sei geflossen, doch »glücklicherweise wurde niemand getötet«. Anschließend hätten die Stuntmen die um ihr Leben bangenden Kommunisten zum Flughafen geschafft und ihnen Tickets nach Russland gekauft: »Wir stellten sicher, dass sie an Bord gingen und sahen zu, wie sie in die Nacht davonflogen.« Canutt war sicher, »die gefährlichsten Kommunisten in Hollywood« vertrieben zu haben. Und so konnte, nachdem sie Burbank von der Terrorzelle befreit und eine landesweite Panik vor Anschlägen durch US-Kommunisten verhindert hatten, …

## 4. Schritt: Die CIA und die Drachenlady

… die ebenfalls in Burbank angesiedelte Firma Lockheed dort 1955 weiter unbesorgt an ihrem streng geheimen Projekt im Dienst der CIA werkeln: Die **Lockheed U-2,** ein düsenbetriebenes Aufklärungsflugzeug, das es dem US-Geheimdienst ermöglichen sollte, fremde Staaten unentdeckt zu überfliegen. Während normale Linienflugzeuge Mitte der Fünfzigerjahre lediglich zwischen 3000 und 6000 Metern hoch fliegen konnten, erhoben sich diese neuen Superflieger der CIA auf weit über 18 000 Meter Höhe.

Die ersten Tests mit Lockheeds Prototypen begannen im August 1955 und verliefen vielversprechend. Ausgedehnte Probeflüge über den USA folgten. Die aber hatten unvorhergesehene Folgen, denn die auch »Dragon Lady« genannte

U-2 erinnerte nichtsahnende Augenzeugen keineswegs an einen Drachen, sondern an etwas ganz anderes. Das Problem …

## 5. Schritt: Der Himmel glüht

… war der Anstrich der U-2: Der Geheimdienstflieger glänzte nämlich von unten silbrig. Wenn nun Linienpiloten am Abend auf einer Flughöhe zwischen 3000 und 6000 Metern bereits im Erdschatten flogen und weit über ihnen eine U-2 auf geheimem Testflug auftauchte, war diese noch in vollem Sonnenlicht. Da der silberne Anstrich die untergehende Sonne stark reflektierte, sahen die Geheimdienstflugzeuge von unten wie seltsam glühende Flugobjekte aus. Natürlich waren die CIA-Testflüge nirgendwo verzeichnet, außerdem gab es Mitte der Fünfzigerjahre – zumindest bekanntermaßen – keine irdischen Flugzeuge, die auf solcher Höhe fliegen konnten. Also fanden die verdatterten Piloten eine andere Erklärung für die silbernen Dinger über ihnen in der Luft: **außerirdische Flugobjekte.**

Flugleiter bekamen plötzlich ständig Meldungen über Ufo-Sichtungen. Und schlimmer noch: Bei bestimmten Sonnenverhältnissen waren die sonderbaren Flugobjekte sogar vom Boden aus zu sehen, sodass nicht nur Piloten, sondern auch Passanten begannen, immer mehr fliegende Untertassen zu melden. Laut einem Bericht der CIA von 1992 gehen »mehr als die Hälfte aller Ufo-Meldungen Ende der Fünfzigerjahre und während des größten Teils der Sechzigerjahre« auf U-2-Flüge zurück. Von diesem Ufo-Hype der Fünfziger profitierte vor allem …

## 6. Schritt: Zwielichtige Geschichten

… die Unterhaltungsindustrie. Denn Kinobesucher wie Fernsehzuschauer begeisterten sich zu dieser Zeit mehr denn je für Science-Fiction-Storys rund um fliegende Untertassen, Laserpistolen und mal mehr, mal weniger humanoide Außerirdische.

Auf der Höhe dieses Ufo-Booms startete 1959 in den USA eine neue Science-Fiction-Fernsehserie namens *The Twilight Zone* (in Deutschland veröffentlicht unter dem Titel *Unglaubliche Geschichten*). 156 Folgen lang mussten die Figuren der Sendung sich nicht nur mit außerirdischen Wesen herumschlagen, sondern auch mit Dämonen, Zeitreisen und diversen anderen paranormalen Phänomenen. Eine ganze Generation von Amerikanern wuchs Ende der Fünfziger- und Anfang der Sechzigerjahre mit den mysteriösen Episoden der *Twilight Zone* auf. Und einer von ihnen war …

## 7. Schritt: Aktenzeichen X … ungelöst

… der kleine Chris Carter. Der Junge aus Kalifornien konnte gar nicht genug bekommen von den mysteriösen Geschichten der Fernsehserie, den übernatürlichen Geschehnissen und unheimlichen Außerirdischen, die immer wieder darin vorkamen. Zwar startete er als junger Erwachsener zunächst eine Karriere als Redakteur des *Surfing Magazine* – doch die Faszination für den Mix aus Horror, Mystery und Science-Fiction, den er als Kind vor dem Fernseher erlebt hatte, sollte ihn ein Leben lang nicht mehr loslassen.

Nachdem Carter eher zufällig durch eine Freundin zum Fernsehen gekommen war, ergriff er Anfang der Neunzigerjahre die Chance, die Tradition von *Twilight Zone* mit seiner eigenen Mystery-Vision fortzuführen. Und die verhalf dem Genre unerwartet zu einem Comeback: 1993 lief Carters Serie **Akte X – Die unheimlichen Fälle des FBI** auf dem US-Sender Fox an und überraschte mit ihrem Erfolg alle Beteiligten. Denn obwohl der Sender sich ursprünglich gegen Chris Carters Idee ausgesprochen hatte und sich nur zögerlich breitschlagen ließ, bannten die Abenteuer der FBI-Agenten Dana Scully (Gillian Anderson) und Fox Mulder (David Duchovny) in den 202 bis ins Jahr 2002 ausgestrahlten Folgen und zwei Kinofilmen ein Millionenpublikum – und wurden ab 2016 schließlich mit einer zehnten und elften Staffel wiederbelebt.

# Wie Kokain Rambo die Vergnügungssteuer ersparte

## 1. Schritt: Koks ist mein Gemüse

Koksen ist Achtziger? Eher Achttausender – und zwar vor Christus: Archäologische Funde belegen, dass die Bevölkerung des heutigen Peru dem Kokain schon lange vor Erfindung von Schulterpolstern und Wet-Gel zugetan war. Nämlich im frühen Holozän. Nur dass die Droge damals noch nicht Nasenpuder, sondern eher Backenfutter war: Auf alten peruanischen Töpferwaren sind oft Figuren zu sehen, deren Wangen auffällig aufgebläht sind – vom Coca-Blätter-Kauen.

Seit Jahrtausenden hatte man in Südamerika die wegen ihrer belebenden Wirkung geschätzten Blätter von Erythroxylum coca, dem Cocastrauch, gekaut, die auch als vitamin- und proteinreiche Nahrung dienten. Eine Angewohnheit, mit der die erzkatholischen Konquistadoren, die ab dem 16. Jahrhundert Südamerika eroberten, gar nicht einverstanden waren. Die Spanier verboten das »Mittel des Teufels« – zumindest bis ihnen auffiel, dass die Unterjochten ohne Coca viel langsamer arbeiteten.

Also erlaubten sie das Blätterkauen wieder, erhoben Steuern auf die Pflanze und exportierten sie schließlich Mitte des 18. Jahrhunderts nach Europa. Dort machten sich Wissenschaftler daran, die Wirkstoffe zu finden, die dem Strauch seine euphorisierende Wirkung verliehen. Um 1850 gelang es erstmals, Kokain zu isolieren. Die anästhetischen, aktivitätssteigernden und Hunger unterdrückenden Wirkungen führten zu einem wahren Kokain-Boom in Europa. So brachte zum Beispiel …

## 2. Schritt: Edler Nasentropfen für den Papst

… der französische Chemiker Angelo Mariani 1863 einen Wein namens Vin Mariani auf den Markt. Er enthielt unspektakuläre 11 Prozent Alkohol – dafür aber 211 bis 253 Milligramm Kokain pro Liter. Das Erfolgsrezept: Das Ethanol im Wein löste das Kokain aus den hinzugefügten Coca-Blättern. So entstand Cocaethylen, das die Wirkung des Kokains noch verstärkte.

**Vin Mariani** wurde beworben als Mittel gegen Ermüdung und zur Stimmungsaufhellung. Er war, gelinde gesagt, der Renner: Schriftsteller wie Jules Verne, Henrik Ibsen und Arthur Conan Doyle suchten Inspiration in dem Wunderwein. Queen Victoria schätzte ein Gläschen Koks ebenso wie König Alfons XIII. von Spanien oder Erfinder Thomas Edison, und die deutsche *Allgemeine Militär-Zeitung* empfahl 1886 sogar, Vin Mariani als »neues Verpflegungsmittel« der Truppen zu verwenden. Selbst Päpste wurden Kokswein-Jünger – allen voran Papst Leo XIII. Er erschien sogar in einer Anzeige für das Getränk als Werbefigur und verlieh Angelo Mariani für seine Weinkreation eine Verdienstmedaille des Vatikans. Natürlich zog eine solche Erfolgsgeschichte bald Nachahmer an. Der berühmteste von ihnen war …

## 3. Schritt: Can't beat the feeling

… der Pharmazeut John Stith Pemberton aus Atlanta. Nach einer Verwundung im Amerikanischen Bürgerkrieg war Pemberton morphiumsüchtig geworden und suchte nun nach einem Ersatz für die Droge. So erwachte sein Interesse am Kokain, mit dem damals Morphiumsucht behandelt wurde. Nach dem Vorbild des Vin Mariani brachte er in Nordamerika 1885 das Getränk »French Wine Coca« auf den Markt. Doch das stieß auf Gegenwehr der Abstinenzvereine, die strikt gegen jeden Alkoholkonsum und damals in den USA auf dem Höhepunkt ihrer Popularität waren. Noch 1885 verbot man in Atlanta und Umgebung jeglichen Alkoholkonsum. Gegen das damals noch als gesund geltende Kokain hingegen hatte die Abstinenzbewegung nichts. Also brachte Pemberton 1886 eine modifizierte Variante ohne Alkohol heraus – und taufte sie **Coca-Cola.** Er vermarktete das Getränk als »wertvolle Hirnnahrung« – angeblich wirksam gegen Schmerzen, Melancholie, Hysterie und überhaupt »alle Nervenleiden«.

Doch nach der anfänglichen Begeisterung wurden die negativen Folgen des Kokainkonsums bekannt: Kokainsucht wurde Ende des 19. Jahrhunderts zu einem weitverbreiteten Phänomen, viele der frühen, mit dem Stoff behandelten Patienten verstarben. Kokainverbote wurden durchgesetzt, und ab 1903 stellte man Coca-Cola nur noch mit Coca-Blättern her, denen zuvor das Kokain entzogen worden war. Überraschenderweise war das aber nicht das Aus für das angebliche Gesundheitswundermittel: Mithilfe geschickter Werbekampagnen gelang es der Coca-Cola Company über die kommenden Jahrzehnte, ihr Produkt zu einem der beliebtesten Erfrischungsgetränke der Welt zu machen. Selbst im fernen …

## 4. Schritt: KGB versus Blubberblasen

… Afghanistan hatte die braune Brause im Jahr 1979 zumindest einen berühmten Fan: den damaligen **afghanischen Präsidenten Hafizullah Amin.** Der wiederum hatte nicht nur Fans unter den Afghanen gewonnen, seit er im April 1978 mit einem Putsch die Macht in Afghanistan an sich gerissen hatte. Zunächst hatte er noch als Leiter der Geheimpolizei agiert, bis er am 14. September 1979 schließlich zum Präsidenten aufstieg, indem er seinen Amtsvorgänger verhaften und ermorden ließ.

Im Land lehnten sich die Mudschahedin, islamistische Guerilla, gegen Amin auf, der ein säkularisiertes, sozialistisches Afghanistan anstrebte. Und auch im Ausland hatte er sich Feinde gemacht: Der sowjetische Staatschef Leonid Breschnew beobachtete mit Besorgnis, wie Amin daran scheiterte, die Unruhen in Afghanistan in den Griff zu bekommen. Hinzu kam die Sorge, Amin könnte sich Unterstützung aus den USA holen – und amerikanische Truppen waren das Letzte, was der Kreml sich an der Grenze zur UdSSR wünschte. Also fiel am 11. Dezember 1979 der Entschluss, Amin auszuschalten.

Der KGB bemühte sich, dies einigermaßen unauffällig über die Bühne zu bringen: Mithilfe von Amins russischem Koch mischte man am 13. Dezember 1979 Gift in eine Coca-Cola, das Lieblingsgetränk des Präsidenten. Womit die

Agenten nicht gerechnet hatten: Die Blasen in der kohlen-
säurehaltigen Limonade machten die Wirksamkeit des Gifts
weitgehend zunichte. Amin wurde im Lauf des Abends nur
ein wenig blass – sonst ging es ihm gut. Das Attentat war gescheitert. Also beschlossen die Sowjets, drastischere Maß-
nahmen zu ergreifen, und starteten …

## 5. Schritt: Handgranaten im Palast

… am 27. Dezember 1979 die militärische Operation
»Storm-333«: Russische Sondereinsatzkommandos – von
denen Amin glaubte, sie seien zu seinem Schutz vor Ort –
stürmten seinen Palast. Der Zugriff verlief weit weniger
unauffällig als der Vergiftungsversuch: Aufgrund einer chaotischen Einsatzkoordination töteten sich die sowjetischen
Soldaten zum Teil gegenseitig, bevor sie schließlich Amin
fanden, ihn erschossen und sicherheitshalber anschließend
auch noch mit einer Handgranate sprengten – wobei sie
auch seinen elfjährigen Sohn töteten.

Moskau setzte als Kreml-treuen Nachfolger Präsident
Babrak Karmal ein und beteuerte, man sei durch einen Vertrag mit Afghanistan zum Eingreifen verpflichtet gewesen.
Dieses Vorgehen wurde von den USA als direkte Bedrohung
für den Westen angesehen: Schließlich war »Storm-333« die
erste militärische Operation der Sowjetunion außerhalb
von Ostblockstaaten seit 1945.

Das Eingreifen der Sowjetunion brachte Afghanistan
keinen Frieden. Viele Afghanen nahmen die Operation
faktisch als Invasion wahr und gingen in den Widerstands-
kampf. Mit dem Sturz Amins begann der Sowjetisch-Af-

ghanische Krieg, in dem die Mudschahedin neun Jahre lang gegen die Sowjets kämpften – unterstützt von der CIA und ausgestattet mit Waffen aus den USA. Außerdem sollten die Mudschahedin in den Achtzigerjahren aus den USA noch eine weitere Unterstützung bekommen, und zwar …

## 6. Schritt: Die gefährlichste Kickermatte der Welt

… John Rambo. 1988 spielte Sylvester Stallone bereits zum dritten Mal den Mann mit der Lizenz zum (ausgiebigen) Töten. Nachdem der Actionheld 1982 in *Rambo* im Alleingang einen Haufen fieser Dorfpolizisten in den Wäldern Washingtons zu Klump geballert und 1985 in *Rambo II* einen Haufen fieser Soldaten im Dschungel Vietnams zu Klump geballert hatte, führte es den Vietnamveteranen 1988 nun nach Afghanistan – um dort Horden gemeiner Sowjets zu Klump zu ballern.

Im Film sträubt der Vietnamkriegsveteran Rambo sich zunächst, auf die Geheimmission nach Afghanistan zu gehen, um dort die Mudschahedin zu unterstützen. Doch als sein langjähriger Vertrauter Colonel Trautman dort in Gefangenschaft gerät, zieht Rambo wild entschlossen los, um den Sowjets den Garaus zu machen: mit bloßen Händen, Messer oder Maschinengewehr, Granaten oder Kampfhubschrauber, Raketenwerfer, Pfeil und Bogen – oder auch einfach mal, indem er einen feindlichen Panzer klaut und damit den Helikopter des Oberbösewichts im Flug rammt.

Angesichts solch überbordender Kreativität im Töten wurde *Rambo III* nicht nur mit der Goldenen Himbeere (für Sylvester Stallone in der Kategorie »Worst Actor«) ausgezeichnet: Das Guinnessbuch der Rekorde adelte den Streifen aufgrund seiner insgesamt 221 Gewalttaten und 108 Leinwandtode auch als brutalsten Film der Geschichte. Eine weitere Auszeichnung für den dritten *Rambo*-Film sollte allerdings besonders in Deutschland für Aufruhr sorgen – denn …

## 7. Schritt: Erst die Steuer, dann das Vergnügen

… die Filmbewertungsstelle Wiesbaden (FBW), eine Art Bundesfilmbehörde zur Empfehlung besonders gehaltvoller Filmkunstwerke, zeigte sich von *Rambo III* überaus angetan. Die FBW zeichnete den Film mit dem »Prädikat: wertvoll« aus. Die Begründung des Gremiums: *Rambo III* sei ein »Abenteuer- und Actionfilm mit stark märchenhaften Zügen« mit einer »farbenfreudigen […] Vielfalt der Ereignisse«, der »bemerkenswert gut in Szene gesetzt« worden sei – nämlich »besonders geschickt durch Kamera und Montage«, aber »auch in der Pyrotechnik«.

Das Urteil rief bundesweit Entsetzen hervor. Andere Träger der Auszeichnung wollten ihr Prädikat aus Protest zurückgeben, Nordrhein-Westfalens Kultusminister Hans Schwier appellierte an den Filmverleih von *Rambo III,* die Auszeichnung abzulehnen. Die *Zeit* verlieh der FBW für ihre Prädikatsverleihung das »Prädikat ›peinlich‹«, die *taz* schäumte, der Film sei tatsächlich nur ein »Blut- und Hoden-Schinken« und der *SPIEGEL* ätzte, die FBW habe dem »US-Bogen-und-Bazooka-Schützen« mit dem Urteil

»Schützenhilfe geleistet«. Was die Kritiker erzürnte, war dabei nicht nur die Diskrepanz zwischen Werturteil und US-Hurrapatriotismus-Actiontrash, sondern auch ein handfester finanzieller Vorteil, der für den Filmverleih aus dem Urteil hervorging: Denn durch seine Auszeichnung mit dem Prädikat erhielt *Rambo III* als erster Film der Reihe eine Steuerermäßigung auf die **Vergnügungssteuer.**

# Wie Hühnersonnenbrillen Colt Seavers das Leben retteten

## 1. Schritt: Ein Huhn sieht rot

Eine eigenwillige Mode ging in US-Hühnerställen der Vierziger- und Fünfzigerjahre um: Tausende der Vögel trugen auf ihren Schnabelspitzen winzige, meist rosarot gefärbte Sonnenbrillen. Die Modellpalette reichte von einfachen roten Zwickern bis zu einem futuristischen Exemplar mit Scharnieren, das die National Band & Tag Co. 1939 vorstellte: Es klappte automatisch hoch, wenn die Hühner den Kopf senkten – sodass sie Körner beim Picken besser sehen konnten.

Hinter den kuriosen Brillen steckte eine blutige Angelegenheit. Geflügelzüchter hatten bei ihren Bemühungen, Hühner in größeren Gruppen zu halten, Kannibalismus unter den Tieren entdeckt: Immer häufiger pickten die Vögel sich gegenseitig Federn aus. Begann eines dann zu bluten, wurde es oft von Artgenossen zu Tode gepickt.

Die roten Hühnersonnenbrillen verhinderten nun, dass die Tiere am Körper von Artgenossen jene Blutflecken sahen, die den kannibalischen Reflex auszulösen schienen. Aus reiner Tierliebe statteten die Züchter ihre Hühner allerdings nicht mit den Brillen aus. Es ging darum, den wirtschaftlichen Schaden durch tote Tiere möglichst gering zu halten. Züchter gingen dabei ziemlich brutal vor: Sie befestigten die Schnabelbrillen oft mit einem Bolzen, der von Atemloch zu Atemloch durch die Nasenscheidewand gerammt wurde. Mithilfe der Hühnerbrillen gelang es den Züchtern, …

## 2. Schritt: Tierquälerei to go

… die Geflügelzucht in den USA von Kleinzuchten zur **Massentierhaltung** auszuweiten und die USA zu einem Vorreiter in der Branche zu machen. In den Fünfzigerjahren wurden Hühner zu Zigtausenden in riesigen Stallanlagen gehalten. Und das sollte die Essgewohnheiten der Amerikaner verändern: Während Hühnerfleisch Ende des 19. Jahrhunderts ein Luxusartikel gewesen war, viermal teurer als Rind und sogar kostspieliger als Hummer, wurde es jetzt plötzlich erschwinglich. Die Amerikaner entdeckten ihren Appetit auf Huhn.

Dieser Hühnerboom wurde weiter vorangetrieben durch den »National Broiler Council«, der 1954 gegründet wurde, um neue Vermarktungsstrategien für das nun massenhaft produzierte Fleisch zu finden. Auch eine Erfindung des Forschers Robert C. Baker unterstützte diese Bemühungen. Ihm gelang es, das Hühnerfleisch zu einer Masse zu verarbeiten, die mit Panade überzogen und frittiert wurde und im Gehen oder sogar beim Autofahren verzehrt werden konnte: Das Chicken Nugget war geboren.

Die US-Hühnerzucht wandelte sich zu einer millionenschweren Industrie, die Eier in Brutapparaten ausbrütete und Tiere mit Vitaminpräparaten und Antibiotika notdürftig vom Sterben abhielt, bis sie schlachtreif waren. Den Futterdrang von Masthähnchen prägte man durch Zucht so aus, dass sie sich kaum noch freiwillig aus dem eigenen Kot

erhoben – wenn sie es denn unter der Last ihrer Fleisch-
berge überhaupt noch gekonnt hätten. Bald stellten amerikanische Geflügelfarmer nicht nur Tonnen von Hühnerfleisch für den US-Markt her, sondern …

## 3. Schritt: Der König und sein Schnellrestaurant

… exportierten das Billigfleisch auch in das nach dem
Zweiten Weltkrieg wieder befriedete Europa. Abgesehen
von lokalen Spezialitäten wie dem österreichischen Back-
hendl hatte das Hühnerfleisch bis dahin in vielen europäischen Ländern nachrangige Bedeutung zu Schweine- und
Rinderfleisch gehabt.

Doch als US-Geflügelzüchter nun zu konkurrenzlos
günstigen Preisen ihre Hühner einführten, änderte sich
das. Es kam zu einem wahren **Hühnchenboom in Europa:** Mit der Verbreitung der erstmals 1955 in München
eröffneten Wienerwald-Filialen vom »Brathendlkönig«
Friedrich Jahn und ähnlichen Schnellrestaurants gehörten Brathähnchen bald fest zum bundesdeutschen Speise-
plan. Allein im Jahr 1961 stieg der Verzehr in der BRD um
23 Prozent. Ein lukrativer Markt entfaltete sich, doch europäische Züchter hatten kaum noch Chancen gegen den
amerikanischen Kampfpreis von 30,5 Cent pro Pfund mas-
senproduzierten Hühnerfleischs. Daraufhin formierte sich
Widerstand gegen diese Geflügelinvasion aus der Neuen
Welt und …

## 4. Schritt: Arsen und Potenzkiller?

… man erhob schwere Vorwürfe gegen die US-Geflügel-züchter: Deutsche Bauernverbände beklagten die in Amerika gebräuchliche Praxis, Hühnerfutter mit Arsenverbindungen anzureichern, um die Tiere fetter zu machen. Und aus Frankreich wurden Warnungen laut, der Einsatz von Östrogenen zur Wachstumssteigerung der Hühner gefährde bei Verzehr die Manneskraft.

Diese Anspannung entlud sich schließlich in einem Konflikt, der als **Chicken War** in die Geschichte einging: Die Europäische Wirtschaftsgemeinschaft führte im Juli 1961 hohe Zölle auf US-Hühnerfleisch ein, Frankreich verbot die Einführung gleich ganz. Der Markt drohte den US-Geflügelzüchtern wieder zu entgleiten, in den USA erwachte Angst vor dem Beginn eines europäischen Agrarprotektionismus.

Das Federvieh wurde zum Politikum: US-Agrarminister Orville Freeman drohte im November 1962: »Wir werden uns unseren (…) Exportmarkt nicht einfach wegnehmen lassen!« J. William Fulbright, Senator von Arkansas, sprengte sogar eine NATO-Debatte in Genf über Nuklearwaffen mit einer Diskussion über Hühnerpreise. Schließlich zitierte das *Time*-Magazin 1963 Bundeskanzler Konrad Adenauer, er habe mit US-Präsident John F. Kennedy seit Jahren eine ausufernde Korrespondenz gehabt, »ungefähr die Hälfte davon drehte sich um Hühner«. Es blieb nicht allein bei Wortgefechten: Kennedys Amtsnachfolger …

## 5. Schritt: Bullizoll gegen Hühnersteuer

… US-Präsident Lyndon B. Johnson setzte mit eigenen Importbeschränkungen für EU-Waren dagegen. Um den europäischen Staaten, besonders der BRD, einen vergleichbaren wirtschaftlichen Schaden zuzufügen, wie diese es mit ihrer Chicken Tax auf US-Hühner gegenüber den USA getan hatten, suchte er ein Exportgut, das für Deutschland ähnlich wichtig war.

Er fand es im **VW-Bus Typ 2**, der sich zu Beginn der Sechzigerjahre in den USA wachsender Beliebtheit erfreute. Allerdings nicht bei der US-Autoindustrie: Kurz vor der Präsidentschaftswahl 1964, so berichtete die *New York Times* 1997, hatte die US-Automobilindustriegewerkschaft United Auto Workers (UAW) Johnson mit einem Streik gedroht, wenn er nicht etwas gegen den wachsenden Importeinfluss von Volkswagen unternähme.

Und so schlug Johnson zwei Fliegen mit einer Klappe, als er am 4. Dezember 1963 die Einfuhrzölle auf eine Reihe von Produkten erhöhte: Kartoffelstärke, Brandy, Dextrin und Light Trucks. Zu dieser Fahrzeuggruppe gehören in den USA leichte Transporter bis zu einer zulässigen Gesamtmasse von 6350 Kilogramm – worunter 1963 auch der VW Typ 2 fiel. Die erwarteten zusätzlichen Zolleinnahmen sollten die Verluste durch Europas Chicken Tax wieder wettmachen. Die Maßnahme prägte den US-Fahrzeugmarkt dauerhaft, denn …

## 6. Schritt: Schlucktruck

… während die ab 1964 auf Dextrin, Brandy und Kartoffelstärke erhobenen erhöhten US-Zölle nach einer Weile wieder sanken, blieb der seit dem gleichen Zeitpunkt erhobene 25-Prozent-Zoll auf importierte »light trucks« bis heute bestehen. Ein Entschluss, der auf Druck der Automobilindustrie fiel, so berichtete 1997 die *New York Times*. Er schuf in den USA einen Schonraum für einheimische Hersteller dieser Fahrzeuge.

Trotz zum Teil skurriler Versuche nicht-amerikanischer Autohersteller, etwa mit in die USA verschickten Autobausätzen das Gesetz zu umgehen, blieben leichte Transporter made in USA dort jahrzehntelang konkurrenzlos profitabel. Schließlich wurden sie zu Sonderkonditionen gebaut – ohne den Druck, wie die europäische Konkurrenz umweltfreundlichere Autos herstellen zu müssen. Insbesondere bullige **Pick-up-Trucks** wurden so zu *dem* uramerikanischen Auto und zu rollenden Symbolen grenzenloser Männlichkeit. Ob man nun täglich Heuballen zu transportieren hatte oder nicht – überdimensionierte Spritschlucker wie die Ford F-Serie, der Dodge Dakota oder der Chevrolet Silverado wurden Teil des amerikanischen Männertraums, ganz zu schweigen von dem unvergessenen …

## 7. Schritt: Abwracken im Akkord

… GMC K-2500 Wideside-Pick-up mit »Sierra Grande«-Sonderausstattung, der ab 1981 in den USA und zwei Jahre später in Deutschland die Hauptrolle in einer neuen TV-

Serie spielte. Sie brachte Abertausende Schuljungen dazu, sich mit Hechtrollen über Sitzbänke zu werfen oder sich zum Unmut ihrer Erziehungsberechtigten an den Scheibenwischern der geparkten Familienkutsche festzuklammern, während sie auf der Motorhaube herumrollten, als würden sie aus einer imaginären Kurve geschleudert. Der Name der Sendung: *Ein Colt für alle Fälle*.

Sicher, da gab es auch noch diese notdürftig eingeflochtenen Statisten: den Stuntman und Hobby-Kopfgeldjäger Colt Seavers (Lee Majors), seinen Cousin Howie Munson (Douglas Barr) und Stuntfrau Jody Banks (Heather Thomas). Aber deren ständiges Suchen nach Verbrechern war leicht zu durchschauen als dürftige Ausrede, mit dem GMC-Pickup möglichst oft und spektakulär zu springen: über Autos, von Brücken, manchmal auch durch fahrende Züge. So oft, dass schließlich selbst General Motors Muffensausen bekam, nachdem das Unternehmen dem Serienerfinder Glen A. Larson beliebigen Nachschub der Wagen versprochen hatte. Die Häufigkeit, mit der der Hersteller daraufhin schrottreife GMCs von Larson zurückbekam, brachte General Motors dazu, die Wagen zu modifizieren, damit sie tiefere Stürze überstanden.

Ohne seinen riesigen Pick-up-Truck hätte selbst der toughe TV-Stuntman Colt Seavers jedenfalls nicht lange durchgehalten. Schon in der Pilotfolge retteten die riesigen Dimensionen seines Pick-ups ihm nämlich das Leben: als er in letzter Sekunde aus einem fliegenden Helikopter sprang, der Feuer gefangen hatte – und sicher auf der riesigen GMC-Ladefläche landete.

# Wie Batman russischen Schwimmprofis Schnurrbärte verpasste

## 1. Schritt: Ein Mann macht die Flatter

Er ist bekannt als der »Dunkle Ritter«, der »Caped Crusader« oder auch einfach als der beste Detektiv der Welt: Am Tag führt der Millionär Bruce Wayne in Gotham City ein luxusverwöhntes Leben als Playboy, doch in der Nacht wird er mit Fledermausmaske und schwarzem Cape zum finsteren Rächer **Batman.** Ohne übermenschliche Fähigkeiten, aber ausgestattet mit diversen Hightech-Gadgets und gestählt durch intensives Kampfsporttraining, nimmt er den Kampf gegen die Unterwelt des Sündenpfuhls Gotham City auf. Während seines langjährigen Kampfes für Recht und Ordnung in dem von Kriminalität zerfressenen Moloch trifft der Comicsuperheld dabei auf allerlei exzentrische Schurken: zum Beispiel auf den fein gekleideten Pinguin, den stets in Rätseln sprechenden Riddler oder den verrückten Professor Hugo Strange. Batmans Erzfeind aber wird der Joker, der mit seinem bleichen Gesicht, den grünen Haaren und den zu einem Dauergrinsen verzerrten roten Lippen an einen Clown erinnert.

Nur ein Jahr nachdem »Superman« das Genre der Superhelden-Comics begründet hatte, suchte dessen Verlag DC Comics händeringend nach weiteren Heldenfiguren, um diesen aufblühenden neuen Markt zu bedienen. Also schufen DC-Zeichner Bob Kane und DC-Autor Bill Finger 1939 die Figur des Batman, des von Kriminellen zum Waisen gemachten Millionärs, der mit technischen Wunderwerken wie dem Batmobil, dem Batsuit oder dem Kampf-Bumerang Batarang Gerechtigkeit nach Gotham City bringen wollte.

Der Comic verkaufte sich blendend. Er machte Bob Kane zu einer Comiclegende und zu einem wohlhabenden Mann. Autor Bill Finger hingegen hatte weniger geschickt verhandelt und musste den Erfolg seiner Kreation aus dem Schatten beobachten – eine Kränkung, die bis zu seinem Tode im Jahr 1974 nicht mehr gutgemacht werden sollte.

Die Schöpfung der beiden aber, der maskierte Flattermann mit Karatetalent und einem Werkzeugarsenal, das selbst MacGyver vor Neid erblassen ließe, wurde über die Jahrzehnte einer der größten Dauerbrenner des Superheldengenres. Neben unzähligen Comics trat er in einer Kult-Fernsehserie der Sechzigerjahre auf, mittlerweile 15 Kinofilmen und sogar einer Reihe von Computerspielen, womit seine Rechteinhaber beinahe so reich geworden sein dürften wie Bruce Wayne. Und doch, trotz dieses enormen Erfolgs, muss man einschränkend zugeben, dass der »Dunkle Ritter« im Grunde …

## 1. Schritt (echt jetzt): Ein Batbauer macht Profit

… nicht das Geringste mit dem Batman zu tun hat, um den es hier geht. Denn der hatte zwar keinen kugelsicheren Anzug und kein Raketenauto, dafür aber einen Vornamen: **John Batman.** Er war nicht direkt ein Kämpfer gegen die Kriminalität, sondern kam selbst aus einer Familie mit krimineller Vorgeschichte. Johns Vater William, ein Messerschmied aus Middlesex, hatte Ende des 18. Jahrhunderts den Fehler gemacht, gestohlenen Salpeter zu kaufen. Er wurde zu einer Strafe verurteilt, die um 1900 in England der neueste Trend in den Bemühungen um Resozialisierung war: Man verschickte ihn auf ein gottverlassenes Eiland am anderen Ende des Globus, dessen touristische Attraktionen sich außer sengender Sonne und reichlich Wüste im Landesinneren darauf beschränkten, dass nahezu jedes tödlich giftige Tier der Welt dort lebte. Australien. Williams Frau folgte ihrem Mann mit den Kindern, und in ihrem Exil wurde am 21. Januar 1801 ihr Sohn John geboren. Er sollte die Geschichte ihrer neuen Heimat mitprägen.

Als junger Mann wollte der junge Batman eigentlich Schmied werden. Doch die Ausbildung verlief wenig erfolgreich – da sein Meister schon nach wenigen Monaten aufgrund von Batmans Zeugenaussage des Einbruchs schuldig befunden und hingerichtet wurde. Und so schlug Batman sich fortan als Landwirt durch und ließ sich in Tasmanien nieder, das damals noch Van Diemen's Land hieß.

Aber als Batman 1834 davon erfuhr, dass an der Port-Phillip-Bucht in Victoria eine neue Siedlung gegründet worden war, mietete er ein kleines Segelboot und kehrte auf den australischen Kontinent zurück. Er hoffte, entlang der riesigen Bucht neues Land urbar machen und sich aneignen zu können. Und tatsächlich war das Land, das er entlang der Bucht vorfand, landwirtschaftlich nutzbar – allerdings lebten dort bereits Aborigines.

Vielerorts hatten Siedler die Ureinwohner einfach vertrieben oder getötet, um sich deren Land unter den Nagel zu reißen. Batman hingegen versuchte als Erster, sich mit ihnen in einem Vertrag zu einigen. Er sollte als »Batman's Treaty«

in die australische Geschichte eingehen. Allerdings war auch dieses Abkommen den Aborigines gegenüber kaum gerecht: Batman versprach ihnen 40 Paar Decken, 42 Äxte, 130 Messer, 62 Scheren, 40 Ferngläser, 250 Taschentücher, 18 Hemden, vier Jacken, vier Anzüge und 68 Kilogramm Mehl. Und erhielt im Gegenzug dafür fast 250 000 Hektar Land. Zufrieden hielt Batman fest: »Dies wird der Platz für ein Dorf werden.« Eine historische Fehleinschätzung – denn aus der …

## 2. Schritt: Vergesst Gotham City!

… kleinen Siedlung Batmania an der weit gestreckten Bucht wurde weit mehr als ein Dorf.

Zwar wurde der von Batman geschlossene Vertrag von der Regierung annulliert, doch das Land gab man den Aborigines trotzdem nicht zurück. Nach nur einem Jahr wurde Batmania umbenannt in **Melbourne** – nach dem damaligen britischen Premierminister William Lamb, dem zweiten Baron von Melbourne. Über die kommenden Jahrhunderte wurde daraus eine der lebendigsten Metropolen des Kontinents, die heute mit ihren fast 10 Millionen Einwohnern die zweitgrößte Stadt Australiens ist. Trotz des Namenswechsels blieb John Batmans Name in Melbourne auch nach seinem Tod präsent: zum Beispiel im idyllischen Batman Park am Ufer des Yarra River, der Batman Avenue, der Batman-Zugstation im Norden Melbournes oder dem Batman's Hill – auch wenn man den eigentlichen Hügel mittlerweile für Zuggleise abgetragen hat.

Melbourne gilt als Kulturhauptstadt Australiens. Zugleich hat Melbourne auch den notorisch sportverrückten

Australiern viel zu bieten: Neben den beliebten Pferderennen und dem Grand-Slam-Turnier Australian Open war das wohl herausragendste Sportereignis in der Geschichte Melbournes die Austragung der 16. Olympischen Sommerspiele vom 22. November bis zum 8. Dezember 1956.

Es waren die ersten Olympischen Spiele in der Geschichte der Wettkämpfe, die außerhalb der USA und Europas stattfanden. Und die ersten Sommerspiele, bei denen die Reitsportveranstaltungen räumlich und zeitlich getrennt stattfinden mussten: Aufgrund der äußerst strengen Quarantänebestimmungen Australiens konnten die Pferde der Wettkämpfer nicht fristgerecht eingeführt werden, woraufhin dieser Teil der Veranstaltung bereits fünf Monate eher in Stockholm stattfand. Doch mehr als alles andere sollte ein Ereignis während dieser Spiele in die Geschichte eingehen – und zwar ein …

## 3. Schritt: Blut ist dicker als Wasser

… Wasserball-Match am 6. Dezember 1956, das so erschütternd brutal verlief, dass es als das »**Blutspiel von Melbourne**« berühmt-berüchtigt wurde. Die Partie zwischen den Wasserballnationalmannschaften Ungarns und der UdSSR gilt bis heute als einer der unsportlichsten Wettkämpfe, die je bei Olympischen Spielen abgehalten wurden.

Zu diesem »Blutbad« kam es aus politischen Gründen: Ende Oktober war es in Budapest zu eskalierenden Studentenprotesten gekommen, und die mündeten in einen Volksaufstand gegen die seit dem Zweiten Weltkrieg anhaltende sowjetische Besatzung Ungarns. Eine Befreiung Ungarns schien greifbar, doch ab Anfang November begann das sowjetische Militär, das nun mit Panzern anrückte, diese Befreiungsbewegung brutal niederzuschlagen.

Während in Budapest Demonstranten niedergeschossen wurden, war das ungarische Wasserball-Olympiateam in einem Haus knapp außerhalb der Stadtgrenzen untergebracht. Sie konnten nicht selbst sehen, welche dramatischen Szenen sich in der Hauptstadt abspielten, aber sie hörten die Schüsse aus der Ferne herüberschallen. Ende Oktober, als ein Sieg der Revolutionäre noch wahrscheinlich aussah, begann die dreiwöchige Reise der Sportler über Jugoslawien und die Tschechoslowakei nach Australien. Sie wurden während dieser Reise von Nachrichten abgeschottet, sodass sie glaubten, Ungarn habe sich befreien können. Erst, als sie am 20. November in Australien ankamen, erfuhren sie von der blutigen Niederschlagung der Revolution, die mehr als 3000 ihrer Landsleute das Leben gekostet hatte.

Entsprechend erhitzt waren die Gemüter, als sie am 6. Dezember ausgerechnet gegen das Team ihrer sowjetischen Besatzer ins Schwimmbecken steigen mussten. Die Ungarn beschlossen, das russische Team gezielt zu provozieren. »Wir hatten das Gefühl, dass wir um Ungarn spielten«, beschrieb es der ungarische Starspieler Ervin Zádor. »Wir dachten, wenn sie wütend werden, fangen sie an zuzuschlagen, und wenn sie zuschlagen, spielen sie schlecht (…), und wir besiegen sie.« Gesagt, getan: Ab Anpfiff folgte eine endlose Folge von Fouls, Verletzungen, Schlägereien über und unter Wasser. Ungarische Spieler schrien ihre Gegner an: »Ihr dreckigen Bastarde!« Binnen Kurzem saßen drei sowjetische Spieler auf der Strafbank sowie diverse Ungarn. Doch die Kämpfe im Wasser brachen nicht ab. Der Höhepunkt kam, als Starspieler Zádor den Russen Walentin Prokopow decken sollte. Zádor beschloss, ihn und seine Mutter als »armselige Verlierer« zu beschimpfen. Doch als er eine Sekunde durch das Pfeifen des Schiedsrichters abgelenkt war, tauchte Prokopow vor ihm auf und schlug ihm mit der Faust ins Gesicht. Zádor wurde blutüberströmt aus dem Wasser gefischt, und nun sprang selbst das Publikum über die Absperrungen, um über Prokopow herzufallen. Die Situation war vollkommen außer Kontrolle, Polizisten strömten herbei, um eine Massenschlägerei zu verhindern, während der Schiedsrichter das Spiel abpfiff.

Zádor war nach dem brutalsten Spiel seiner Laufbahn gezwungen, …

## 4. Schritt: Neue Heimat, neue Karriere

… das olympische Endspiel aufgrund seiner Verletzungen von den Zuschauerrängen aus zu verfolgen. Trotzdem schaffte es sein Team, Gold zu holen. Ein Sieg, den er nicht genießen konnte: Nach seinem Sieg weinte Zádor um die verlorene Heimat. Denn er wusste, in das besetzte Ungarn würde er freiwillig nicht mehr zurückkehren.

Wie eine ganze Reihe seiner Teamkollegen **emigrierte Ervin Zádor in die Vereinigten Staaten von Amerika.** Dort ließ er sich fernab der Wirren des Kommunismus in der Nähe von San Francisco nieder. Nun musste der Leistungssportler sich allerdings eine neue Lebensgrundlage schaffen: Praktisch niemand in den USA interessierte sich für Wasserball, als Profi war hier kein Geld zu machen. Also orientierte Zádor sich um. Er gab den Wasserball völlig auf und fing an, als Schwimmtrainer zu arbeiten.

Offenbar hatte er auch hierfür Talent – denn zumindest einer seiner Schützlinge sollte später zu einer wahren Sportlegende werden. Es handelte sich um einen jungen Kalifornier, den Zádor in den Sechzigerjahren unter seine Fittiche nahm und der …

## 5. Schritt: Goldene Wasserratte

… auf den damals noch unbekannten Namen **Mark Spitz** hörte. Der Teenager kam zwar aus keiner Sportlerfamilie, aber er hatte schon in jungen Jahren seine Leidenschaft für das Schwimmen entdeckt. Sein Vater Arnold Spitz, der als Führungskraft in einem stahlverarbeitenden Unternehmen arbeitete, wurde 1952 nach Honolulu versetzt. Sohn Mark war damals gerade mal zwei Jahre alt. Sobald Mark laufen konnte, lernte er an den Traumstränden Hawaiis auch schwimmen. Fortan war er kaum noch aus dem Wasser zu kriegen, wie seine Mutter Leonore sich 1968 im *Time*-Magazin erinnerte: »Sie hätten den kleinen Jungen sehen sollen, wie er ins Wasser flitzte. Er rannte, als wollte er sich umbringen.« Doch das Wasser war für Mark keine Gefahr – es war das Element, in dem er auflebte.

Als die Familie nach einigen Jahren auf Hawaii nach Kalifornien zurückkehrte und Spitz dort das Training mit Zádor aufnahm, war immer mehr zu erahnen: Möglicherweise war er zu einem Spitzensportler geboren. Im Alter von nur 15 Jahren gewann er auf seinem ersten internationalen Schwimmwettkampf in Tel Aviv gleich vier Goldmedaillen und wurde als herausragendes Talent der Veranstaltung geehrt. Mit 17 Jahren stellte Spitz bereits seinen ersten Weltrekord auf: Im Juni 1967 schwamm er die 400 Meter in nur vier Minuten und 10,6 Sekunden.

Es war nur der erste Weltrekord in einer langen Reihe. Ganze 33 Weltrekorde sollte Spitz im Laufe seiner Karriere erzielen und unzählige Medaillen von Wettbewerben heimbringen. Doch das spektakulärste Kapitel seiner Sportlerlaufbahn, das ihn zur lebenden Legende machte, war fraglos …

## 6. Schritt: Rekordrekord

… seine Teilnahme an den **Olympischen Sommerspielen 1972 in München.** Was der damals 22-jährige Kalifornier hier leistete, war eine Premiere in der olympischen Geschichte: Spitz holte im 200 Meter Schmetterling Gold, mit Weltrekordzeit. Dann trat er zum viermal 100 Meter Freistil an und holte auch hier Gold – und einen zweiten Weltrekord. Um anschließend auch im 200 Meter Freistil, 100 Meter Schmetterling, viermal 200 Meter Freistil, 100 Meter Freistil und viermal 100 Meter Lagen den ersten Platz zu machen. Jedes einzelne Mal mit einem neuen Weltrekord. Sieben Goldmedaillen und sieben Weltrekorde durch einen Sportler in einem einzigen Wettkampf, das hatte es bei den Olympischen Spielen noch nie zuvor gegeben.

Mit Anfang 20 hatte Spitz in seinem Sport alles erreicht, was man erreichen konnte. Der Ruhm, den er mit seiner Ausnahmeleistung geerntet hatte, sollte ihm erst nach der Rückkehr in die USA in vollem Umfang bewusst werden: Die Presseagentur Associated Press erkor ihn zum Sportler des Jahres, er gewann den Titel »Weltschwimmer des Jahres« und unzählige andere. Von einem Tag auf den anderen war der athletische Kalifornier zu einem weltweiten Sexsymbol geworden, Firmen rissen sich mit lukrativen Werbeverträgen und Vortragsangeboten um ihn. Spitz betrachtete die Situation mit geschäftlichem Kalkül: Im Schwimmsport war damals, selbst an der Weltspitze, nicht viel Geld zu verdienen. Zugleich hatte er sportlich erreicht, was man nur erreichen konnte. Und so entschied er, aus dem Profisport auszuscheiden. Verblüfft ließ er die Sportwelt zurück, die noch lange über das Geheimnis seines unfassbaren Erfolges in München rätselte. Und das zog kuriose Folgen nach sich, denn …

## 7. Schritt: Aquadynamisch wie ein Walross

… ein russischer Journalist, so erinnerte sich Spitz 2004 in einem Interview mit dem *Time*-Magazin, habe ihn gefragt, ob ihn sein charakteristischer Schnurrbart nicht beim Schwimmen behindere. Er habe sich dann seinerseits einen Spaß daraus gemacht und ihm geantwortet: »Nein, tatsächlich leitet es das Wasser von meinem Mund weg, bringt mich hinten näher an die Oberfläche und gibt mir beim Schwimmen die Grundform eines Geschosses. Und das ist es, womit ich meine Geschwindigkeit erziele.«

Der Journalist, so Spitz, habe zunächst gezögert – und dann so schnell er konnte für all die anwesenden russischen Trainer übersetzt. Und die hätten sich seinen Rat zu Herzen genommen: »Im nächsten Jahr **hatte jeder russische Schwimmprofi einen Schnurrbart.**« Das, so Spitz, sei der Moment gewesen, in dem er entschieden habe: »Ich rasiere ihn nicht mehr ab.«

Macht und Niedertracht

# Irrwege
# der Politik

Spätestens seit die Bürger in der Polis, dem Stadtstaat der griechischen Antike, über Fragen des Gemeinwesens berieten, ist das Politische vom menschlichen Alltag nicht mehr zu trennen. Der Begriff der Politik selbst geht auf ein achtteiliges Werk des griechischen Philosophen Aristoteles zur Staatstheorie zurück – mit dem Titel *Politik*. In den seither vergangenen Jahrhunderten hat die Politik, ob als Instrument der Lenkung von Staaten, Bundesländern oder Gemeinden, mannigfaltige Formen angenommen: Kaiserreiche sind entstanden und zerfallen, Diktaturen brutaler Alleinherrscher, Staaten mit die Reichen bevorteilendem Zensuswahlrecht, parlamentarische Demokratien mit geheimen Wahlen, direkte Demokratien mit Volksabstimmungen und etliches mehr. Die Vertretung eines Volkswillens, den zumindest demokratische Politik vertritt, ist zu einem hochkomplexen Prozess geworden, in dem Lobbyisten, Jobs für Expolitiker in Konzernvorständen oder Wahlkampfmillionen aus der Ölindustrie mitunter tragende Rollen spielen. Und da es in der Politik eben um das Lenken der Geschicke ganzer Gesellschaften geht, um das Lösen internationaler Konflikte und die Gestaltung der Zukunft von Millionen Menschen, ist die Politikgeschichte naturgemäß nicht arm an dramatischen Ereignissen. Da haben Männer ihr Ehrenwort gegeben, sind für brutalstmögliche Aufklärung eingetreten oder wollten ihre Alternative Facts gegen Fake News verteidigen.

Die Politik ist mit fast allem irgendwie verbunden – ob mit unserer Umwelt, Sommer- und Winterzeit, den Lebensmitteln, die wir essen oder der Frage, ob wir einen gleichgeschlechtlichen Partner heiraten dürfen oder nicht. Wieder werden es in diesem Buch aber die besonders unerwarteten Querverbindungen aus der Welt der Politik sein, die im Vordergrund stehen. Beispielsweise, wie ein Bürgerkrieg Alkoholschmuggler zu besonderer Kreativität anstiftete oder wie Gummibänder den tödlichen Plan einer verbrecherischen Geheimarmee beflügelten. Manchmal werden dabei auch überraschende transnationale Beziehungen zutage treten, zum Beispiel, wenn es darum geht, welcher britische Politiker Japan ein eigenes Disneyland bescherte – oder für welchen PR-Stunt Russlands ein jodelnder Cowboy verantwortlich war.

# Warum wir Abraham Lincoln den Weihnachtsmann verdanken

## 1. Schritt: Der Urgroßvater von Santa Claus?

Wuschelbart und väterlich-weiser Blick ... die Ähnlichkeiten zwischen dem Herrn, um den es hier gehen soll, und dem globalen Sonderbeauftragten für konsumkulturelle Früherziehung sind nicht zu übersehen. Mal abgesehen vielleicht von der prägnanten rot-weißen Dienstbekleidung, die nur einem der beiden genehmigt wurde. Doch bevor unser Protagonist, der US-Amerikaner **Abraham Lincoln,** den Weihnachtsmann erfand, traf er noch eine der wichtigsten Entscheidungen in der Geschichte der USA: Er verbot die Sklaverei. In einem perfiden Kreislauf hatten die europäischen Siedler in Westafrika Millionen von Afrikanern als Sklaven gekauft, sie nach Amerika geschafft und sie dort unter grausamsten Bedingungen ausgebeutet, oft auf Zuckerrohr- oder Baumwollplantagen. Mit dieser faktisch durch Menschenraub erzielten Arbeitskraft verdienten die Amerikaner Geld, das sie wiederum in neue afrikanische Sklaven investierten.

Jahrhundertelang hatten so Rassismus, systematische Unterdrückung und Missbrauch im Namen einer angeblichen Überlegenheit der weißen Amerikaner geherrscht, und auch mit der Bildung der Vereinigten Staaten von Amerika durch die Unabhängigkeitserklärung der 13 britischen Kolonien an der Atlantikküste im Jahr 1776 hatte sich die Situation nicht wesentlich verändert. Doch als Abraham Lincoln in den Wahlkampf für die US-Präsidentschaftswahlen 1860 trat,

sprach er sich gegen die Sklaverei aus. Bekanntlich gewann er die Wahl – und forderte als 16. Präsident der Vereinigten Staaten auch von den Südstaaten, ihre Sklaven freizulassen. Diese waren nicht bereit, der Aufforderung nachzugeben. Sie verließen den Staatenbund und es kam …

## 2. Schritt: Krieg der Zwangsarbeit!

… zum blutigen **Sezessionskrieg.** Vier Jahre lang, von 1861 bis 1865, tobte der Bürgerkrieg zwischen den Unionsstaaten aus dem Norden und der Konföderation der abgespaltenen Südstaaten. Bereits während des Krieges verbesserte sich die Situation für einige Sklaven: Aufgrund der unsicheren Zukunft für Sklavenhalter sanken die Preise für Sklaven, die Zwangsarbeit begann, wirtschaftlich unattraktiver für die weißen Unterdrücker zu werden. Zudem waren die Südstaatler jetzt selbst in einen Krieg verwickelt – für einige Schwarze ergab sich dadurch die Gelegenheit, aus ihrer Gefangenschaft zu fliehen.

Im Laufe der vier Jahre gelang es den Unionsstaaten, immer tiefer in das Territorium der Südstaaten vorzudringen und dort die Sklaverei zu unterbinden. So brachten sie bereits 1862 Louisiana in ihre Gewalt – und New Orleans, damals gleichzeitig die größte Stadt und zentraler Sklavenmarkt des Südens. Sein Ende fand der Krieg erst am Morgen des 9. April 1865 in der Schlacht am Appomattox Court House in Virginia. Hier kapitulierte die konföderierte Armee unter General Robert E. Lee vor Generalleutnant Ulysses S. Grant, dem Oberbefehlshaber der Unionsstreitkräfte. Die anderen Generäle der Südstaaten schlossen sich

Lees Kapitulation an. Der Bürgerkrieg war beendet, doch die Behebung der gewaltigen Schäden, die er hinterlassen hatte, sollte noch lange andauern.

Keine der beiden Seiten hatte mit derart lang anhaltenden Kampfhandlungen und solch schweren Verlusten gerechnet: Nach Schätzungen verloren um die 750 000 Soldaten in den Schlachten des Bürgerkriegs ihr Leben. Unzählige Soldaten waren schwer traumatisiert angesichts der nicht enden wollenden Gefechte. Um der ständigen Todesgefahr weiter ins Auge sehen zu können, griffen viele bereits während des Krieges immer häufiger zu …

### 3. Schritt: Das Gemetzel schöntrinken

… Alkohol. Doch der war in den Feldlagern strengstens verboten. Also schmuggelten sie Schnapsflaschen in ihren Stiefeln oder den Hosenbeinen ihrer Uniformen ins Camp. Die Methode wurde bald als »**Bootlegging**« (vom englischen »bootleg« für »Stiefelschaft«) in ganz Amerika bekannt. Wobei sie auch nach Ende des Sezessionskrieges weiter eingesetzt wurde, und das bei Weitem nicht nur von Soldaten. Der Begriff wurde schließlich allgemein zum Synonym für »Alkoholschmuggel«.

Seinen Höhepunkt erfuhr das Bootlegging allerdings erst gut ein halbes Jahrhundert nach Ende des Sezessionskriegs – mit der Ära der Prohibition, die ab 1920 unter dem Titel »The Noble Experiment« (deutsch: »Das ehrwürdige Experiment«) eine gewaltige gesellschaftliche Veränderung in den USA einzuläuten versuchte: die Abschaffung von berauschendem Alkohol. Unter dem Druck der einfluss-

reichen Abstinenzvereine hatte die US-Regierung ihren Bürgern Herstellung und Verkauf alkoholischer Getränke verboten, sogar trotz des Versuchs des damaligen US-Präsidenten Woodrow Wilson, diesen sogenannten Volstead Act mit seinem Veto zu stoppen. Doch den Alkoholgenuss vollständig auszumerzen, sollte dem radikalen Verbot nicht gelingen: In der Folge griffen die US-Bürger einfach auf illegale Vertriebskanäle zurück. Eine Entwicklung, von der bestimmte Teile der US-Gesellschaft enorm profitierten – denn für die Mitglieder ...

## 4. Schritt: Ein Prosit auf die Unterwelt

... der US-amerikanischen **Mafia** begann mit der Prohibition ein Goldenes Zeitalter. La Cosa Nostra (deutsch: unsere Sache), wie die US-Mafia sich in Anlehnung an ihre sizilianische Mutterorganisation nannte, war als kriminelle Organisation von italienischen Einwanderern in den Vereinigten Staaten gegründet worden. Bereits seit der Mitte des 19. Jahrhunderts war die Vereinigung in Italien aktiv gewesen, doch um die Jahrhundertwende breitete die streng hierarchisch in »Familien« gegliederte Organisation von New York aus ihr Netz auch über die Neue Welt aus. Zu den Geschäftsfeldern der amerikanischen Mafia gehörten Diebstähle, Glücksspiel, Prostitution und der Handel mit harten Drogen, wozu sie weder vor Erpressung noch vor Mord zurückschreckte.

Selbstredend fand ein Haufen von Gangstern, die selbst mit Morphium und Heroin handelten, moralisch wenig Anstoß am Schmuggel mit Alkohol. Er wurde zu einem weiteren blühenden Geschäftsfeld. Denn für die zwar offiziell ab-

stinenten, aber de facto noch immer durstigen Amerikaner einen steten Nachschub von Alkohol in die US-Großstädte zu organisieren, entpuppte sich für die Cosa Nostra als wahre Goldgrube. Ihre Abnehmer hatten allerdings ein Problem: Da ja auch der Verkauf von Alkohol unter Strafe gestellt wurde, war der offene Ausschank zu gefährlich. Daher …

## 5. Schritt: Versteckspiel mit Kater

… wurden alkoholische Getränke meist in speziellen Kneipen angeboten, die nur Eingeweihten bekannt waren. Speakeasy (deutsch: sprich leise) nannte man solche Lokale – der Name bezog sich zum einen darauf, dass man über solche illegalen Kneipen in der Öffentlichkeit besser nicht zu laut sprach, zum anderen galt es auch, sich beim Besuch der Bars besser unauffällig zu verhalten, wollte man nicht die Aufmerksamkeit von Abstinenzbefürwortern in der Nachbarschaft oder gar der Polizei erregen. »Mondscheinkneipe« werden Speakeasys in Deutschland mitunter auch genannt, weil in ihnen häufig illegal selbst gebrannter und nicht abgelagerter Whiskey verkauft wurde, der in den USA als »Moonshine« bekannt war. Denn man stellte ihn gern im Schutz der Dunkelheit her.

Zwar war die Qualität der von Bootleggern geschmuggelten Alkoholika meist nicht mit der alkoholischer Drinks vor Beginn der Prohibition zu vergleichen, doch das tat der Beliebtheit der Speakeasys keinen Abbruch. Die Kneipiers verkauften billigen Fusel unter falschen Markennamen, und die Kunden mussten ohnehin nehmen, was sie kriegen konnten – ein lukratives Geschäftsmodell. Nicht selten wur-

den diese hochprofitablen Lokale sogar direkt von Mitgliedern der Mafia betrieben, obwohl das Risiko aufzufliegen gar nicht so klein war.

Regelmäßig kam es zu **Razzien** durch das zur Durchsetzung der Prohibition gegründete amerikanische Bureau of Prohibition und die örtliche Polizei. Wurden bei einer solchen Durchsuchung Alkoholvorräte gefunden, kippten die Ordnungshüter die kostbaren Schnapsvorräte einfach weg. Um die Prüfer an der Nase herumzuführen, überlegten sich Gastwirte eine List: Sie mischten den Alkohol unter Softdrinks, die so süß waren, dass sie den Alkoholgeschmack verschleierten. Eine besonders beliebte alkoholfreie Mischzutat erfand – obwohl seine Heimat von dem Verbot der Prohibition gar nicht betroffen war – der kanadische Chemiker und Pharmazeut John McLaughlin 1904 in Toronto. Es handelte sich dabei um …

## 6. Schritt: Prickelnde Erfindung

… das Canada Dry Ginger Ale – eine Limonade mit Ingwergeschmack und feinperlender Kohlensäure. Ginger Ale selbst war zwar schon länger in Irland bekannt gewesen – aber die neue kanadische Rezeptur von McLaughlin war weniger süßlich als das bisher erhältliche Ginger Ale. Eine Modifikation, die dem Pharmazeuten großen Erfolg bescherte. Im Jahr 1907 wurde die ungewöhnlich herbe Limonade zum offiziellen Getränk des Generalgouverneurs von Kanada erklärt – immerhin der Stellvertreter des kanadisch-britischen Monarchen Edward VII. Um diese königliche Verbindung zu betonen, wurde in das Logo der Marke

nun eine Krone eingearbeitet. Eine imagefördernde Maßnahme, die den Erfolg weiter beflügelte: Das Getränk wurde ausgesprochen beliebt, und das nicht nur in Kanada.

Insbesondere im Nachbarstaat USA fand man bald großen Gefallen an dem Getränk, das herb genug war, um zu alkoholischen Mischgetränken zu passen, aber zugleich süß genug, um den Alkoholgeschmack für den Fall einer Razzia zu überdecken.

Aber auch nach dem Ende der Prohibition ließ die Beliebtheit von **Ginger Ale** in Amerika kaum nach. Vielleicht lag es an der charismatischen Werbefigur, die der New Yorker Getränkehersteller White Rock Beverages 1923 für sein ebenfalls beliebtes Dry Ginger Ale schuf, einem …

## 7. Schritt: Rot angelaufen vor Güte

… ganz **in Rot gekleideten Weihnachtsmann** mit weißem Zottelbart. So popularisierte White Rock Beverages schon in den Zwanzigerjahren die uns heute so vertraute Form des Weihnachtsmanns in Rot-Weiß. Und das Jahre, bevor der Getränkekonzern Coca-Cola in den Dreißigerjahren einen ähnlichen roten Weihnachtsmann in seiner Werbung präsentierte und später behauptete, damit den modernen Weihnachtsmann erfunden zu haben.

Und so machte eine herbe Limonade einen Remix kulturell bedeutsamer Figuren wie den Heiligen Nikolaus, den finnischen Joulupukki und das russische Väterchen Frost bekannt, der uns bis heute begleitet. Und das nicht nur als Werbefigur, die Erfrischungsgetränkehersteller über die Winterflaute hinwegrettet.

## Wie der Flummi der Azteken einen Anti-Apartheidsanwalt sprengte

### 1. Schritt: Blutbad mit Hüftschwung

Mehr als eineinhalb Jahrtausende vor Beginn der christlichen Zeitrechnung machte ein Bewohner der Tropen Mittelamerikas eine ulkige Entdeckung: Mischte man den milchigen Saft einer bestimmten Pflanze (Castilla elastica) mit dem einer ganz bestimmten anderen Pflanze (einem Windengewächs), kam eine eigentümlich biegsame und elastische Substanz dabei heraus. Ein Universum von Möglichkeiten öffnete sich in diesem Moment der Menschheit, Möglichkeiten von wegweisenden Erfindungen: unzerbrechliche Gefäße, wasserfeste Schuhsohlen, Regenjacken, Kondome, Allwetterreifen oder Sauerstoffleitungsdichtungen für Space-Shuttles etwa. Der historische Innovator aber entschied sich für eine andere Anwendung seiner bahnbrechenden Entdeckung: Er baute einen **Flummi.**

Einen ziemlich großen und schweren Flummi, um genau zu sein. Dazu nahm er einen großen Klumpen des Wundermaterials und wickelte diverse Streifen des elastischen Zeugs darum, bis das Ganze die Form einer Kugel bekam. Eine Kugel, die wieder hochhüpfte, wenn sie herunterfiel. Als er seine Erfindung herumzeigte, entstand die Idee zu einem Spiel mit der neuen Erfindung: Es galt, den Ball möglichst lange im Spiel zu halten, wobei die Teilnehmer ihn beim Hochhüpfen nur mit der Hüfte oder den Oberschenkeln weiterstoßen durften.

Die neue Sportart erfreute sich bei den Azteken, Maya, Mixteken und Zapoteken großer Beliebtheit. Das »Mesoamerikanische Ballspiel«, wie Archäologen den Funsporthype des 15. Jahrhunderts vor Christus nüchtern tauften, wurde fester Teil dieser Kulturen: Mit Masken geschmückte Spieler spielten es in eigens dafür errichteten Spielarenen mit schrägen Seitenwänden, die bis zu 100 Meter Länge erreichen konnten. Die Partien wurden wie religiöse Rituale gefeiert, von gespannten Zuschauern beobachtet und mit einem gelegentlichen Menschenopfer hier und dort abgerundet. Und auch als die Bewohner Mittelamerikas weitere Anwendungsmöglichkeiten für das von ihnen erfundene Gummi entdeckten, sollten die hüpfenden Bälle noch lange Zeit *der* Hauptverwendungszweck für Gummi bleiben.

Als rund 3000 Jahre später mit der Entdeckung Amerikas die spanischen Konquistadoren in Mittelamerika einfielen, gaben ihnen zwei Dinge zu denken. Erstens: Warum liefen hier so viele Menschen mit blauen Flecken an den Oberschenkeln herum? Und zweitens: Was könnte man mit dem Gummi, das die Einheimischen herstellten, noch alles Nützliches fabrizieren? Darum begann man, …

## 2. Schritt: Eine runde Sache

… Mitte des 18. Jahrhunderts in Europa, die Eigenschaften des neuen Werkstoffs zu erforschen und Saaten der dafür benötigten Pflanzen in die Alte Welt zu verschiffen. Ein Jahrhundert später setzte dann die industrielle Massenfertigung von Gummiprodukten ein, mitunter mit unerwarteten Folgen. Am 17. März 1845 wurde nämlich in England ein

Patent eingereicht, das einen auf den ersten Blick ziemlich unbedeutend wirkenden Gegenstand betraf: Der britische Erfinder Stephen Perry, einer der Eigentümer der Gummifabrik Messers, Perry and Co., sicherte sich das Urheberrecht für seine Methode, aus Latex **Gummibänder** herzustellen. Perry wollte die Bänder als Hilfsmittel dafür verkaufen, Unterlagen oder Briefumschläge zusammenzubinden.

Es zeigte sich aber bald, dass sie noch zu allerlei anderem verwendet werden konnten: zum Abdichten von Einmachgläsern zum Beispiel, zum Binden von Pferdeschwänzen, als Gymnastikutensil in der Physiotherapie, beim Gummitwist auf dem Schulhof und für tausend andere praktische Zwecke. Kein Wunder, dass die in Großbritannien erfundene industrielle Massenfertigung von Gummibändern sich über den ganzen Erdball ausbreitete.

Dabei wird das flüssige Gummi über einen Kolben gestrichen, der entlang einer Drehachse rotiert. Daraufhin wird mittels hoher Hitze der so auf dem rotierenden Kolben gebildete Gummizylinder in schmale Streifen geschnitten: die Gummibänder. Und eines dieser Gummibänder sollte einige Jahrzehnte nach Perrys Patentantrag in einer Konstruktion Platz finden, die den Menschen dem Himmel ein ganzes Stück näher bringen würde. Dies erlebten

## 3. Schritt: Völlig abgehoben

… Ende des 19. Jahrhunderts die Zöglinge einer Familie Wright im Norden Amerikas. Angelegenheiten des Himmels lagen Wilbur und Orville Wright gewissermaßen im Blut. Ihr Vater, Milton Wright, war Bischof der Kirche der

Vereinigten Brüder in Christo und für seine Predigten viel auf Reisen. Von einer dieser Fahrten brachte er 1878 ein Geschenk für seine Kinder mit: einen kleinen Spielzeughubschrauber aus Bambus, Kork und Papier. In seinem Inneren war ein Gummiband gespannt, und wenn man es aufzog, stieg der kleine Helikopter wie von Geisterhand getragen in die Lüfte. Ein simples Prinzip, das auf den Forschungen des französischen Luftfahrtpioniers Alphonse Pénaud basierte. Wilbur und Orville konnten ihren Augen kaum trauen. Es sollte noch Jahrzehnte dauern, bevor die ersten realen Helikopter erfunden wurden, darum muss den Jungen der Aufstieg ihres Spielzeugs wie pure Magie vorgekommen sein.

Es wurde ein Schlüsselmoment in ihrem Leben: Wie besessen spielten **die Wright-Brüder** mit dem Modell und ergründeten seinen Mechanismus. Als es kaputtging, bauten sie sich kurzerhand selbst einen neuen Spielzeughubschrauber. Doch das reichte ihnen nicht. Sie wollten ein echtes, großes Flugvehikel bauen. Eines, mit dem Menschen selbst in die Lüfte aufsteigen konnten. Interessiert verfolgten sie die Experimente des Deutschen Otto Lilienthal, der das Prinzip der Tragfläche entdeckt hatte und Versuche mit Gleitflugapparaten durchführte. Bei einem davon kam Lilienthal am 9. August 1896 ums Leben – woraufhin die Wrights beschlossen, nun eigene Versuche durchzuführen.

Sie beobachteten genau, wie Vögel ihre Schwingen im Flug bewegten, konzipierten ein bewegliches Seitenruder zum Steuern und arbeiteten an Möglichkeiten, einen funktionierenden Motor in ein Flugvehikel einzubauen. Am 17. Dezember 1903 war es endlich so weit: Sie starteten in Kitty Hawk, North Carolina, den ersten motorisierten Flug der Geschichte in einem Luftfahrzeug, das schwerer als Luft war. 59 Sekunden lang schwebte Wilbur Wright an diesem Tag in dem Doppeldecker »Wright Flyer« durch die Luft und legte dabei 260 Meter zurück. Damit war der Grundstein gelegt für …

## 4. Schritt: Himmel voller Blech

… eine technologische Revolution, die die Welt veränderte. Der motorisierte Flug eröffnete völlig neue Möglichkeiten der Fortbewegung. Die kommenden Jahrzehnte waren geprägt von Menschen, die die Grenzen der Luftfahrt, oft unter Lebensgefahr, stetig erweiterten: Der Franzose Louis Blériot flog 1909 als Erster im Flugzeug von Calais nach Dover über den Ärmelkanal. Der russische Ingenieur Igor Iwanowitsch Sikorski konstruierte um 1914 die ersten mehrmotorigen Großflugzeuge und bewies damit, dass auch Lasten und größere Passagiergruppen zuverlässig in der Luft befördert werden konnten. Während des Ersten Weltkriegs wurde zudem die militärische Bedeutung von Luftfahrzeugen entdeckt – zur Aufklärung, aber auch für Luftangriffe. Erstmals entstanden in dieser Zeit Flugplätze, und man begann, Flugzeuge industriell in großen Stückzahlen anzufertigen.

Eine Pionierleistung, die ganz besonders dazu beitrug, die Welt ein ganzes Stück kleiner werden zu lassen, war der Flug der »Miss Veedol« am 5. Oktober 1931. An diesem Tag gelang es dem US-amerikanischen Piloten Clyde Pangborn als erstem Menschen, ohne Zwischenstopp einen 41 Stunden langen Flug aus dem japanischen Misawa über den Pazifik bis nach East Wenatchee im US-Bundesstaat Wa-

shington zu absolvieren. Dieser **erste Nonstop-Transpazi-fikflug** endete zwar mit einer – zum Glück glimpflich verlaufenen – Bruchlandung, doch er öffnete den Weg dafür, viel schneller als bisher von Asien in die Vereinigten Staaten reisen zu können.

Nur vier Jahre später führte das US-Unternehmen Pan American Airways, kurz Pan Am, im November 1935 regelmäßige Linienflüge über den Pazifik ein und machte es so Geschäftsleuten beiderseits des Ozeans leichter, ihre Handelsbeziehungen zu pflegen. Einer dieser …

## 5. Schritt: Opern fürs Handgepäck

… Geschäftsleute, die sich ständig berufsbedingt in den Sitzen eines Transatlantikfluges wiederfanden, war der Japaner **Masaru Ibuka.** Ursprünglich hatte Ibuka als Fotolaborant gearbeitet. Doch nachdem er im Zweiten Weltkrieg gedient hatte, machte er sich selbstständig: Er gründete in Tokio 1945 zuerst eine kleine Radioreparaturwerkstatt, ein Jahr darauf schuf er mit Morita Akio die kleine Elektrofirma Tokyo Tsushin Kogyo (deutsch: Tokio Telekommunikationstechnik-Gesellschaft). Viel bekannter als dieser Name ist allerdings heute jener, auf den die Firma 1958 umgetauft wurde: Sony.

Den Sprung zum Branchenriesen im Hightech-Markt schaffte das Unternehmen unter anderem dadurch, dass es in den Fünfzigerjahren als eines der weltweit ersten Lizenzrechte für die zukunftsträchtige Transistortechnologie der US-Telefongesellschaft AT&T erwarb. Dadurch wurde Sony einer der Vorreiter der Mikroelektronik: Waren es in den

Fünfzigerjahren zunächst nur Transistorradios, die sie herstellten, sollte Sony in den kommenden Jahrzehnten zum internationalen Unterhaltungselektronikriesen anwachsen, der von Fernsehern über Spielzeugfunkgeräte für Kinder bis zu Roboterhunden die unterschiedlichsten Geräte anbot.

Die Idee zu einem Sony-Gerät, das die Firmengeschichte mehr als jedes andere zuvor prägte, ergab sich in den Siebzigerjahren bei den häufigen Transatlantikflügen von Firmengründer Masaru Ibuka. Ibuka war Opernfan, und er vertrieb sich die Reisen bevorzugt damit, Arien zu hören. Allerdings war der Sony TC-D5-Kassettenrekorder, den er zu diesem Zweck bei sich führte, entnervend klobig fürs Handgepäck. Also bat er den Sony-Vizepräsidenten Norio Ohga, ein neues Kassettenabspielgerät zu entwickeln – ohne Aufnahmefunktion und Lautsprecher, aber so klein, dass man es überallhin mitnehmen konnte. Der tat, wie ihm geheißen, und modifizierte kurzerhand …

## 6. Schritt: Ein blinder Passagier läuft allen davon

… ein schon existierendes Produkt von Sony: Der Pressman war ein relativ handliches Diktiergerät der Firma, die ursprünglich besonders Journalisten mit ihren Kompaktkassettenprodukten ansprechen wollte. Nachdem Ohga den Pressman nun weiter abspeckte, wurde daraus ein äußerst kompaktes Gerät, mit dem sich bequem unterwegs Musik hören ließ. Firmenchef Ibuka war mehr als angetan.

Am 1. Juli 1979 brachte Sony das Gerät in Serie heraus: ein kleines, metallisch blaues Kästchen, kaum größer als die Kassette selbst, mit Lederhülle und sogar zwei Kopfhörer-

anschlüssen und der Typenbezeichnung TPS-L2. Erst wollte man dem Gerät in jedem Land einen anderen, auf die jeweilige nationale Vermarktung optimierten Namen geben: In den USA sollte es zum Beispiel als Sound-About verkauft werden, in Großbritannien Stowaway (deutsch: blinder Passagier) heißen. Doch aus Geldgründen beschränkte sich Sony schließlich auf einen internationalen Namen – in Anlehnung an das Diktiergerät, von dem es abstammte: **Walkman.**

Das Produkt wurde ein Erfolg ungeahnten Ausmaßes. Bereits zum Verkaufsstart wurden zehnmal so viele Geräte verkauft wie erwartet. Überall auf den Straßen sah man plötzlich Menschen mit Kopfhörern, selbst bei der in den Achtzigern grassierenden Aerobic-Welle gehörte ein Walkman zur musikalischen Untermalung der Gymnastik bald zur Standardausrüstung. Auch andere Elektronikfirmen sprangen auf den Zug auf und brachten tragbare Kassettengeräte heraus. Doch der Sony-Produktname Walkman wurde zum Sammelbegriff für all diese Geräte. 1983 holten im Zuge des Walkman-Booms erstmals sogar Kassettenverkäufe die Verkaufszahlen von Platten ein. Das Gerät wurde zu einem der größten Lifestyle-Trends der Achtzigerjahre. Aber am Anfang des nächsten Jahrzehnts …

## 7. Schritt: Tödliche Rücksendung

… zeigte sich, dass selbst trendige Unterhaltungsartikel wie der Walkman zu finsteren Zwecken missbraucht werden konnten – sogar für einen Mord. Das Opfer dieses Mordes sollte ein Mann namens Bheki Mlangeni werden. Mlangeni war Anwalt, geboren und aufgewachsen in Johannesburg. Schon 1985 war er mit dem rassistischen Regime dort in Konflikt geraten und inhaftiert worden. Fünf Jahre später stieß seine Kanzlei dann auf den Fall, der ihn das Leben kosten sollte: Der ehemalige Polizeikapitän Johannes Dirk Coetzee hatte damals ein brisantes Geständnis abgegeben über die Aktivitäten geheimer Killertrupps der südafrikanischen Polizei. Das Apartheidregime versuchte, diese Aussagen herunterzuspielen, doch auf öffentlichen Druck hin hatte man einen Untersuchungsausschuss eingerichtet, die Harms Commission. Mlangenis Anwaltskanzlei legte der Kommission Belege für die Killerkommandos vor, doch der Ausschuss wischte sie einfach beiseite. Der Hauptzeuge Coetzee musste unterdessen in seinem Exil in Sambia um sein Leben fürchten.

Deshalb reagierte er auch äußerst misstrauisch, als er im Mai 1990 ein Paket geliefert bekam, obwohl er keines erwartete. Als Absender war Bheki Mlangeni angegeben, mit dem Coetzee auch tatsächlich öfter Kontakt gehabt hatte – aber von einer Postsendung hatte Mlangeni nichts erwähnt. Also lehnte Coetzee das Paket ab und ließ es zurückschicken. Das südafrikanische Postsystem war nicht das schnellste der Welt, und so dauerte es mehrere Monate, bis das abgelehnte Paket im Februar 1991 bei Mlangeni ankam. Auch der wunderte sich, denn er hatte es nie verschickt. Zu seiner Überraschung fand er in dem Paket einen Walkman. Er setzte die Kopfhörer auf, um die Kassette abzuhören. Die Explosion der Sprengsätze in den Kopfhörern tötete ihn augenblicklich.

Das **Bombenattentat auf den Anti-Apartheidsanwalt Bheki Mlangeni**, dessen Primärziel Coetzee gewesen war, entpuppte sich später als von langer Hand geplant. Offenbar waren die Telefone in Mlangenis Kanzlei abgehört worden, da er zu den wenigen gehörte, denen Coetzees Aufenthaltsort bekannt gewesen war. Die damalige Oppositionspartei, der African National Congress (ANC), gab nach Mlangenis Tod eine Erklärung ab: Mlangeni und Coetzee (der ANC-Mitglied war), hätten damals an der Enthüllung einer südafrikanischen Geheimarmee gearbeitet, die Mordanschläge auf führende Köpfe der Apartheidsgegner verübte. Vermutlich war Mlangeni am Ende ebenjener Geheimarmee zum Opfer gefallen.

# Wie das Weiße Haus Kim Jong Un zum Diktator Nordkoreas ernannte

## 1. Schritt: Ein Handtuch für 160 Menschen

Im Jahr 1827, lange bevor Theodore Roosevelt das berühmte Haus des US-Präsidenten in Washington auf diesen Namen taufte, stand das sogenannte **Weiße Haus** in London. In dem Bauwerk im Armenstadtteil Bethnal Green waren allerdings keine US-Staatsoberhäupter untergebracht – sondern Geisteskranke. Das privat geführte Londoner »White House« hatte den primären Zweck, psychisch Kranke zu verwahren. Es Nervenheilanstalt zu nennen, wäre ihm jedoch kaum gerecht geworden, denn um Heilung ging es hier nicht. Es war ein Irrenhaus und keineswegs weiß und sauber, sondern ein verdreckter Schandfleck.

Die Patienten vegetierten wie Tiere vor sich hin, es herrschten Missbrauch und schlimmste Verwahrlosung: Über das Wochenende wurden sie angekettet, schliefen nackt auf demselben Stroh, in das sie auch ihre Notdurft verrichten mussten. Erst am Montagmorgen wurden sie dann in den Hof geführt und von den an ihnen klebenden Exkrementen befreit. Ohne Seife, nur mit Eimern voll eiskaltem Wasser – und einem einzigen Handtuch, das sich 160 verdreckte Insassen teilen mussten. 1827 besuchte dann ein Gast die Anstalt, der das Schicksal der psychisch Kranken in London ändern sollte. Es war …

## 2. Schritt: Lord Wochenend

… der **britische Politiker Anthony Ashley-Cooper,** Lord Ashley genannt. Ashley-Cooper war als Gesandter des Select Committee on Pauper Lunatics ins Weiße Haus geschickt worden, nachdem sich Beschwerden über die dortigen Zustände gehäuft hatten. Er war entsetzt über die Szenen, die er in der Einrichtung zu sehen bekam, und nahm sich vor, die katastrophalen Zustände dort zu verbessern.

Wenig später hielt Ashley-Cooper – noch nicht allzu lange Mitglied des britischen Unterhauses – seine erste Rede im Parlament, einen ergreifenden Appell für die Rechte der misshandelten Insassen von Irrenanstalten. Mit dieser flammenden ersten Ansprache machte Lord Ashley sich einen Namen als Menschenfreund, eine Rolle, die bestimmend sein sollte für seine weitere politische Karriere.

Denn Ashley-Cooper folgte seinem Ruf als Philanthrop mit etlichen weiteren guten Taten, die die Lebensbedingungen vieler Menschen verbesserten. In seiner weiteren Karriere machte er sich unter anderem für die Rechte von Minenarbeitern stark, kämpfte gegen Kinderarbeit – und setzte sich dafür ein, den Arbeitern neben dem Sonntag auch den Samstagnachmittag freizugeben. Diese letzte Idee Ashley-Coopers, das verlängerte Wochenende, fand schließlich auch außerhalb Großbritanniens Anklang. Unter anderem in der früheren britischen Kolonie …

### 3. Schritt: Baumwolle und Work-Life-Balance

… Neuengland im Nordosten der Vereinigten Staaten von Amerika. Dort traf Lord Ashleys Vorschlag des eineinhalbtägigen Wochenendes aus ganz pragmatischen Gründen auf fruchtbaren Boden: In den vielen Baumwollspinnereien der Gegend arbeiteten christliche und jüdische Arbeiter Seite an Seite. Während jedoch die christlichen Arbeiter am Sonntag ihren heiligen Tag feierten, lag der Sabbat der Juden auf dem Samstag. Keine Grundlage für einen gut funktionierenden Schichtarbeitsplan.

Und so wagte eine einzelne amerikanische Baumwollspinnerei zaghaft, die Idee Lord Ashleys noch weiterzudenken. Denn der Sabbat begann nicht erst Samstagmittag, sondern schon mit dem Sonnenuntergang am Freitag. Ein halber freier Samstag würde dafür nicht reichen. Daher erweiterte die Spinnerei Ashleys Vorschlag auf den kompletten Samstag und führte als erster Betrieb der USA die **Fünf-Tage-Woche** ein. Die Skepsis anderer Arbeitgeber war groß – schließlich bedeutete die Verkürzung der Arbeitswoche auch eine Verringerung der Wochenarbeitszeiten. Dennoch war das zweitägige Wochenende so erfolgreich, dass es sich von Neuengland aus über die gesamten Vereinigten Staaten ausbreitete. Während diese Neuerung von vielen Arbeitnehmern begeistert aufgenommen wurde, brachte sie aber auch Probleme mit sich: Für eine Branche sollte sie sogar eine handfeste Krise auslösen, nämlich die …

## 4. Schritt: Angriff der Spaßpendler

… US-amerikanischen Straßenbahnbetriebe. Mit der Verbreitung des zweitägigen Wochenendes fehlten ihnen nun an fünf von sieben Tagen die zahlenden Kunden, die an Arbeitstagen sonst so zahlreich mit der – damals noch von Pferden gezogenen – Bahn zur Arbeit fuhren. Darum erfanden findige Straßenbahnbetreiber Mitte des 19. Jahrhunderts ein neues Geschäftskonzept: **Trolley Parks.** Dies waren Parkanlagen, die bewusst an den Endstationen von Straßenbahnlinien gebaut wurden. Hier konnte am Wochenende auf Wiesen gepicknickt und zwischen Blumenbeeten und Bäumen flaniert werden, es wurden Konzerte gegeben und Tanzveranstaltungen. Erholung suchende Arbeiter konnten hier bei Bootstouren, Karussellfahrten und abendlichen Feuerwerken ausspannen. Während die Straßenbahngesellschaften gutes Geld mit den Fahrten zu den weit außerhalb gelegenen Trolley Parks und den Eintrittsgeldern verdienten.

Die eigentlich nur aus der Not geborene Idee funktionierte gut. So gut sogar, dass bis ins frühe 20. Jahrhundert um die 2000 solcher Trolley Parks gebaut wurden – vom berühmten New Yorker Coney Island Park bis zu dem Idora Park im kalifornischen Oakland waren sie praktisch überall in Großstädten zu finden. Und mit der wachsenden Konkurrenz wurden auch die Parks immer spektakulärer: Viele begnügten sich nicht mehr mit bloßen Parkanlagen, sondern fügten Sportplätze hinzu, Schwimmbäder – oder sogar Riesenräder und Achterbahnen. Einer dieser Parks, der Electric Park in Kansas City, sollte die Unterhaltungsindustrie für immer verändern: Denn 1911 besuchte ihn ein elfjähriger Junge namens …

## 5. Schritt: Das geklaute Wunderland

… Walter Elias Disney. Seine Familie war erst kurz zuvor von einer Farm im kleinen Nest Marceline, Missouri, nach Kansas City gezogen. Rings um die Farm war nicht viel los gewesen, und so hatte der Junge sich zu einem fantasievollen Kind entwickelt, das schon früh viel zeichnete und malte. In ihrer neuen Heimatstadt Kansas City gab es nun viel mehr Unterhaltungsmöglichkeiten – wie eben den Electric Park. Der kleine Walt und seine Schwester Ruth gingen oft in ihrer Freizeit dorthin, da dieser Trolley Park nicht weit von ihrem Haus entfernt war.

Doch der Park versüßte **Walt Disney** nicht nur seine Freizeit, er sollte ihn auch zu seinen berühmtesten Schöpfungen inspirieren. Schon in seiner Schulzeit hatte er Comics gezeichnet, danach hielt er sich als junger Mann zunächst mit Werbeillustrationen über Wasser, dann mit Zeichentrick-Werbespots. Es war dieser Bereich, der Animationsfilm, in dem Disney seine Talente voll entfalten konnte: Er gründete ein eigenes Unternehmen und schuf weltberühmte Zeichentrickfiguren wie Micky Maus, Donald und Dagobert Duck, Goofy und unzählige weitere.

Jahrzehnte nach Disneys frühen Besuchen im Electric Park, als seine Zeichentrickfiguren ihn längst zum Millionär gemacht hatten, sollten ihn diese Kindheitserinnerungen zu seinem eigenen Freizeitparadies inspirieren: Disneyland. Am 18. Juli 1955 öffnete dieser Freizeitpark im kaliforni-

schen Anaheim seine Tore. Er wurde ein gewaltiger Erfolg. Bis zum Jahr 2010 besuchten rund 600 Millionen Gäste das Wunderland, mehr als jeden anderen Freizeitpark der Welt. Bald schon brachte die Erfolgsidee Ableger in anderen Teilen der Welt hervor, zum Beispiel …

## 6. Schritt: Problembär mit falschem Pass

… das Tokyo Disney Resort in Urayasu nahe der japanischen Hauptstadt. Als der Freizeitpark am 15. April 1983 eröffnet wurde, war er der erste Disneypark außerhalb der USA. Schnell stellte er unter Beweis, dass das Disneyland-Konzept auch im Ausland bestens funktionierte: Der mit neun angeschlossenen Hotelkomplexen ausgestattete Park lockte Tausende von Gästen an, und das nicht nur aus Japan.

Manche von ihnen taten buchstäblich alles dafür, um dort hinzukommen. So wurde im Mai 2001 Pang Xiong, mutmaßlich ein chinesischstämmiger Disney-Fan aus der Dominikanischen Republik, auf dem Flughafen von Tokio festgenommen. Sein Vergehen: Der 30-Jährige hatte versucht, mit einem gefälschten Pass nach Japan einzureisen, um das Tokyo Disney Resort zu besuchen. In Wirklichkeit kam Pang Xiong allerdings weder aus der Dominikanischen Republik noch aus China, sondern aus dem kommunistischen Nordkorea. Und hieß auch gar nicht Pang Xiong. Vielleicht war es dieser etwas unglücklich gewählte Deckname, der die Zollbeamten argwöhnisch gemacht hatte – denn übersetzt bedeutet er »Fetter Bär«. Der richtige Name des Mannes war Kim Jong Nam, und sein Vergehen sollte Konsequenzen für die Weltpolitik haben, immerhin …

… war sein Vater niemand Geringeres als Kim Jong Il, damaliger Diktator der Demokratischen Volksrepublik Korea. Seit dieser 1994 die Herrschaft von seinem eigenen Vater Kim Il Sung geerbt hatte, hatte er Nordkorea mit eiserner Faust regiert: Menschenrechtsverletzungen, Hungersnöte, Terroranschläge im Staatsauftrag – Kim Jong Il war weder dafür bekannt, ein Sympathisant westlicher Lebensart zu sein oder gar Disney-begeistert, noch war er besonders nachsichtig.

Entsprechend war er über die Einreise seines vergnügungssüchtigen Sohnes in das Land des kapitalistischen Nachbarn Japan auch alles andere als amüsiert: Einen geplanten Staatsbesuch in China sagte er wegen der Peinlichkeit, dass sein Sohn eine chinesische Scheinidentität gewählt hatte, um sich mithilfe westlicher Popkultur zu amüsieren, kurzfristig ab. Hatte Kim Jong Nam zuvor als ältester Sohn als favorisierter Nachfolger seines Vaters gegolten, so wurde er nun zum schwarzen Schaf der Familie: Zwei Jahre nach dem Disney-Zwischenfall wurde er aus Nordkorea ins Exil verstoßen.

Und so war es auch nicht Kim Jong Nam, der am 29. Dezember 2011 auf dem Kim-Il-Sung-Platz in Pjöngjang nach dem Tod seines Vaters zum neuen Staatsoberhaupt Nordkoreas erklärt wurde. Stattdessen stieg Nams jüngster Halbbruder **Kim Jong Un** an die Spitze der Macht auf, ein Nachkomme seines Vaters aus einer Liaison mit einer ominösen Tänzerin, Ko Yong-hi. Kim Jong Nam erwies sich nicht nur als hartnäckiger Disney-Fan, sondern war auch politisch

westlich orientiert und kommentierte das öffentliche Geschehen in Nordkorea aus dem Ausland gelegentlich kritisch. Bis er am 13. Februar 2017 am Flughafen von Kuala Lumpur von zwei Frauen mit einem chemischen Kampfstoff getötet wurde. Beide Frauen beteuerten bei ihrer Festnahme, sie hätten gedacht, an einem Streich für eine Fernsehsendung mitzuarbeiten. Die Hintergründe sind bisher nicht abschließend geklärt, doch ist anzunehmen, dass die Tat im Auftrag von Nams eigenem Bruder erfolgte.

## Wie die Cherokee Putin zum Schnulzensänger machten

1. Schritt: Rassismus, Mord und unbegrenzte Möglichkeiten

Jahrhundertelang herrschten die **Cherokee** über ein 60 000 Quadratkilometer großes Reich in Nordamerika. Dann kamen die Europäer und brachten unfassbares Leid über sie. Sie starben in Kriegen und durch eingeschleppte Viren und wurden in immer kleinere Reservate verdrängt.

Die verheerendste dieser Verdrängungswellen ist als Pfad der Tränen in die Geschichte eingegangen: Die Cherokee und andere Stämme wurden ab 1831 gezwungen, aus ihrer fruchtbaren Heimat im Südosten Hunderte Meilen gen Westen umzusiedeln. Zum Teil wollten die weißen Siedler die Ländereien selbst landwirtschaftlich nutzen, zum Teil waren aber auch Goldvorkommen auf dem Land der Ureinwohner entdeckt worden. Im sogenannten Indian Removal Act hatten die weißen Siedler sich die Befugnis zu dieser ungeheuerlichen Massenvertreibung einfach selbst gegeben – mit dem offiziellen Segen des US-Präsidenten Andrew Jackson. Im historischen Rückblick stellt sich dabei die Frage, ob in diesem Fall überhaupt noch von einer Vertreibung gesprochen werden kann oder vielmehr von einem kalkulierten Massenmord. Denn die Umsiedlung in die für die Ureinwohner vorgesehenen Reservate erfolgte über solch enorme Distanzen und unter solch widrigen Bedingungen, dass von einem Verlust vieler Menschenleben eigentlich

auszugehen war. Allein unter den Cherokee waren nach Schätzungen bis zu 8000 Todesopfer auf dem Marsch zu beklagen – etwa die Hälfte ihrer Gesamtbevölkerung.

Die Überlebenden bauten in den für sie vorgesehenen Indian Territories eine neue Existenz auf. Die Cherokee installierten eine eigene Regierung im Ort Tahlequah im heutigen Oklahoma, wo unter anderem Cherokee-Senator und Richter Clement Vann Rogers über die Geschicke seines Volkes wachte. Als Politiker genoss Rogers großes Ansehen unter den Cherokee. Noch bekannter als er selbst wurde allerdings …

## 2. Schritt: Schlüsselqualifikation Albernheit

… sein Sohn **Will Rogers.** Schon in jungen Jahren hatte der 1879 geborene William Penn Adair Rogers, wie er mit vollem Namen hieß, erhebliche Spannungen mit seinem angesehenen Vater durchzustehen. Clement Vann Rogers befürchtete, aus dem Jungen würde nichts werden, da es ihm an Ernsthaftigkeit mangelte – und das, obwohl Will es alles andere als leicht hatte: Schon mit elf Jahren verlor er seine Mutter Mary, und von seinen sieben Geschwistern erreichten nur drei das Erwachsenenalter. Doch statt wie sein Vater eine Politikerkarriere anzustreben, alberte der junge Will lieber herum.

Genau diese Albernheit entpuppte sich aber später als Will Rogers' größte Stärke: Denn nach Jobs als Rancharbeiter entdeckte er seine Leidenschaft für das Showgeschäft. Zunächst trat Rogers mit Reit- und Lassokunststücken auf. Er zog nach New York und schaffte es, dort auch für

Varieté-Nummern unter Vertrag genommen zu werden, in denen er seine Cowboy-Kunststücke mit Witzen über die jeweiligen Nachrichten des Tages verband. Nun entdeckte er sein komödiantisches Talent: Immer stärker verlagerte Rogers seine Auftritte hin zu Monologen mit satirischen Elementen – mit solchem Erfolg, dass er in den Zwanziger- und Dreißigerjahren zu einem der berühmtesten Komiker der USA avancierte. Erst in Vaudeville-Theaternummern, später in Stummfilmen und schließlich in zahlreichen Tonfilmen wurde er ein Entertainment-Megastar.

Doch dank seines herausragenden Wortwitzes machte Rogers bald auch als Kolumnist Karriere: Von 1922 bis 1935 verfasste er erst wöchentlich, später täglich für das New Yorker McNaught-Zeitungssyndikat Tausende Kolumnen, die auf dem Höhepunkt seiner Beliebtheit parallel in 400 Zeitungen veröffentlicht wurden und ihn zum bestbezahlten Kolumnisten des Landes machten. Es war eine dieser Kolumnen, die …

### 3. Schritt: Vom Gepäckträger zum Superstar

… Rogers irgendwann Mitte der Zwanzigerjahre nächtens im Örtchen Chelsea, Oklahoma, in eine **Telegrafenstation** verschlug. Denn obwohl der Komiker und Autor mittlerweile seit Jahren in New York arbeitete und lebte, zog es ihn oft in seine alte Heimat, von wo aus er seine Artikel per Telegramm an die New Yorker Redaktion verschickte. An diesem Abend lenkte nun etwas Unerwartetes Rogers' Interesse auf sich, als er die Telegrafenstation betrat: Er hörte den Gesang und das Gitarrenspiel eines jungen Mannes.

Der Herr, der während seiner Arbeitszeit musizierte, war eigentlich gar kein Mitarbeiter der Telegrafenstation, sondern nur ein schnöder Gepäckträger des Bahnhofs der »St. Louis-San Francisco Railway«-Eisenbahnlinie, in dem sich die Telegrafenstation befand. Doch Gene Autry, so sein Name, hatte sich vom Stationsleiter zeigen lassen, wie man telegrafiert, und nun sprang er manchmal als Vertretung ein, besonders in der unbeliebten Nachtschicht. Weil ihm diese meist ereignislosen Schichten aber bald ziemlich langweilig geworden waren, vertrieb er sich immer öfter die Zeit damit, Gitarre zu spielen und dazu zu singen. Will Rogers war begeistert von der Darbietung, kam mit Autry ins Gespräch – und drängte ihn, er solle es als Profimusiker versuchen. Der nahm sich den Rat des Entertainment-Stars zu Herzen und …

## 4. Schritt: Jodeledi-yi-yay!

… reiste, nachdem er das nötige Geld dafür zusammengekratzt hatte, im Jahr 1927 nach New York, um sich bei den großen Plattenverlagen vorzustellen. Ganz ähnlich wie schon Rogers vor ihm kreierte Autry eine Bühnenpersönlichkeit als Cowboy, die ganz in seiner Herkunft aus Oklahoma verankert war. Die Verbindung zu seiner Heimat war so eng, dass ihm zu Ehren später sogar die Kleinstadt Berwyn in Oklahoma in Gene Autry umgetauft werden würde.

Und tatsächlich gelang es Autry, nach einigen Radioauftritten als »**Oklahomas jodelnder Cowboy**« Gesangskarriere zu machen und landesweit in den USA bekannt zu wer-

den. Neben Country-Hits wie »That Silver-Haired Daddy of Mine« bescherte er der Welt auch mit Weihnachtsliedern wie »Rudolph the Red-Nosed Reindeer« anhaltende Ohrwürmer. Vor allem für die Entstehung der Country Music spielte Autry eine herausragende Rolle: Zum einen mit seinen eigenen Hits wie »Back in the Saddle Again«, besonders aber mit seinen Auftritten als Schauspieler. Denn Autry spielte – meist als singender Cowboy – in zahlreichen Musikfilmen der Ära mit, durch die Country in den USA erst richtig bekannt wurde. Einer dieser Filme war …

## 5. Schritt: Rauchende Colts, Singende Hügel

… der **Western The Singing Hill** aus dem Jahr 1941: Gene Autry spielte in dem Film einen rechtschaffenen (und natürlich singenden) Cowboy namens … Gene Autry. Im Film hilft er der schönen und ahnungslosen Ranch-Erbin Jo Adams (gespielt von Virginia Dale), sich gegen die Machenschaften des skrupellosen Geschäftsmanns John Ramsey zu wehren. Ramsey, ein Viehmakler, macht nämlich heimlich gemeinsame Sache mit dem Geschäftsführer von Adams' Ranch, um sie dazu zu bringen, das geerbte Anwesen samt Grundstück zu verkaufen. Adams erkennt jedoch nicht, welch katastrophale Konsequenzen dies für die Rancher der Umgebung hätte, die mit dem Verkauf ihr Recht verlieren würden, auf den weitläufigen Ländereien kostenlos ihr Vieh grasen zu lassen – was für viele den Bankrott bedeuten würde.

Eine schreiende Ungerechtigkeit, die Autry selbstredend verhindern will. Um die luxusverwöhnte Stadtfrau Adams von seinen edelmütigen Zielen zu überzeugen, entführt er sie, lässt sie entmündigen – und singt dabei natürlich reichlich. Neben Country-Gassenhauern wie »Ridin' Down That Old Texas Trail« intonierte der Sänger dabei auch ein ganz besonderes Lied, das nicht nur die Herzen der Amerikaner erobern, sondern auch in die Geschichte eingehen sollte, nämlich …

## 6. Schritt: Gipfeltreffen der Pop-Titanen

… den Song »**Blueberry Hill**«, für den Film verfasst von Komponist Vincent Rose und den Textern Larry Stock und Al Lewis. Das Lied erzählt die Geschichte eines Mannes, der seiner verflossenen Liebe nachtrauert, die er einst im Mondlicht auf einem Blaubeerhügel fand. Es entpuppte sich in kurzer Zeit über den Soundtrack des Western hinaus als echter Evergreen: Neben der von Autry eingesungenen Originalfassung nahm noch im Erscheinungsjahr des Films auch das renommierte Glenn Miller Orchestra eine Version des Titels auf.

Es folgten über Jahrzehnte hinweg unzählige weitere Coverversionen, unter anderem von Elvis Presley, Led Zeppelin, den Beach Boys oder Elton John. Die zweifellos bekannteste davon bleibt jedoch bis heute die weltberühmte Interpretation, die Fats Domino 1956 veröffentlichte (der sich den Text partout nicht merken konnte und daher in mehreren Anläufen aufnehmen musste). Doch nicht nur vielen Musikern ist das Stück offenbar ans Herz gewachsen – auch für das Ansehen eines bekannten Politikers sollte der Song eine wichtige Rolle spielen, und zwar …

# 7. Schritt: Blut und Blaubeeren

… für den Präsidenten der Russischen Föderation, **Wladimir Putin.** Denn nicht nur mittels beharrlicher Selbstdarstellung als harter Kerl und Naturbursche durch pressewirksame Kampfjetflüge, Kampfsportvorführungen, Flugversuche mit Kranichschwärmen oder halb nackte Reitausflüge in der sibirischen Tundra schaffte es Putin, sich die Gunst seines Volkes zu sichern.

Zum wahren Präsidenten der Herzen schwang der sympathische KGB-Agent von nebenan sich jedoch mit seinem Auftritt auf einer Spendengala für Kinder am 11. Dezember 2010 in Sankt Petersburg auf, als er seine tief emotionale Seite zeigte und vor laufenden Kameras »Blueberry Hill« anstimmte. Die anwesende Prominenz, darunter solch linientreue Altkommunisten wie Kevin Costner, Alain Delon und Sharon Stone, schunkelte munter, Gérard Depardieu klatschte so eifrig im Takt mit, als ahnte er bereits, dass er drei Jahre später einen sicheren Hafen für seine Steuerflucht brauchen würde. Und am Ende war allen klar: Dieser zartschmelzend singende Cowboy vom Blaubeerhügel war der Richtige, um Russland in die Zukunft zu führen. Kein Wunder, dass Polit-Barde Putin bei der russischen Präsidentschaftswahl 2012 mit 63,6 Prozent gewann und so am 7. Mai seine dritte Amtszeit als russisches Staatsoberhaupt antreten konnte. Jedenfalls, nachdem die Moskauer Polizei Massendemonstrationen gegen seine erneute Vereidigung gewaltsam niedergeschlagen hatte.

# Erfindungen

## mit Nebenwirkungen

Der Faustkeil, das Rad, die Fackel – der Mensch ist ein Erfinder, seit es ihn gibt. Das Erfinden selbst, die Verwendung und Herstellung von Instrumenten, die seine naturgegebenen Handlungsmöglichkeiten erweitern, ist eines der Hauptmerkmale, die ihn vom Tierreich abgehoben haben und ihm seine Vormachtstellung ermöglichten. Mit allen positiven wie negativen Folgen.

Doch obwohl der Mensch von Anfang an ein Tüftler war, liegt die Erfindung des »Erfinders«, wie wir den Begriff heute verstehen, gar nicht lange zurück: Erst Ende des 19. Jahrhunderts kam er durch das moderne Patentrecht zustande. Nun wurden Erfindungen zum geschützten geistigen Eigentum verwaltet und öffentlich gemacht von Patentämtern. Statt Neuentwicklungen aus Angst vor Nachahmern geheim halten zu müssen, konnten Erfinder sich nun auf den Patentschutz verlassen. Zugleich konnten durch die Veröffentlichung ihrer Patente auch andere Tüftler auf die genaue Beschreibung ihrer Erfindungen zugreifen und daraus wieder neue Erfindungen entwickeln.

Eine simple Idee, die sich als gewaltiger Innovationsmotor erwies.

Nicht zufällig enthält das Wort »Erfindung« das Verb »finden« – so wie das englische »Invention« vom lateinischen »invenire« stammt, das ebenfalls »finden« bedeutet. Ein Erfinder trifft auf ein Problem, für das noch niemand eine Lösung gefunden hat. Und genau die findet er dann – aktiv und zielgerichtet oder (gar nicht so selten) eher zufällig. Nicht selten verändert die den Lauf der Geschichte. Ein paar besonders merkwürdige Folgeerscheinungen berühmter Erfindungen stellt Ihnen dieses Kapitel vor. Sie werden erfahren, welche Innovation zwei Popstars in eine Amour fou stürzte und welche einem anderen Popstar das Leben rettete. Sie werden lernen, was die Guillotine zur Erfindung des Anrufbeantworters beigetragen hat und begegnen der zartesten Versuchung, seit es Sprengstoffattentate gibt. Und seien Sie patentrechtlich ganz unbesorgt: Alle Kausalverbindungen dieses Kapitels sind selbstverständlich von mir persönlich ge- beziehungsweise erfunden worden.

# Wie die Erfindung der Glühbirne Frank Sinatra zur tödlichen Waffe machte

1. Schritt: Der Welt geht ein Licht auf

Gemeinhin wird der berühmte amerikanische Erfinder Thomas Edison als Vater der Glühbirne angesehen, die per Glühfaden elektrisches Licht erzeugt. Im Jahr 1879 erblickte diese Erfindung – Edison zufolge jedenfalls – erstmals das, hohoho, Licht der Welt. Doch wie bei so manchen der insgesamt 1093 von Edison im Laufe seines Lebens patentierten Erfindungen hatte er gewisse, sagen wir mal: Anleihen bei Entwicklungen anderer Tüftler gemacht. Im Fall der Glühfadenlampe war sogar eine ganze Meute von Erfindern schneller als Edison gewesen. Einigen von ihnen kaufte er die Rechte an ihrem Patent einfach ab, etwa den Kanadiern Henry Woodward und Mathew Evans, die ihres schon 1874 angemeldet hatten. Andere waren zum Zeitpunkt von Edisons »Erfindung« ohnehin bereits verstorben und hatten zeitlebens nicht daran gedacht, ihre Idee rechtlich zu sichern. Zu ihnen gehörten zum Beispiel der Schotte James Bowman Lindsay, der bereits 1835 eine Glühfadenlampe vorgestellt hatte, der Brite Humphry Davy, der 1802 eine Lampe mit Platin-Glühfaden entwickelt hatte und Edward Kinnersley, der schon 1761 mit Strom Drähte zum Glühen gebracht hatte. Die allermeisten der diversen Erfinder und Vordenker der Glühbirne wurden von dem überaus geschäftstüchtigen Edison einfach links liegen gelassen: Sie mochten technisch schneller gewesen sein, aber Edison war der Erste, der die Glühbirne erfolgreich kommerziell nutzbar machte.

Diese **Einführung der Glühfadenlampe** veränderte viele Bereiche des Alltags: Hatte man früher beispielsweise zu Hause nach Anbruch der Dunkelheit nur mühsam bei Kerzenlicht lesen können, wurde jetzt helles elektrisches Licht verfügbar. Die Städte verwandelten sich von des Nachts düsteren Geisterstädten, in denen nur die Nachtwächter patrouillierten, in pulsierende, hell erleuchtete Metropolen mit dem urbanen Nachtleben, das wir heute kennen. Vor allem aber führte Edisons Erfindung dazu, dass Haushalte flächendeckend mit Stromleitungen versehen wurden, um helle Beleuchtung ohne Feuergefahr zu ermöglichen. Dieses Stromnetz erwies sich als praktisch für die Nutzung diverser Elektrogeräte. Anders wäre das moderne Leben heute kaum möglich. Diese kommerzielle Nutzbarmachung der Glühbirne hatte natürlich auch für die Industrie weitreichende Folgen. Nach dem Siegeszug von Edisons neuem elektrischen Licht entstand …

## 2. Schritt: Vetternwirtschaft der Lichtgestalten

… eine ganze Leuchtmittelindustrie, und das nicht nur in den Vereinigten Staaten. In den Niederlanden gehörten der Banker und Tabakwarenindustrielle Frederik Philips (pikanterweise ein Vetter von Karl Marx) sowie seine Söhne Gerard und Anton Philips zu den ersten Betreibern einer Glühbirnenfabrik. Zunächst wirkte die **Gründung des Unternehmens Philips** 1891 eher unspektakulär – nur eine Handvoll Mitarbeiter stellte in dem kleinen Werk in Eindhoven eine überschaubare Zahl Glühlampen her. Es war nicht mehr als ein Versuch der Familie Philips, in dem neuen Markt Fuß zu fassen. Das gelang – und als Frederik Philips das feststellte, erweiterte er die Produktion bis 1905 auf 4 Millionen Glühlampen pro Jahr. Philips wurde damit hinter Siemens & Halske und AEG der drittgrößte Glühbirnenhersteller Europas.

Über die kommenden Jahrzehnte würde das niederländische Unternehmen immer weiter expandieren und in weitere Produktsegmente vordringen: Röntgenröhren, Radios, Rasierapparate, Fernseher, Elektrozahnbürsten, CD-Player und viele mehr. In mehreren Produktbereichen wurde die Firma sogar weltweit zum Marktführer.

Und auch außerhalb der Elektrogeräte selbst wurde das Unternehmen aktiv – etwa ab 1950 mit einem eigenen Plattenlabel, dem Tochterunternehmen Philips Phonographische Industrie. Das Philips-Label brachte Aufnahmen vieler klassischer Orchester heraus, aber auch die …

## 3. Schritt: Wachspuppe im Rampenlicht

… eines 15-jährigen Mädchens aus Frankreich, das 1963 bei Philips unter Vertrag genommen wurde, weil es den Musikproduzenten Deni Bourgeois bei einem Vorspielen in Paris beeindruckt hatte. Ihr Name: **France Gall.** Gall stammte aus einem Musikerhaushalt: Ihre Mutter war Sängerin, ihr Vater schrieb unter anderem Songs für Édith Piaf. France hieß in Wirklichkeit Isabelle, aber weil damals schon eine andere französische Popmusikerin als Isabelle bekannt war, nämlich Isabelle Aubret, hatte sie sich ihren patriotischen Künstlernamen zugelegt.

Mit einem Plattenvertrag im Rücken beschloss sie, die Schullaufbahn aufzugeben. Der Erfolg gab ihr recht: Nachdem an ihrem 16. Geburtstag, dem 9. Oktober 1963, ihre Debütsingle »Ne sois pas si bête« (»Sei nicht so dumm«) erstmals im Radio lief, wurde der Song ein Hit. Galls künstlerischer Leiter Denis Bourgeois war zugleich für den berühmten Sänger Serge Gainsbourg tätig, und er überredete ihn dazu, mit der Newcomerin zusammenzuarbeiten. Mit Gainsbourgs Song »N'écoute pas les idoles« (»Hör nicht auf die Idole«) stieg Gall 1964 zum ersten Mal an die Spitze der französischen Hitparade. Es blieb nicht das letzte Mal. Mit Songs wie »Laisse tomber les filles« (»Lass die Finger von den Mädchen«) oder »Poupée de cire, poupée de son« (»Wachspuppe, Strohpuppe«) aus der Feder Gainsbourgs stieg Gall binnen kurzer Zeit zu einem Popstar auf, den jeder in Frankreich kannte. 1964 lernte die nun landesweit bekannte Sängerin auch den …

## 4. Schritt: Am Anfang war das Ende

… französischen Chansonnier Claude François kennen. Er war acht Jahre älter und verheiratet, trotzdem wurden beide ein Liebespaar. Oder so etwas Ähnliches. Es würde eine so leidenschaftliche wie schwierige Beziehung werden, die beide für die nächsten drei Jahre durch Höhenflüge und Abgründe trieb. François wollte sein Image des Verführers aufrechterhalten, darum sollte ihre Beziehung geheim bleiben. Immer wieder gab es Streit, Trennungen, Versöhnungen,

Hingabe, Hass. François wurde zunehmend besitzergreifend, Gall reiste ihm zu seinen Konzerten hinterher. Hinzu kam seine wachsende Eifersucht auf ihren Erfolg. Weil Gall 1965 Frankreich beim Eurovision Song Contest vertrat und den Wettbewerb auch gewann, schien das Ego des Sängers tief verletzt. Als sie ihn direkt nach ihrem Auftritt hinter der Bühne anrief, demütigte er sie: »Du hast falsch gesungen, du warst eine Null! Es ist aus zwischen uns.« Gall ging wieder auf die Bühne zurück, und die Zuschauer dachten, es seien Freudentränen auf ihren Wangen. Zurück in Paris folgte ein heftiger Streit, nach dem das Paar zwar zusammenblieb, doch wurden die Risse in ihrer Beziehung in den zwei folgenden Jahren nur tiefer. Bis es 1967 im Hotel Martinez in Cannes wieder einmal heftigen Streit gab – es war der letzte. Es kam zur **bitteren Trennung von France Gall und Claude François.**

Noch im selben Jahr verarbeitete der Sänger, den France Gall später nur noch »den unmöglichen Mann« nannte, den Schmerz in einem Song: Das schwermütige Beziehungslied »Comme d'habitude« (»Wie aus Gewohnheit«) erzählte von einem Paar, bei dem sowohl der tägliche Streit als auch Gesten der Zärtlichkeit, kaltherzige Ablehnung, offensichtliche Untreue und Wiedersehensküsse zu mechanisch wiederholten Ritualen geworden sind. Gall sagte später, François habe ihr persönlich gesagt, dass das Lied an sie gerichtet war. Doch sie erkenne ihre damalige Beziehung in dem Text nicht wieder.

Dennoch bewegte der finstere Song ihres Ex viele Hörer, als er im November 1967 erschien. Und unter diesen Hörern …

## 5. Schritt: Mafiosi und die Bombe im Restaurant

… war auch ein junger Kanadier, der zu jener Zeit auf einer Urlaubsreise in Südfrankreich unterwegs war und François' finstere Beziehungsabrechnung im Radio hörte. Wie es der Zufall wollte, war dieser Kanadier, **Paul Anka,** selbst im Popgeschäft. 1958 hatte er schon als Teenager mit seinem Hit »Diana« mehr als 10 Millionen Platten verkauft. Seither war er nicht nur selbst weltweit als Sänger bekannt geworden, sondern schrieb auch Songs für andere Stars. Anka war zwar nicht völlig hinweggefegt von der Single »Comme d'habitude«, aber er sah Potenzial. Oder, wie er es selbst etwas direkter formulierte: »Es war eine beschissene Platte, aber es steckte etwas darin.« Er war sich sicher, aus dem Song etwas machen zu können, das auf dem US-Markt Erfolg haben würde. Also kaufte er kurzerhand die Rechte für eine Songadaption. Nur, um das Lied anschließend dann doch direkt wieder zu vergessen und zwei Jahre lang in einer Schublade vor sich hin schimmeln zu lassen.

Eines Tages jedoch bekam Anka einen Anruf von dem befreundeten Sänger Frank Sinatra, der sich mit ihm in Florida treffen wollte. Anka erinnerte sich später, sie hätten sich in einem Restaurant gemeinsam mit »ein paar Mafiatypen getroffen. Frank ließ die Bombe platzen – er sagte: ›Ich steig aus dem Geschäft aus. Ich habe es satt.‹« Anka war völlig überrumpelt. Doch als er nach Hause zurückkehrte, kam ihm eine Idee: Er würde einen letzten, großen Abschiedssong für Sinatra schreiben. Er holte die Noten für »Comme d'habitude« hervor und improvisierte damit am Klavier herum, veränderte das Stück hier und da. Dann setzte er sich an die Schreibmaschine und stellte sich vor, was für einen Text Frank Sinatra an diesem Punkt, an dem er sich von seiner Karriere verabschiedete, schreiben würde. Anka tippte die ganze Nacht – und schuf …

## 6. Schritt: Hymne an die Ich-AG

… einen der wohl bekanntesten und meistgecoverten Pop-songs der Musikgeschichte: **Frank Sinatras »My Way«.** Aus dem Lied über eine Beziehungshölle hatte Anka das Resümee eines älteren Mannes gemacht, der auf sein Leben zurückblickt, bevor er sich »dem letzten Vorhang« stellt, und über Erfolge und Fehler Bilanz zieht: »Ich lebte ein erfülltes Leben / Bereiste jeden einzelnen Highway / Oh, und viel wichtiger als das / Ich tat es auf meine Weise.«

Frank Sinatra selbst, so verriet seine Tochter Tina nach dem Tod des Entertainers 1999 der BBC, sei von Ankas Song nicht besonders begeistert gewesen: »Er fand immer, dass der Song eigennützig und selbstgerecht sei. Er mochte ihn nicht.« Und doch hatte Sinatra ein Gespür für das Hit-potenzial des eingängigen Liedes. Er nahm den Song am 30. Dezember 1968 auf und brachte ihn Anfang 1969 sogar als Titelstück seines nächsten Albums *My Way* heraus. Im Gegensatz zu Sinatra liebten seine Hörer das Lied: Es stieg bis auf Platz 2 der Adult Contemporary Charts in den USA auf, stürmte Hitparaden rund um die Welt und wurde zu dem bekanntesten Song in Frank Sinatras gesamter Musik-karriere. Wie kaum ein anderes Stück feierte es den ameri-kanischen Traum, den Glauben an die Kraft des Einzelnen, es mit Hingabe und Fleiß vom Tellerwäscher zum Millionär, nach »ganz oben« zu schaffen, wenn man nur seinen eigenen Regeln folgt. Selbst Paul Anka wunderte sich im Nachhinein über den Appeal seines Textes: »Jeder denkt, dass es ein Song über ihn selbst ist – aber wie viele Leute machen es schon wirklich auf ihre eigene Weise?«

Weit über 100 Coverversionen des Stückes entstanden, Musiker von Elvis Presley über Sex-Pistols-Star Sid Vicious bis zum Rapper Jay-Z interpretierten die Selbstbeweihräucherungshymne neu. In England wurde das Lied zu dem meistgespielten Song auf Beerdigungen, Gerhard Schröder ließ es zu seinem Zapfenstreich und Donald Trump auf seinem Inaugurationsball spielen. Aber die wohl sonderbarsten und zugleich erschreckendsten Folgen zog »My Way« …

## 7. Schritt: Am Ende des Weges

… am anderen Ende der Welt auf den Philippinen nach sich. Dort kam es ab dem Jahr 2000 zu einer Reihe von blutigen Vorfällen, die als »**My Way Killings**« bekannt wurden. In dem tropischen Inselstaat genießt Karaoke als abendliches Freizeitvergnügen traditionell schon lange einen außerordentlich hohen Stellenwert: Nicht nur in Bars, auch in Privathaushalten oder sogar im Freien findet man hier Karaokemaschinen, vor denen manche schon frühmorgens vor der Arbeit ein Lied anstimmen. Entsprechend eng sind die Sangeskünste hier mit dem Stolz der Menschen verbunden. Und entsprechend empfindlich können sie auf Kritik reagieren. Besonders dramatisch zeigte sich dies an Sinatras größtem Hit. Denn es entpuppte sich auf den Philippinen als lebensgefährlich, ihn zu schmettern. »Früher mochte ich ›My Way‹ gerne, aber nach dem ganzen Ärger habe ich aufgehört, es zu singen. Man kann getötet werden«, erklärte ein Herr Gregorio aus General Santos City 2010 der *New York Times*. In vielen Karaokebars, die oft von angetrunkenen Gangstern, Zuhältern und den »Guest Relation Officers« genannten Prostituierten bevölkert wurden, war der Song zu diesem Zeitpunkt bereits aus dem Programm genommen worden – aus Sicherheitsgründen. Angefangen hatte es wohl nach der Jahrtausendwende: Die Stimmung war angespannt, jemand traf bei dem Selbstverherrlichungsevergreen »My Way« nicht den richtigen Ton, kurz darauf war er tot. Wie viele Menschen die gefährliche Sangesnummer inzwischen mit ihrem Leben bezahlten, ist nicht exakt überliefert, mindestens ein halbes Dutzend sollen es allein von 2000 bis 2010 gewesen sein.

Nur warum? Zweifelsfrei geklärt sind die Hintergründe nicht. Doch eine Theorie lautet, dass der besonders selbstgefällig-triumphierende Text der Grund für die Gewalttaten sein könnte. Butch Albarracin, Leiter einer Gesangsschule in Manila, erklärte es der *New York Times* so: »Der Text erzeugt ein Gefühl des Stolzes und Arroganz in dem Sänger, als wäre man jemand, auch wenn man in Wahrheit ein Niemand ist.« Und genau darum, so Albarracin, führe der Song zu Gewalttaten. Es könnte wohl der Stolz manches philippinischen Karaoke-Sängers besonders empfindlich getroffen sein, wenn er gerade aus voller Brust feierte, wie selbstbewusst er es »auf seine Weise« getan habe – und sich das Publikum dann über seinen schiefen Gesang scheckig

lacht. Anders herum könnte es das Publikum als Provoka-
tion verstehen, dass ein unbegabter Sänger die Frechheit
besitzt, sich mit dem selbstverliebten »My Way« textlich
selbst zu beweihräuchern. So oder so – auf den Philippinen
setzte sich die Erkenntnis durch, dass jeder, der seinen Weg
noch nicht ganz zu Ende gegangen ist, »My Way« besser
meidet.

# Wie Gottlieb Daimler das iPhone erfand

## 1. Schritt: Waffen statt Brot

Als am 17. März 1834 im baden-württembergischen Schorn-dorf ein kleiner Junge namens **Gottlieb Wilhelm Däumler** das Licht der Welt erblickte, schien es, als wäre schon abzu-sehen, womit der Kleine einmal seine Brötchen verdienen würde: Schließlich war Gottliebs Vater, Johannes Friedrich Däumler, Bäckermeister im Ort, und es war zu erwarten, dass sein Sohn in seine Fußstapfen treten würde.

Doch schnell zeigte sich, dass die Interessen von Däumler junior sich weniger um Hefe, Mehl und Sauerteig drehten als um Technik: Nach seinem Realschulabschluss machte er eine Ausbildung zum Büchsenmacher, anschließend arbei-tete er in einem Maschinenbauunternehmen im Elsass und studierte an der Polytechnischen Schule Stuttgart Maschi-nenbau. Neben seinem riesigen Interesse an Technik war es auch die Förderung durch den württembergischen Regie-rungsrat Ferdinand Steinbeis, die Däumler schon in jungen Jahren wichtige Kontakte und eine hervorragende Ausbil-dung eröffneten. Als er mit Ende zwanzig als Konstrukteur bei einer Metallfabrik eingestellt wurde, war abzusehen, dass seine Karriere hier nicht enden würde. Däumler war gerade mal 31 Jahre alt, als er zum Leiter einer Maschinen-fabrik in Reutlingen ernannt wurde. Es war hier, wo Däum-ler den jüngeren Konstrukteur Wilhelm Maybach kennen-lernte. Zwischen ihnen begann eine Zusammenarbeit, die ihre Spuren in der Geschichte hinterlassen sollte. Denn …

## 2. Schritt: Feuerstuhl mit Stützrädern

… Gottlieb Däumler, dessen Nachname inzwischen in Daimler geändert worden war, sollte zum Urvater des modernen Benzin-Verbrennungsmotors werden. Gemeinsam mit seinem Assistenten Wilhelm Maybach konstruierte Daimler 1883 einen revolutionären Einzylinder-Viertaktmotor, der anders als damals weithin üblich nicht von Gas angetrieben wurde, sondern von einer Mixtur aus 150 unterschiedlichen Kohlenwasserstoffen – namens Benzin. Ihre streng geheim gehaltenen Versuche an dem Motor brachten ihnen dabei einigen Ärger ein, denn der Gärtner des Hauses, in dem sie tüftelten, vermutete hinter den ratternden Geräuschen eine Geldfälscherwerkstatt und hetzte ihnen die Polizei auf den Hals. Als ihr neuartiger Motor endlich fertiggestellt war, tauften Daimler und Maybach ihn wegen seiner sonderbaren Form, die entfernt an eine Pendeluhr erinnerte, liebevoll auf den Namen »Standuhr«. Ein besonderer Kraftprotz war diese »Standuhr« zwar nicht, brachte sie es doch auf gerade mal 1 PS, und doch sollte der Daimler-Motor entscheidend prägen, wie sich Menschen zukünftig fortbewegen würden.

Dem Erfindergeist der beiden Konstrukteure schien ab diesem Moment praktisch keine Grenze mehr gesetzt zu sein. Nur zwei Jahre nach ihrem berühmten Motor machten sie eine von vielen weiteren bahnbrechenden technischen Entwicklungen bekannt: den »**Daimler-Reitwagen**« – das erste benzinbetriebene Motorrad der Welt. Auch wenn dieses klobige Versuchsfahrzeug mit Stützrädern noch weit entfernt war von den hochmotorisierten

Yamahas und Harley-Davidsons, mit denen ein Jahrhundert später Motocrossfahrer über Schlammstrecken und Familienväter über Autobahnen rasen sollten: Der »Reitwagen« und seine zahlreichen Nachfolger veränderten die Welt. Allerdings waren diese Veränderungen nicht immer erfreulich, schließlich …

## 3. Schritt: Besser, schneller, toter

… entpuppten sich die neuen benzinbetriebenen Zweiräder, die mittlerweile offiziell Motorräder genannt wurden, mitunter als gefährliches Vergnügen. Eine leidvolle Erfahrung, die ihre Konstrukteure oft genug schon in der Testphase machen mussten: Etwa als der Radsportler Heinrich Hildebrand und der Ingenieur Alois Wolfmüller im Januar 1894 bei der Testfahrt der »Hildebrand und Wolfmüller«, des ersten in Serienfertigung hergestellten Motorrads der Welt, feststellen mussten, dass ihr Fahrzeug nicht wie geplant vorwärts, sondern rückwärts fuhr. Oder als bei einem anderen Test ein Kolben aus dem Motorradmotor herausschoss und einem Mechaniker den Arm abtrennte.

Natürlich wurden die Motorräder mit der Zeit technisch immer ausgereifter, leistungsstärker, schneller – und in der breiten Bevölkerung beliebter. Doch auch die Zahl schwerer **Motorradunfälle** im Straßenverkehr nahm zu. Das musste auch ein junger …

## 4. Schritt: Die Finsternis am Stadtrand

… Amerikaner namens **Bruce Springsteen** früh lernen. Springsteen war erst 17 Jahre alt, als er 1968 auf einem Motorrad in einen Verkehrsunfall mit einem Autofahrer geriet. Er trug eine Gehirnerschütterung und eine schwere Beinverletzung davon. Nur wenig später sollte dieser Unfall Springsteen jedoch den Hals retten, als er für einen Einsatz im Vietnamkrieg zur Armee eingezogen werden sollte. Um das zu verhindern, nutzte er den ärztlichen Bericht über seine Gehirnerschütterung. Er wollte den Eindruck erwecken, der Unfall habe bleibende psychische Beeinträchtigungen hinterlassen, deshalb führte Springsteen sich bei der Musterung absichtlich möglichst verrückt auf und füllte Fragebögen völlig wirr aus. Und tatsächlich teilte man ihn wegen vermeintlicher Unfallfolgeschäden in die Kategorie »4-F« ein: nicht geeignet für den Militärdienst.

Daher konnte der junge Mann aus New Jersey, während zahllose seiner Altersgenossen fern der Heimat im Kampf gegen die kommunistische »Nationale Front für die Befreiung Südvietnams« ihr Leben ließen, an seiner Musikerkarriere feilen. Zu Springsteens Markenzeichen wurden dabei besonders seine Texte, die aus dem Leben und Leiden der einfachen Arbeiter Amerikas ihre Poesie gewannen. Springsteen, der als Sohn eines meist arbeitslosen Vaters und einer Sekretärin in einfachen Verhältnissen aufgewachsen war, hatte ein Talent dafür, das Lebensgefühl der unteren Mittelschicht einzufangen.

Dieses Talent war es, das ihm letztendlich den Weg zu Ruhm und Reichtum ebnete: 1972 nahm ihn Columbia Re-

cords unter Vertrag, dasselbe Plattenlabel, das auch Bob Dylan berühmt gemacht hatte. Zwar blieb Springsteens Debütalbum *Greetings from Asbury Park, N. J.* 1973 kommerziell noch hinter den Erwartungen zurück, aber viele Kritiker sahen großes Potenzial in dem Songwriter. Die Prognosen gingen auf: Mit Alben wie *Born to Run* von 1975 und dem gefeierten *Darkness on the Edge of Town* aus dem Jahr 1978 stieg Springsteen endgültig zum Rock-Superstar auf. »The Boss«, wie er von Fans anerkennend genannt wird, füllte unzählige Stadien und tourte unermüdlich quer durch die USA, begleitet von einem vielköpfigen Mitarbeiterstab. Zu dem gehörte auch …

## 5. Schritt: Als Lärm sich in Musik verwandelte

… der australische Toningenieur Bruce Jackson, der unter anderem bereits für Elvis Presley Auftritte gemischt hatte. Er überwachte die Konzertbeschallung auf Springsteens gefeierter, 115 Konzerte umfassender *Darkness*-Tour im Jahr 1978 und auf der *The River*-Tournee 1980. Im Jahr dazwischen hingegen, während sein Arbeitgeber im Studio an einer neuen Platte arbeitete, hatte Jackson Leerlauf.

Nun war Jackson nicht nur als Toningenieur tätig, sondern hatte schon als Kind seine Leidenschaft für Elektronikbasteleien entdeckt. Bereits als Schüler hatte er etwa mit Freunden einen so leistungsfähigen Piratensender aufgebaut und betreut, dass die Jungen von Ermittlern der australischen Regierung aufgesucht wurden. In seiner Schulzeit hatte der Tüftler auch zwei andere begabte Elektronikenthusiasten kennengelernt, Kim Ryrie und Peter Vogel. In den Siebzigerjahren hatten Ryrie und Vogel ein futuristisches Musikinstrument entwickelt, einen völlig neuartigen Synthesizer, der in nie da gewesener Weise in der Lage war, reale Instrumente nachzuahmen. Bruce Jackson war so beeindruckt von der Erfindung der beiden Australier, dass er ihnen helfen wollte, ihr visionäres Instrument in den USA bekannt zu machen. Und so ging Jackson 1979 während seiner Tourneepause für Springsteen auf eine eigene Tour durch die USA – um Promotion für den **Fairlight-CMI-Synthesizer** zu machen. Für Musiker war das Gerät eine Sensation, denn es handelte sich dabei um den ersten Synthesizer mit Sampling-Fähigkeiten, sprich: Jedes beliebige mit einem Mikrofon aufgezeichnete Geräusch konnte damit in Musik verwandelt werden.

Jacksons Bemühungen fruchteten – und schnell fand der Fairlight CMI, obwohl er ausgesprochen kostspielig war, auch unter berühmten US-Musikern wie Stevie Wonder oder Herbie Hancock seine Fans. Doch das Gerät wartete nicht nur mit dem innovativen Sampling, sondern auch mit einer anderen technischen Neuerung auf, und zwar …

## 6. Schritt: Berühr mich!

… mit einem Bildschirm, auf dem man die Klänge und Notenwerte der Musikstücke, an denen man arbeitete, durch bloße Berührung mit einem Spezialstift, dem Lightpen, bearbeiten konnte. Auf diese Weise machte der Fairlight CMI in den USA schon im Jahr 1979 das Prinzip des **Touchscreens** bekannt – lange bevor er auf Heimcomputern wie dem 1983 erschienenen HP-150 von Hewlett Packard in

Privathaushalte einzog. Zwar hatte es auch schon vor dem CMI-Synthesizer frühe Touchscreens gegeben, aber diese waren nicht für Privatanwender verfügbar gewesen, sondern für Anwendungen in der Forschung und Luftfahrt konstruiert. So gehörte zu den ersten Touchscreen-Anwendern die Europäische Organisation für Kernforschung CERN in Genf, die 1973 ihren eigenen berührungsempfindlichen Bildschirm einführte.

Aber erst als diese neue Interfacetechnologie mit Produkten wie dem Fairlight CMI auch die normalen Konsumenten erreichte, erkannte man auch das kommerzielle Potenzial in Touchscreens. Woraufhin sich die Weiterentwicklung von Monitoren zum Anfassen beschleunigte. War der Touchscreen Anfang der Achtzigerjahre noch ein technisches Kuriosum, so ist er mittlerweile bekanntlich nicht mehr aus unserem Alltag wegzudenken. Etliche Geräte wurden erst durch ihn intuitiv bedienbar, nicht zuletzt das …

## 7. Schritt: ich Telefon, du Konsument

… von Apple am 29. Juni 2007 auf den Markt gebrachte **iPhone.** Nach zweijähriger Entwicklungszeit löste Apple mit diesem neuartigen Gerät ein Erdbeben in der Branche aus. Bei der ersten Vorstellung am 9. Januar 2007 hatte Firmengründer Steve Jobs vollmundig versprochen: »Heute wird Apple das Telefon neu erfinden.« Und er sollte recht behalten. Das iPhone revolutionierte vollkommen, was man sich unter einem Mobiltelefon vorzustellen hatte: Man konnte damit telefonieren, SMS schreiben, Musik hören, im Internet surfen, E-Mails schreiben – und das alles mit nur einem einzigen Druckknopf auf der Vorderseite. Alles Weitere passierte über den Touchscreen, der fast die komplette Oberfläche des Telefons einnahm. Hochkomplexe Technologie mit einem solch einfachen Interface zu verbinden, sollte sich als Geniestreich erweisen.

Das iPhone wurde zum größten Verkaufserfolg des Unternehmens, das zuvor immerhin schon Abermillionen Dollar mit Produkten wie dem Homecomputer Apple II, dem iMac und dem iPod gemacht hatte. Doch das neue Touchscreen-Smartphone stellte sie alle in den Schatten: Von dem jährlich in neuen Versionen mit immer mehr technischen Möglichkeiten und immer größerem Preisschild erscheinenden iPhone wurden bis zum November 2018 mehr als 2,2 Milliarden Exemplare in über 80 Ländern der Welt verkauft. Wie lange der Triumphzug des Apple-Smartphones noch anhalten wird, wird sich zeigen. Das Unternehmen kündigte nach zuletzt stagnierenden iPhone-Verkaufszahlen Ende 2018 bereits an, zukünftig die abgesetzten Stückzahlen nicht mehr öffentlich machen zu wollen.

# Wie die Erfindung des Tennis den deutschen Bundespräsidenten in die Amtskrise stürzte

## 1. Schritt: Matchpoint in der Mönchskutte

Klöster sind traditionell Orte der Besinnung und Introspektion, des andächtigen Gebets und ... vermutlich auch ziemlich übler Langeweile. Im Mittelalter jedenfalls begannen französische Mönche, in den langen Kreuzgängen ihrer Klöster mit Bällen hin- und herzuwerfen. Und hin und her. Und wieder hin. Dann aber auch wieder her. Als Zeitvertreib war das fraglos weniger unangenehm als wieder nur den ganzen Abend Selbstgeißelung – aber eben auch nicht besonders spannend. Also begannen die sportiven Mönche Regeln für ihren neuen Zeitvertreib aufzustellen: Die Bälle sollten nun auch auf den Boden auf- und von den Wänden abprallen. Zudem versuchten sie, die Bälle so zu schleudern, dass der Gegner sie möglichst nicht fangen konnte. Ein kleines bisschen Wettkampf im Namen des Herrn konnte schließlich nicht schaden. Sie tauften ihr Spiel schließlich »Jeu de Paume« – das »Spiel mit der Handinnenfläche«.

Die Jahre flogen vorbei wie ungezählte kleine Bälle auf den Korridoren französischer Abteien, und immer mehr Mönche wiesen schmerzende blaue Flecken auf den Handinnenflächen auf. Im Grunde ein Klacks im Mittelalter, das bekanntermaßen keine Zeit für Warmduscher war. Gläubige Christen vertrieben sich damals gern mal die Zeit damit, sich selbst mit glühenden Holzscheiten zu malträtieren, mit Igelhäuten zu zerkratzen oder sogar Nägel in die eigene Unterwäsche einzunähen, um höchste Frömmigkeit unter Beweis zu stellen. Und trotzdem war das »Jeu de Paume« nicht gerade prädestiniert zur Funsportart. Man musste doch irgendetwas tun können, um diese lästigen Hämatome an der Hand zu vermeiden.

Ende des 16. Jahrhunderts kam den Mönchen schließlich die rettende Idee: ein kleiner Schläger aus Holz, der im Gegensatz zur menschlichen Hand keinerlei Schmerz verspüren, dafür aber Bälle umso schneller durch die Luft dreschen konnte. Die Urform des modernen Tennis war geboren. Von dem Aspekt der Selbstkasteiung befreit, machte der neue Sport auch immer mehr Laien Spaß, sodass ...

## 2. Schritt: Revolution auf dem Tennisplatz

... überall im Land Hallen gebaut wurden, in denen »Jeu de Paume« gespielt werden konnte. Schließlich konnte man von den Mönchen nicht erwarten, dass sie auch Laien auf ein Match Mittelalter-Squash in ihre Kreuzgänge hineinließen – zumal denen mitunter ohnehin nur das Spiel gegen andere Mönche gestattet war. Eine dieser neuen »Jeu de Paume«-Hallen entstand in einem kleinen, eleganten Örtchen knapp außerhalb von Paris, in dem sich der französische »Sonnenkönig« Ludwig XIV. sein spektakuläres Schloss hatte bauen lassen – in Versailles.

Und mit ebenjenem Schloss hatte auch das Ereignis zu tun, das die örtliche »Jeu de Paume«-Halle zur Stätte eines historischen Moments werden lassen sollte: Am 5. Mai 1789 war die erste französische Nationalversammlung vom König aus dem Sitzungssaal im Schloss von Versailles ausgesperrt worden – unter dem wenig überzeugenden Vorwand, der Saal werde gerade von Handwerkern für eine andere Tagung vorbereitet. Der Monarch wollte die Versammlung um jeden Preis verhindern, denn ihr Ziel, die erste Verfassung Frankreichs zu schaffen, war ihm nicht geheuer.

Und so suchten die Männer andernorts eine Zuflucht – die sie in der ungenutzten Ballsporthalle fanden, die damals nur pragmatisch »Salle du Jeu de Paume« hieß. Dort fand die Gruppe sich am 20. Juni 1789 erneut zusammen und leistete feierlich den (folglich nicht nach einem Tanzsaal benannten) »**Ballhausschwur**«. Darin gelobten sie, »sich niemals zu trennen, bis der Staat eine Verfassung hat«. Die Männer hielten diesen Schwur ein. Heute gilt ihre Sitzung an jenem Tag als einer der wichtigsten Schritte zum Sturz der absolutistischen Monarchie in Frankreich im Rahmen der Französischen Revolution. Und die wiederum führte zum Aufstieg von …

## 3. Schritt: Kopflose Gelehrte

… **Maximilien de Robespierre,** der bekanntlich wenig zimperlich mit seinen politischen (und persönlichen) Gegnern umging: Nachdem er am 21. Januar 1793 König Ludwig XVI. hinrichten ließ, begann seine Herrschaftszeit des Terreur. In der Zeit von 1793 bis 1794 ließ Robespierre mithilfe des Revolutionstribunals alle Andersdenkenden (und jeden, der dafür gehalten wurde) köpfen. Fast 3000 Menschen verloren auf diese Weise durch Verurteilung in zweifelhaften Gerichtsprozessen, gegen die keine Berufung möglich war, ihr Leben. Allein in den 49 letzten Tagen dieser Schreckensherrschaft kamen 1376 Personen zu Tode, da das von Robespierre allein entwickelte Gesetz vom 22. Prairial in Kraft trat. Es schrieb vor, dass jeder, der sich (nach einer bewusst sehr breit gehaltenen Definition) als »Feind des Volkes« bezeichnen ließ, den Tod verdient habe. Fortan gab es in den Prozessen des Revolutionstribunals nur noch die Urteile »unschuldig« oder »zum Tode verurteilt«. Robespierre begründete diese grausame Gewaltherrschaft mit seiner Lesart von Jean-Jacques Rousseaus Ausführungen zum Gemeinwillen. Robespierre hielt sich für einen Vertreter dieses Gemeinwillens, der zum Schutze aller anständigen Bürger mit äußerster Gewalt vorgehen müsse: Seinen Gegnern, so folgerte Robespierre, dürfe er demnach nur erlauben, ihre Ansichten zu ändern – oder zu sterben.

Auf diese Weise landeten auch etliche französische Gelehrte unter der Guillotine – so viele sogar, dass es zu einem Mangel an Ingenieuren und Naturwissenschaftlern kam.

Aus diesem Grunde wurde am 1. März 1794 die »École centrale des travaux publics« in Paris gegründet, die später in École polytechnique umbenannt wurde und für Nachschub an Gelehrten sorgen sollte. Trotz dieser blutigen Vorgeschichte wurde die Pariser Hochschule ein leuchtendes Vorbild für verschiedenste andere Lehreinrichtungen, und das sogar im weit entfernten …

# 4. Schritt: Ein Autodidakt verändert die Welt

… Karlsruhe, wo am 7. Oktober 1825 das Karlsruher Polytechnikum durch Großherzog Ludwig von Baden gegründet wurde, zusammengelegt aus einer Ingenieurschule, einer Bauschule und den Realklassen des örtlichen Gymnasiums. Fortan wurden hier Chemiker ausgebildet sowie Forstwirte und Physiker. Doch einer der wohl berühmtesten Absolventen der Hochschule gehörte keiner dieser Gruppen an: Im Alter von nur 15 Jahren bestand am 30. September 1860 Karl Friedrich Michael Benz die Aufnahmeprüfung am Polytechnikum. Der Junge hatte es nicht gerade leicht gehabt: Seinen Vater hatte er nie kennengelernt, denn der war an einer Lungenentzündung verstorben, als er erst ein Jahr alt gewesen war. Seither hielt seine Mutter sich mit einer mageren Witwenrente über Wasser. Um ihrem Sohn seine Ausbildung zu ermöglichen, vermietete sie Räume an andere Studenten des Polytechnikums.

Aber **Carl Benz,** wie ihr Sohn sich selbst zu nennen pflegte, nutzte seine Chance, bei Ferdinand Redtenbacher, dem Wegbereiter des wissenschaftlich fundierten Maschinenbaus, studieren zu können. Mit dem hier gewonnenen Know-how sollte Benz zu einem der berühmtesten Ingenieure der Weltgeschichte werden: Denn bekanntlich war er es, der am 29. Januar 1886 das Patent für seinen »Motorwagen« anmeldete – und damit das Auto erfand. Seine Erfindung veränderte die Welt völlig und zog Dutzende weiterer Erfindungen rund ums Auto nach sich: etwa Warndreiecke, Überleitkabel, Plüschwürfel oder auch …

## 5. Schritt: Schnell noch einen heben

… den elektrischen Wagenheber, der 1930 von einem 27-jährigen Elektriker aus München erfunden wurde – **Willy Müller.** Lästige Handarbeit beim Aufbocken eines Wagens, die herkömmliche Wagenheber erforderten, sollte damit endlich der Vergangenheit angehören. Zwar setzte sich Müllers Autoheber nie so richtig durch, doch wurde der gelernte Elektriker durch ihn zu weiteren Erfindungen ermutigt. Darunter auch eine, die sich als wahrer Segen für alle Menschen entpuppen würde, die a) zu oft unterwegs sind, um regelmäßig telefonisch erreichbar zu sein, oder b) zu lustlos sind, um gerade die drei Meter vom Sofa zum Telefon zu robben und mit jemandem reden zu müssen, von dem sie unter Umständen eh gar nichts hören wollten. Nämlich den …

## 6. Schritt: Angriff der Alibimaschinen

… sogenannten Telephonographen, den Müller 1935 fertigstellte. Stattliche drei Zentner brachte das Gerät auf die Waage. Aber es war weniger das Gewicht des Apparats als die Schwerfälligkeit der Sachbearbeiter auf dem Berliner Reichspostzentralamt, die den Marktstart von Müllers genialer Erfindung verzögerte: Vier Jahre ließen sie sich Zeit, um dem Erfinder die Zulassung zu seiner Konstruktion zu erteilen. Allerdings war der Name Telephonograph bereits mit einer älteren Erfindung in Verbindung zu bringen – einem 1898 vom französischen Ingenieur Jules Ernest Othon Kumberg entwickelten Vorläufer des späteren An-

rufbeantworters. Und so erfolgte die Zulassung für Müllers Gerät unter dem neuen Namen **Ipsophon.**

Bis zur Indienstnahme dieses ersten automatischen Anrufbeantworters auf dem deutschen Markt dauerte es dann allerdings noch einmal ein Weilchen: Erst am 30. September 1942 erhielt Müller endlich die Genehmigung, seinen Apparat an das Münchner Telefonnetz anzuschließen. Das klobige Ding wird, trotz mehrfacher Zulassungsstreitigkeiten und darauf folgender Umbenennungen, letztendlich ein voller Erfolg, zumal man das Ipsophon bereits per Fernabfrage und mit Sprachsteuerung bedienen kann. Zunächst findet es – auch aufgrund seines überaus stolzen Preises – lediglich professionelle Anwendung, etwa in Anwaltskanzleien oder Arztpraxen. Selbst in den Achtzigerjahren schlägt ein Anrufbeantworter mit Fernabfragefunktionalität noch mit rund 3000 DM zu Buche – unerschwinglich für Privatanwender. Doch spätestens mit dem 1990 einsetzenden Preisverfall und dem stetigen Fortschritt der Computertechnologie war die Evolution des Anrufbeantworters nicht mehr zu stoppen: von immer handlicheren Plastikgeräten mit Minikassetten über digitale Anrufbeantworter bis hin zur …

## 7. Schritt: Berühmte letzte Worte

… virtuellen Mailbox eines Handys. Durch sie übermittelten Menschen nach der Jahrtausendwende unerreichbaren Telefonpartnern Glückwünsche, Kurzbotschaften – oder auch mal Drohungen. Zum Beispiel jene, die der damalige Bundespräsident Christian Wulff am 12. Dezember 2011 auf der Mailbox des damaligen *Bild*-Chefredakteurs Kai Diekmann hinterlassen haben soll.

Hintergrund des Anrufs war die Verwicklung Wulffs in ein undurchsichtiges Kreditgeschäft im Zusammenhang mit dem Kauf seines neuen Eigenheims. Verschiedene Medien waren dieser Kreditaffäre 2011 auf der Spur, unter anderem hatte der *SPIEGEL* Einsicht in das Grundbuch erstritten. Für den 13. Dezember plante nun die *Bild*-Zeitung einen Artikel, der die Geschäftsbeziehungen Wulffs zu dem in der Schweiz lebenden Unternehmer Egon Geerkens offenlegen sollte: Wulff hatte von Geerkens für den Kauf seines Hauses einen stattlichen Privatkredit unter auffällig günstigen Bedingungen erhalten – 500 000 Euro zu einem Zinssatz von nur vier Prozent, ohne Zweckbindung, aber mit der Möglichkeit, den Kredit jederzeit vorzeitig zu tilgen, sollte anderswo ein günstigeres Angebot auftauchen. Der Verdacht stand im Raum, Wulff habe als Gegenleistung bei Auslandsreisen Geerkens als offiziellen Vertreter der Wirtschaft Niedersachsens mitgenommen. Besonders pikant: Im Februar 2010 hatte Wulff auf eine Anfrage im niedersächsischen Landtag hin Geschäftsbeziehungen mit Egon Geerkens abgestritten.

Um das Erscheinen des *Bild*-Artikels über diese Verwicklungen zu verhindern, hinterließ nun Wulff am 12. Dezember 2011 eine Nachricht auf Diekmanns Mailbox. In einer späteren Abschrift zitierte *Bild* Wulff aus dieser hinterlassenen Botschaft mit der Forderung, den geplanten kritischen Artikel über ihn nicht zu veröffentlichen und diesen erst nach Wulffs Rückkehr von einer Auslandsreise mit ihm zu besprechen. Von einem »Krieg« zwischen ihm und *Bild* hat

Wulff laut der Abschrift gesprochen. Er sei nun gezwungen zu »einer Handlung, die ich bisher niemals in meinem Leben präsentiert habe« und drohte mit dem »endgültigen Bruch mit dem Springer-Verlag«, wenn der Artikel entgegen seiner Aufforderung wie geplant veröffentlicht werde. Die Nachricht erzielte das Gegenteil der gewünschten Wirkung: Sie war es, die einen riesigen **Presseskandal um Bundespräsident Wulff** auslöste und eine Lawine von weiterer Berichterstattungen und Untersuchungen in Gang brachte, die den Druck auf Christian Wulff immer weiter erhöhten und ihn wegen verschiedener Geschäftsbeziehungen und öffentlicher Aussagen kritisierten. Am Ende gab Wulff dem Druck statt: Am 17. Februar 2012 trat er von seinem Amt als Bundespräsident zurück.

# Wie die Nazis eine Schokobombe erfanden, die Didi Hallervorden zum Killer machte

## 1. Schritt: Kalorienbombe

»Death by Chocolate« nennt man im Englischen augenzwinkernd Desserts oder Kuchen, die aus einer so feisten Mischung von Schokosplittern, -flocken, -riegeln, -creme, -pudding, -soße oder -eis bestehen, dass mit dem baldigen Eintritt mannigfaltiger Gebrechen von Karies bis Arteriosklerose zu rechnen ist. Nun gehörten bekanntlich weder Wortspiele noch Schokoladensoufflés zu den Spezialgebieten des NS-Regimes. Also nahmen die Nazis den Ausdruck einfach wörtlich: Im Zweiten Weltkrieg ersannen sie dem britischen MI5 zufolge eine Bombe in Form einer Tafel Schokolade, unter deren zartschmelzender Außenhaut eine tödliche Füllung schlummerte. Biss das Opfer hinein oder brach ein Stück ab, zog dadurch ein Stück Leinenstoff im Inneren am stählernen Sprengmechanismus, der die Explosion auslöste. Das war jedenfalls der Plan.

In edlen schwarzen Packungen mit goldenem Markenaufdruck »Peter's Chocolate« schmuggelten Nationalsozialisten ihre Leckerei nach England. Ziel der Attentatspläne: Premierminister Winston Churchill, dem eine Vorliebe für Süßigkeiten nachgesagt wurde. Deutsche Spione sollten eine Packung der Nazi-Schokoladenbombe ins Kriegskabinett der Briten schaffen. Dort, so hofften sie, würde Churchill der süßen Versuchung erliegen und dabei ungewollt eine Geschmacksexplosion auslösen, die in einem Radius von mehreren Metern sowohl sein Leben als auch das der Politiker um ihn herum fordern würde. Doch der perfide Anschlagsplan wurde durchkreuzt von einem …

## 2. Schritt: Der Spion und sein Sportwagen

… talentierten jungen Cricketspieler namens **Victor Rothschild.** Dabei hatte der Spross der berühmten jüdischen Bankiersfamilie Rothschild an Bomben und deren Entschärfung ursprünglich ähnlich wenig Interesse gezeigt wie am Bankenwesen. Der promovierte Zoologe pflegte stattdessen einen ausgeprägten Playboy-Lebensstil: Wenn er nicht für Northamptonshire oder die Universität Cambridge First-Class-Cricket spielte, fuhr er Wasserski in Monaco, spielte Jazzpiano oder machte Spritztouren in seinem Bugatti Type 57 Atlantic, dem ersten von nur vier Exemplaren weltweit. Beim besten Willen also niemand, der durch besonders unauffälliges Auftreten glänzte. Dennoch zeigte der britische Inlandsgeheimdienst MI5 im Jahr 1939 Interesse an Rothschild. Dort wurde das Cricket-Talent nach kurzer Zeit Leiter der Sektion B1c. Die winzige Sondereinheit für Sprengstoffe und Sabotage arbeitete in einem Bunker tief im Erdreich Londons. Sie bestand neben Rothschild nur noch aus seiner Sekretärin (und späteren Gattin) Teresa Mayor sowie dem Ex-Polizisten Donald Fish. Dennoch gelang es ihnen im Frühling 1943, die Bombenpläne der Nazis abzufangen.

Nun galt es, das Schoko-Attentat der Nazis zu vereiteln, indem man Geheimdienstmitarbeiter und Sicherheitspersonal darin unterwies, die explosiven Leckereien zu erkennen und zu entschärfen. Dazu waren allerdings Illustrationen nötig, die ihren Aufbau erklärten – aber keiner der drei konnte zeichnen, und der Etat der Miniabteilung reichte kaum, um auch noch einen Illustrator einzustellen. Zum Glück kannte Donald Fish jemanden, der ihnen helfen konnte, nämlich …

### 3. Schritt: Ein Fish namens Laurence

… seinen Sohn Laurence Fish: zwar reiner Autodidakt, aber ein talentierter Zeichner. Am 4. Mai 1943 schrieb Rothschild den jungen Mann an, ob er für ihn »eine Zeichnung von einer explosiven Tafel Schokolade« anfertigen könne. Fish konnte. Er beeindruckte die Geheimdienstmitarbeiter derart, dass er in den folgenden Jahren viele weitere Illustrationsaufträge vom MI5 erhielt. Nicht immer war das ungefährlich: So nahm er einmal eine der Bomben zu Anschauungszwecken mit nach Hause und bewahrte sie unter seinem Bett auf – bis ihm aufging, dass sie noch immer scharf war.

Nach diesen Geheimdienst-Illustrationsjobs während des Zweiten Weltkriegs startete Laurence Fish auch in der freien Wirtschaft als Grafiker durch: Er schuf unter anderem Werbemotive für Shell, BP, den Autohersteller MG oder British Railways. Einen deutlich politischeren Auftrag erhielt er dann, als er die Verantwortung für eine Werbekampagne der **Indian Air Force** (IAF) übernahm. Die Aufgabe, neue Rekruten für die indischen Luftstreitkräfte zu finden, war auch für Fishs Heimatland Großbritannien als damalige Kolonialmacht in Indien von großer Bedeutung. Von Anfang an war die IAF eng mit den Briten verbunden gewesen: 1932 im damaligen Britisch-Indien als Hilfseinheit der Royal Air Force (RAF) gegründet, wurde sie vor allem im Pazifikkrieg und während der Kämpfe in Burma eingesetzt. Und auch nach der Erklärung der Unabhängigkeit Indiens 1947 standen in den IAF-Hangars jahrelang vor allem britische Flugzeuge. Mit britischen Maschinen vom Typ English Electric Canberra B(I)58 etwa flog die IAF einen wichtigen Einsatz …

## 4. Schritt: Für Bodenschätze zerhackt

… ab 1960 während der Kongo-Krise. Im Rahmen der United Nations Operation in the Congo (ONUC) wurde das 5. Geschwader der IAF dort als Unterstützung für den ersten demokratisch gewählten Premierminister des Kongo eingesetzt: **Patrice Lumumba.** Kurz zuvor hatte die frühere Kolonie Belgisch-Kongo die Unabhängigkeit erlangt, das Land war zerrüttet durch innere Spannungen. Die Uno-Truppen der ONUC sollten nun helfen, die Lage zu stabilisieren. Mit Erfolg: Lumumba blieb an der Macht.

Doch unter seiner Herrschaft folgten in den kommenden Jahren weitere Verstrickungen: Die Provinz Katanga spaltete sich ab, und Lumumbas Ankündigung, das rohstoffreiche Land aus der wirtschaftlichen Abhängigkeit herauszuführen, erregte den Unmut westlicher Industrieländer. Nachdem ihm daher die USA Unterstützung im Kampf gegen die Katanga-Separatisten verweigert hatten und Lumumba sich – auf der Höhe des Kalten Krieges – an die UdSSR wandte, fiel sein Todesurteil: US-Präsident Eisenhower befahl der CIA, ihn aus dem Weg zu räumen. Doch Pläne, Lumumba mit vergifteter Zahnpasta zu liquidieren, scheiterten.

Stattdessen unterstützten die CIA und der belgische Geheimdienst einen Putsch gegen Lumumba durch Präsident Joseph Kasavubu und Armeestabschef Joseph Mobutu. Lumumba wurde festgenommen. Am 17. Januar 1961 lieferte man ihn an die Separatisten in Katanga aus. Schon während des Fluges folterte man ihn schwer, abends wurde Lumumba ohne jedes Gerichtsverfahren erschossen. Ein belgisches Kommando zerstückelte danach seinen Körper und löste die Überreste in Säure auf, um alle Spuren zu beseitigen. Zwar war damit das Ziel erreicht, eine pro-westliche Regierung im Kongo zu installieren, doch wurde Lumumba durch seinen Tod auch zum Märtyrer für viele Kongolesen. Zu ihnen gehörte …

## 5. Schritt: Magie versus Maschinengewehre

… auch die Gruppe der Simba (deutsch: Löwen). Die Rebellen zogen 1964 aus dem östlichen Hinterland des Kongo in den Kampf gegen Moïse Tschombé, der nun statt Lumumba als Premierminister regierte. Archaisch bewaffnet mit Messern und Speeren und vermeintlich magischen Amuletten ihrer Medizinmänner, die Kugeln der Regierungstruppen in Wasser verwandeln sollten, eroberten sie große Teile des östlichen Kongo, darunter die Städte Uvira, Albertville und Stanleyville. Die Simba folterten schwarze wie weiße Bewohner dieser Regionen und ermordeten Hunderte westliche Geschäftsleute und Intellektuelle.

Tschombé verlor derweil sein Vertrauen in die kongolesische Nationalarmee, da sie – wohl auch aus Furcht vor dem angeblich magischen Schutz der Rebellen – nur geringen Widerstand geleistet hatte. Also heuerte er westliche Söldner an, um die blutige **Simba-Rebellion** niederzuschlagen. Unter diesen gekauften Kämpfern, die Tschombé von 1964 bis 1965 im Kongo einsetzte, war auch der berüchtigte …

## 6. Schritt: Mit Pickelhaube und Totenschädel

… deutsche Mietsoldat Siegfried Müller, besser bekannt als **»Kongo-Müller«**. Er hatte nach seiner Zeit in der Hitler-Jugend als Wehrmachtssoldat in Frankreich, Polen und der Sowjetunion gekämpft. Als die Bundeswehr ihn nach dem Krieg nicht aufnehmen wollte, war er schließlich Söldner geworden.

Ab August 1964 zog nun Müller unter dem Kommando des Iren Michael »Mad Mike« Hoare als einer von rund 700 Söldnern in den Kampf gegen die Simba-Rebellen. Hoare beschrieb den Deutschen, der selbst im Dschungel stets sein Eisernes Kreuz trug, als so »preußisch wie eine Pickelhaube«. Aber er schätzte seine Entschlossenheit im Kampf. Tatsächlich schien sich Müller für nichts so zu begeistern wie für den Krieg: »Ich kann mich erinnern, dass vor unseren Stellungen Hunderte von rebellischen Kongolesen abgeschossen wurden«, protzte er 1965 in einem Interview. Seinen Einsatz im Kongo verstand der Söldner, der seinen Hund »Lumumba« nannte, als Verteidigung der »westlichen Ideologie« – und montierte an den Kühlergrill seines Jeeps Schädel und überkreuzte Knochen eines getöteten

Rebellen. Kongo-Müller wurde im Nachkriegsdeutschland noch lange zum Ziel von Kritik und Spott, mal ernster, mal humoristisch wie …

## 7. Schritt: Erbschleicher mit Handgranaten

… im Jahr 1985 durch den Komiker **Dieter Hallervorden** in der Komödie *Didi und die Rache der Enterbten.* In diesem Klamaukfilm stellt eine zu allem bereite Horde von Enterbten – alle gespielt von Hallervorden – dem an ihrer Stelle von Bankier Gustav Böllemann (Hallervorden) beerbten Dieter Dödel (ebenfalls Hallervorden) nach. Ihr Ziel: ihn um Leben und Geld zu bringen.

Unter den geprellten Erben sind so schrille Charaktere wie der Mafioso Emilio Böllemann, der Erfinder Albert Böllemann – oder eben Otto Böllemann, genannt »**Kongo-Otto**«. Nicht nur dessen Name war merklich von »Kongo-Müller« entlehnt: Auch Otto Böllemann wird im Film geschildert als ein für seine Brutalität berüchtigter Söldner. Und auch er pflegt den Kühlergrill seines Geländewagens mit dem Schädel eines Feindes zu dekorieren. Allerdings blieb Kongo-Otto im Film kämpferisch weniger erfolgreich als sein reales Vorbild: Er sprengt sich mit seiner eigenen Handgranate in die Luft.

## Verschnaufpause: Sieben Schritte, sieben Plagen

Nur einen Moment noch, geht gleich los. Wirklich. Nur kurz den Schreibtisch freiräumen. Sofort.

Also, was ich sagen wollte: Immer wieder, seit 2011 die Rubrik »In sieben Schritten« bei SPIEGEL ONLINE startete, haben Leser gefragt: Was ist eigentlich die strukturierende Methode beim Recherchieren und Schrei …

Sekunde: Habe ich echt gerade die Socken vom Sofa zum Wäschekorb getragen? Es ist schlimmer, als ich dachte.

Was wollte ich noch sagen? Ach richtig: Ordnung. Ordnung ist natürlich das A und O bei einem so ausufernden Projekt wie der Rubrik »In sieben Schritten«, deren Grundprinzip es ist, bei historischen Herleitungen hoffnungslos vom Weg abzukommen. Das Hauptproblem: Das mit dem Vom-Weg-Abkommen klappt einfach zu gut bei mir.

Dieses Handicap offenbarte sich schon früh. Nämlich in der vierten Klasse. Die Sache mit den Ziegelsteinen. Meine Grundschule nahm an einem Wettbewerb teil, bei dem wir die örtliche Sparkasse – großzügiger Sponsor der Aktion – malen sollten. Vom Ehrgeiz gepackt, spitzte ich den dünnsten Haarpinsel, den mein Tuschkasten hergab, und hielt jedes noch so kleine Detail des Bankgebäudes fest, an das ich mich erinnern konnte. Inklusive einzelner Mauersteine, Rotklinker für Rotklinker. Mein Kunstlehrer, ein älterer strenger Herr mit eckiger Hornbrille, blieb lange hinter mir stehen und schaute mir über die Schulter. »Wenn du später mal ein Künstler wirst«, sagte er schließlich, »muss deine Familie verhungern.«

Welches pädagogische Konzept sich dahinter verbarg, hat sich mir nie so ganz erschlossen. Wohl aber die tiefere Wahrheit, die er mir zu enthüllen versuchte: Offenbar interessierte ich mich viel zu sehr für nebensächliche Details. Etwa, wie er seine Haare in Strähnen über den Kopf gekämmt trug, während seine Glatze darunter durchschimmerte. Oder wie lustig seine Augen hinter den dicken Brillengläsern aussahen. Zum Glück wurde ich nicht Künstler, sondern Journalist. Das Leben war schön und weitgehend frei von Hungersnöten, und es hätte ewig so bleiben können – wäre ich nicht eines Tages auf die fragwürdige Idee gekommen, meine chronische Zerstreutheit und die (von mir, nicht meinen Vorgesetzten) tief empfundene Liebe zum Abkommen vom Rechercheweg zum Prinzip einer neuen Textreihe zu erheben. Die Idee: eine geschichtliche Kausalkette, so hakenschlagend, als hätte jemand beim Verfassen eines Geschichtsbuchs die Liste mit der Kapitelreihenfolge verlegt – das liest sich doch bestimmt lustig. Schrieb sich leider aber nicht so.

Oft habe ich seither diese Schnapsidee verflucht, wenn ich mal wieder einsehen musste, dass auch die zwanzigste angedachte historische Entwicklungslinie ins Leere lief.

Und warum überhaupt sieben Schritte? Hätten es nicht auch fünf getan? Oder drei? Zwei ist ja überhaupt auch eine schöne Zahl. Es nützte alles nichts: Für jede »Sieben Schritte«-Folge, die fertig wurde, hatten zig Anläufe zu nichts geführt. Außer zu Nischenwissen über absurde historische Zusammenhänge, das sich vielleicht beim Small Talk auf einer Party gut machen würde. »Ordnung ist das halbe Leben«, hat mein Kunstlehrer immer gesagt. Na ja, nicht wirklich gesagt. Aber gedacht. Das konnte ich ihm deutlich ansehen – daran, wie sauber sein Schlips mittig in den V-Ausschnitt seines bahamabeigefarbenen Feinstrickpullunders gesteckt war, zum Beispiel. Dieser Lebensweisheit folgend beschloss ich, eine stringente Vorgehensweise zu entwickeln, der ich bis heute folge, wenn ich »Sieben Schritte« recherchiere und schreibe. Eine klar strukturierte Methode, die dem Chaos der Textform einen sicheren Rahmen gibt, um sich zu entfalten, und an der ich mich wie an einem Führungsseil durch das semantische Tohuwabohu navigieren kann, sicher vor bodenlosen Exkursen und hemmender Prokrastination durch Ablenkungen links und rechts des Wegesrands. Nennen wir diese Ordnung der Einfachheit halber …

# Die sieben Höllenkreise der sieben Schritte

Gut, das sieht jetzt schon etwas dramatisch aus. Aber es stimmt: Von allen Texten, die ich im Laufe meiner Arbeit als Journalist geschrieben habe, haben die aus dieser Rubrik die ungünstigste Kosten-Nutzen-Ratio. Die Recherche mit all ihren Sackgassen verschlingt endlos Zeit, dafür kommt auf der anderen Seite eine ziemlich bescheidene Zeichenzahl heraus. Und da es praktisch unvermeidbar ist, dass sich die Irrwege vermeintlicher historischer Querverbindungen, die nirgendwo hinführen, im Laufe dieser Arbeit vervielfachen, kommt es gerade bei der Vorbereitung auf Klarheit und Gründlichkeit an. Das gilt nicht nur für die inhaltliche Ausrichtung des Textes: Von herausragender Wichtigkeit ist es auch, die Arbeitsumgebung so zu präparieren, dass im späteren Projektverlauf alles Erforderliche griffbereit ist und die unabwendbar auftretenden Ablenkungen auf ein vertretbares Minimum reduziert werden können. Aus diesem Grund beginne ich auch grundsätzlich mit dem …

## 1. Höllenkreis: Einkaufen

Nicht auszudenken, wenn sich mitten in der Arbeit herausstellen sollte, dass nichts Essbares mehr im Haus ist. Da heißt es vorsorgen, sonst bestelle ich nachher wieder nur Pizza, und alles läuft aus dem Ruder. Zum Glück wohne ich genau zwischen drei Supermärkten: einem Discounter, einem mittelteuren, der bis spätabends geöffnet hat, und einem, der eigentlich nur teuer ist, ohne weitere Vorzüge. Welcher also? Und was brauche ich überhaupt? Einkaufszettel hängt am Kühlschrank, aber komm, jetzt habe ich die Schuhe schon an. Am besten, ich gehe einfach zum teuersten.

Es gibt, soweit ich das beurteilen kann, auf der Welt im Wesentlichen zwei Einkäufertypen. Den einen repräsentiert meine Freundin, den anderen ich. Für Typ A ist Einkaufen ein notwendiges Übel, das per präzise nach Produktgruppen geordnetem Einkaufszettel und kürzestmöglicher Navigationsroute durch die Supermarktabteilungen möglichst schnell und schmerzlos hinter sich zu bringen ist. Für Typ B ist es das genaue Gegenteil: Ich bin der Konsumententyp, von dem Werber nachts träumen, bis sie von ihrem eigenen Lachen geweckt werden. Einkaufen ist für mich Tiefenentspannung, Flanieren und Inspiration, eigentlich fast Meditation – nur dass man am Ende auch noch satt wird. Beim besinnlichen Spaziergang durch die Regalreihen folge ich nicht sklavisch dem, was irgendwer aus irgendwelchen Gründen auf den Einkaufszettel geschrieben hat, sondern lasse mich spontan von den Vorzügen der feilgebotenen Speisen überzeugen: Krebsfleisch, das kein Krebsfleisch ist, sondern aus Fischteilen zusammengeklebt? Warum nicht!? Brotaufstrich mit karamellisiertem Spekulatiusaroma, Variante »crunchy«? Ja bitte! Eis, in dem Keksteig ist, in dem Marshmallowstücke sind, in denen sich Schokopralinen verbergen, die mit Erdnussbutter gefüllt sind, die wegen des nahenden Halloween mit Kürbisaroma angereichert sind? Besser gleich auf Vorrat kaufen.

Erschöpft, aber zufrieden packe ich zu Hause aus. Klar, das hat jetzt etwas Zeit gekostet, fünf verschiedene Kekssorten wären vielleicht auch nicht absolut nötig gewesen und ja, die Kühlschranktür ging vorher leichter zu, aber: Jetzt ist wirklich alles so gründlich vorbereitet, dass ich für Tage von der Außenwelt unabhängig bin und vor allen weiteren Ablenkungen gefeit. Die Arbeit kann endlich beginnen, und ich setze mich ohne weitere Umschweife direkt an den …

## 2. Höllenkreis: E-Mails

Ich lehne E-Mail-Programme auf Privatrechnern prinzipiell ab. Genauso Mail-Apps auf dem Handy. Für mich ist das blanker Terror: Ständig überall für alle erreichbar sein, geht's noch? Wenn ich nach den Mails schaue, sehe ich ja, ob was war. Bis dahin können die Leute sich ruhig gedulden. Hat man erst mal so ein Mailprogramm auf dem Rechner oder eine App auf dem Handy installiert, nerven nur ständig die Benachrichtigungen: »Neue Mail«. Schon ist die Konzentration futsch, nee danke. Darum sollte ich auch, bevor ich jetzt die Grundidee für die nächste »Sieben Schritte«-Folge festlege, noch mal die Mails im Browser checken. Ist ja wirklich lange her, seit ich geschaut habe. Seit vor dem Einkauf mindestens. Zum Glück habe ich meine Mails übersichtlich gemanagt: ein einziges E-Mail-Account, kein kompliziertes Ordnersystem, nur eine Inbox und einen Spam-Ordner, sonst nichts. Also, außer dem Account, mit dem ich mich bei Sites anmelde, die mich möglicherweise mit Werbung zuspammen. Na ja, und dann wäre da noch das dritte Account, aber das benutze ich echt kaum, eigentlich nur ein Überbleibsel, das ich nie dichtgemacht habe. Kommt sowieso nie Relevantes dort an. Fast. Das war's dann aber auch schon. Abgesehen von der Arbeitsmailadresse natürlich. Wirklich wichtige Mails, die ich auf den anderen Accounts bekomme, leite ich mir ohnehin immer an das erste Account weiter. Meistens. Manchmal auch ans zweite. Na gut, dafür muss ich sie natürlich erst auf den anderen Accounts gesehen haben. Aber das geht immer fix.

Also mal schauen. Natürlich nichts in der Inbox. Spam-Ordner? Manchmal landet da ja aus Versehen auch etwas Wichtiges – na, was hab ich gesagt: Luis Mayer schreibt: »TRETE DEM BITCOIN BEI«. Wer war er noch? Komisch, Nora Huber und Dominic Koenig, wer auch immer sie sind, haben die Tage auch geschrieben. Sie finden genau wie Luis: »TRETE DEM BITCOIN BEI«. Muss wohl was dran sein. »Surprise Reward« lässt mich wissen: »Gewicht verlieren schnell, keine Diat oder Ubung«, aber was weiß Surprise Reward schon darüber, wie viel Eis mit marshmallowumhüllten Peanutbuttercups in der Halloween-Pumpkin-Edition in meine Truhe passt. Alles in allem ist es doch erstaunlich, wer alles an mich gedacht hat. Eine halbe Stunde dauert es, das nacheinander auf allen Accounts zu sichten. Gut investierte Zeit, sage ich mir. Denn das ist nun aus dem Weg geräumt. Was wollte ich noch?

Ah ja: die Grundidee festlegen. Wie mache ich das? Zum einen sammle ich kontinuierlich »Sieben Schritte«-Ideen, wenn sie sich bei anderen Recherchen am Wegesrand ergeben. Und zwar seit Jahren, eine entsprechend umfangreiche Sammlung an Sonderbarkeiten hat sich inzwischen gebildet.

Dann bestelle ich, wann immer ich darüber stolpere, Bücher über Trivia und historische Abseitigkeiten. Nicht immer taugt das was, aber manchmal findet sich ein ausbaufähiger Themenkern für eine »Sieben Schritte«-Folge. Und ich durchforste ständig Messageboards, soziale Medien und Blogs nach unerwarteten Kausalverbindungen geschichtlicher Ereignisse, von denen aus sich möglicherweise eine Textfolge entwickeln lassen könnte. Zum Glück findet man ja im Internet problemlos den ...

## 3. Höllenkreis: Fun Facts

Erstaunlich, aber wahr: Der größte Biberdamm der Welt, gelegen im kanadischen Wood Buffalo National Park, ist fast einen Kilometer lang – so groß, dass man ihn vom Weltraum aus sehen kann. Mehrere Generationen von Bibern haben über Jahrzehnte daran gebaut und bauen ihn immer noch weiter aus. Ist doch toll. Früher, im Informationspleistozän, wäre man an solche Infos gar nicht rangekommen, jedenfalls nicht so leicht wie heute.

Gerade für ein Projekt wie »Sieben Schritte« ist das ein Riesenvorteil. Das Web ist so voller Trivia und schräger Informationen, dass die eigentliche Herausforderung wird, sie in Verbindung zu bringen. Ich habe dabei im Laufe der Jahre verschiedene Ansätze durchprobiert: Zu Beginn habe ich bei aktuellen Themen angesetzt und versucht, mich von dort aus weiter in die Vergangenheit vorzuarbeiten. Wladimir Putin ist aktuell in den Schlagzeilen? Okay, was ist an skurrilen Infos über ihn zu finden, die belegen könnten, wie er die Macht gewann, die er heute hat? Natürlich, das zeigt sich schnell, haben etliche Faktoren bei seiner Karriere eine Rolle gespielt. Entscheidend ist bei der Auswahl der Skurrilitätsfaktor. Was ist das Sonderbarste an den Infos zu Putin? Vielleicht seine Judokünste, die er gern öffentlichkeitswirksam unter Beweis stellt? Seine KGB-Vergangenheit? Seine bizarren Naturburschen-PR-Auftritte als Ostblockcowboy mit nacktem Oberkörper auf einem Pferd – oder im Leichtflugzeug mit einem Schwarm Kraniche fliegend? Soll einen wundern, dass er noch nie für die Fotografen mit Bibern an einem Baum genagt hat. *Das* hätte mich wirklich beeindruckt.

Fun Fact: Die Schneidezähne des Bibers wachsen lebenslang nach, schärfen sich selbst und sind orangefarben, weil im Zahnschmelz Eisen eingelagert ist. Einen 30 Zentimeter dicken Baumstamm knuspert so ein putziger kleiner Eisenzahn-Terminator entspannt in einer Nachtschicht weg. Dagegen hätte das russische Staatsoberhaupt vermutlich alt ausgesehen, vielleicht auch darum keine Biberfotos mit Putin. Schade trotzdem. Also brauche ich einen anderen Aufhänger für die »Sieben Schritte«. Es ist schließlich ein absurdes YouTube-Video, an dem ich hängen bleibe, in dem Putin auf andere Weise den sympathischen Alleinherrscher von nebenan gibt: Auf einer Spendengala in Sankt Petersburg im Dezember 2010 stimmt er vor Bildern sich an den Händen haltender Kinder eine Coverversion des Fats-Domino-Hits »Blueberry Hill« an. Ich kann mich gar nicht entscheiden, worüber ich mich mehr wundere: das überraschend dünne Stimmchen des sich sonst als Macho inszenierenden Staatsoberhauptes – oder die vor Glück strahlenden Gesichter der im Takt mitklatschenden Filmprominenz von Gérard Depardieu und Sharon Stone über Kevin Costner bis Alain Delon.

Der Auftritt ist wirklich skurril und ein gutes Beispiel für die PR-Wendigkeit, mit der Putin es bisher schafft, die brutale Gewalt zu übertünchen, mit der er Kritiker mundtot macht. Die gleiche Wendigkeit, mit der er es gleichzeitig schaffte, enormen Rückhalt in der russischen Bevölkerung zu erreichen. Das absurde Detail, an dem ich in diesem Fall also den Zielpunkt ansetze, ist Putins Blaubeerhügel-Karaoke.

Fun Fact zu Blaubeeren: Bei dem Schachweltmeisterschafts-Spiel vom 18. Juli bis 17. Oktober 1978 zwischen Anatoli Karpow und Viktor Kortschnoi erhob Letzterer den Vorwurf, sein Gegner würde das Spiel manipulieren mithilfe von Blaubeerjoghurt. Kortschnoi hatte den Verdacht, durch die Wahl des Zeitpunktes und der Speisen, die seinem Gegner von dessen Team angereicht wurden, würden ihm vorher verabredete Anweisungen gegeben. Daraufhin wurde vorgeschrieben, dass sowohl die Essenszeiten als auch die Farbe des während des Spiels angereichten Joghurts vorher anzukündigen seien. Zur Befriedung der Partie trug der minutiöse Joghurtzeitplan allerdings auch nicht bei: Im Laufe der bizarren Spielreihe platzierte Karpow einen Parapsychologen in der ersten Sitzreihe, um seinen abergläubischen Gegner zu verunsichern. Der heuerte daraufhin indische Gurus an, um die vermeintlich vom Parapsychologen ausgehende negative Energie zu neutralisieren und erschien zu den Spielen mit Spiegelsonnenbrille, um sich vor dessen manipulativen Blicken zu schützen. Schließlich untersuchte Karpows Team den Saal sogar mit einem Geigerzähler. Der

Verdacht, Kortschnois Brille habe radioaktive Strahlung ausgesendet, ließ sich allerdings nicht erhärten. Wo war ich? Hm. Schach, Joghurt, Geigerzähler … Was wollte ich noch? Egal, schau ich lieber erst mal rein beim …

## 4. Höllenkreis: Tiervideos

Kleiner Selbstversuch: Geben Sie auf YouTube mal »foxes« und »trampoline« ein. Ernsthaft. Gut, jetzt »snoring dormouse«. Wirkt's schon? Und jetzt »heavy metal mosquito«. Spüren Sie, wie diese tiefe Entspannung sich in Ihnen ausbreitet? Entspannung, hab ich mal gelesen, ist essenziell, um unser volles geistiges Potenzial ausreizen zu können. Darum jetzt nicht lockerlassen – gleich noch »Opossums enjoying their banana«, »How to turn down the volume on your husky« und »Baby skunk friend« hinterher. Spätestens jetzt sollten Sie sich ruhig, geerdet und generell im Einklang mit sich und dem Universum fühlen. Genau die Art von Fokus, die ich brauche, um die Verbindung meiner »Sieben Schritte«-Grundidee zum nächsten Schritt hinzubekommen.

Diese Scharnierstellen, die Übergänge von Themenpunkt zu Themenpunkt, sind mindestens genauso wichtig wie die eigentliche inhaltliche Recherche zu den einzelnen Stationen. Ständig verbeiße ich mich bei der Arbeit an einem Schritt und komme einfach nicht voran, obwohl ich immer mehr Informationen zusammentrage. Aber es will sich einfach keine originelle Kausalverbindung finden lassen. Meistens hilft es dann, einen Schritt von der Recherche zurückzutreten und über mögliche Arten von Verbindungen nachzudenken, die zu dem letzten Punkt führen könnten. Wenn ich etwa daran verzweifle, etwas Überraschendes zur Entstehung von »Blueberry Hill« zu finden (Wer hat ihn geschrieben? Welche Plattenfirma hat ihn herausgebracht? Welcher Interpret hat den Song berühmt gemacht?), kann es helfen, über ganz andere Arten von Kausalverbindungen nachzudenken. Zum Beispiel: Wer hat die Medien erfunden, durch die der Song seine Verbreitung fand – die Schallplatte, den Plattenspieler, das Radio? Wer hat das Mikrofon erfunden, mit dessen Hilfe das Lied aufgezeichnet werden konnte? Ist der Schreiber des Songs eventuell in die USA ausgewandert, bevor er dort als Songwriter Karriere machte und gab es gegebenenfalls politische Hintergründe seiner Auswanderung? Ist dokumentiert, in welcher Situation ihm die Idee zu dem Song kam und spielten hierbei bestimmte Gegenstände eine Rolle, die ihrerseits auf Erfinder zurückzuführen sind? Mithilfe solcher Überlegungen lässt sich eine Sackgasse oft überwinden. Na ja, und falls das nicht hilft: einfach noch mehr Tiervideos. Zum Beispiel »Seagull Steals Crisps from Greggs«, »Feldhamster-Backentaschenlogistik« oder auch »Danish Championships 2010 in Rabbit Hopping«. Nur in seltenen Ausnahmefällen bringt selbst das nichts mehr. Und in diesen Härtefällen orientiere ich mich strikt an dem …

## 5. Höllenkreis: Pizza

Dass mir partout keine Verbindung einfallen will, kann eigentlich ja nur an Unterzuckerung liegen. Aber Jessas, wieder nur Trash vorrätig hier: Wer hat denn bitte fünf (!)

verschiedene Sorten Kekse gekauft? Surimi!!!?? Und Speku-latiusaufstrich!? Für die Surimi oder was? Dann noch zwei Kekse drüber und drunter und fertig ist der Burger, om-nomnom. Na schön, bleibt mir wohl nichts anderes übrig, als Pizza zu bestellen, ist ja schon spät genug geworden, und ich muss echt mal Land gewinnen mit den »Sieben Schrit-ten«. Stellt sich nur die Frage: Quattro Stagioni oder Pro-sciutto e Funghi? Möglichkeiten, Möglichkeiten.

Ja, ja, ich weiß: Auf eine echte Pizza Napoletana gehört nach traditionellem Rezept nichts als Tomaten, Büffelmoz-zarella, Basilikum und gaaanz viel amore blablabla. Ich war immer schon eher der Typ Pizza Flugente mit Rotkohl, Klö-ßen und Bratensoße im Rand. Nichts gegen Pizza Napole-tana – aber das ist ja wohl eher eine Vorspeise. Apropos: Wenn ich vielleicht eine kleine Napoletana vorweg … und dann als Hauptgang noch eine kleine Calzone Suçuk Grün-kohl mit extra Hollandaise hinterher? Oder doch lieber gleich eine große Hawaii ohne Ananas, dafür mit Manda-rine und Tandoori-Hühnchenbrustfilet statt Kochschinken und mit doppelt Gorgonzola?

Meine Theorie ist, dass ich einfach in der Kindheit eine seltene Mangelerscheinung aufgebaut habe, die ich zeit mei-nes Erwachsenenlebens gar nicht mehr adäquat kompen-sieren kann: Ich bin in der nordfriesischen Provinz aufge-wachsen, kleiner Fischerort, 100 Meter von der Hafenkante, echt idyllisch. Aber ohne Pizzaservice. Seit ich in der Nähe größerer Ballungszentren lebe, habe ich erhebliche Zeit, Geld und (vor allem) Kalorien in aufwendige Pizza-Studi-enreihen investiert, während derer ich zugegebenermaßen jede denkbare Perversion auf Hefeteig gegessen habe. Außer

Pizza Hotdog. Wer bitte denkt sich so etwas aus? Das ist einfach unanständig, als würde man Eis mit marshmallowumhüllten Peanutbutterc… ups, will sagen: als würde man türkische Knoblauchwurst mit Grünkohl und Holland … äh, ich meine: sehr, sehr unanständig halt.

Interessanterweise entspricht die Kreisform einer Pizza mit ihren radial vom Mittelpunkt nach außen verlaufenden Unterteilungen auch der Art, auf die ich mittlerweile meine Notizen zu den »Sieben Schritten« gliedere. Aufzeichnungen zu einer auf mehreren parallelen Wegen verlaufenden Recherche anzulegen, hat sich als gar nicht so einfach entpuppt. Anfangs habe ich es mit verschiedenen Unternummerierungen wie »2a«, »2b«, »2c« für die verschiedenen alternativen Schritte versucht. Besonders lesefreundlich war das nicht. Etwas hilfreicher für das schnelle Durchscrollen war eine Farbcodierung der verschiedenen angedachten Kausalketten. Mittlerweile arbeite ich zumindest für die Strukturierung mit handschriftlichen Schaubildern, die kreisförmig auseinanderlaufen. In der Mitte befindet sich der jeweils letzte bereits gesicherte Themenpunkt, in alle Richtungen von dort aus verzweigen sich mögliche Faktoren, die diesen Mittelpunkt bedingt haben könnten. Genau wie eine Pizza. Also, fast. Wie eine sich zum Rand hin verzweigende Pizza aus Kausalfaktoren statt aus Tomaten, Gouda und doppelt Fischstäbchen. Aber was wollte ich noch gleich? Ach verdammt, die »Sieben Schritte«. Ja, ist jetzt auch echt gut mit dem Rumgelusche hier. YouTube, Pizza, genug prokrastiniert, darum jetzt endgültig ohne weitere Umschweife direkt an den …

# 6. Höllenkreis: Computerspiele

Zu Beginn der Arbeit an diesem Kapitel habe ich beschlossen, eine Liste der sonderbarsten Dinge anzulegen, nach denen ich während der Arbeit gegoogelt habe. Sozusagen eine Wall of Shame meiner Prokrastination. Darauf finden sich mittlerweile Einträge wie »Allergikerhunde« (gibt's leider gar nicht), »Maske aus Noppenfolie« (hatte Verpackungsmaterial über, schien zu dem Zeitpunkt eine gute Idee), »Murmeltiere mampfen Möhren« (wusste doch, dass ich beim 4. Höllenkreis was vergessen hatte) und »DJ BoBo There Is a Party« (kein Kommentar). Der aber wohl erklärungsbedürftigste Eintrag lautet »Nutrio Incubator Upgrade Segment«. Klingt nach Hühnerzucht, aber das ist falsch. Und irgendwie auch richtig. Die Kurzerklärung: Das Nutrio Upgrade Incubator Segment brauche ich dringend, damit der Kubrow auf meinem Orbiter nicht mehr so lange braucht, um aus der Stasis zu erwachen. Ja gut, und um die verdammte DNA-Degradation zu verlangsamen.

Die lange Erklärung lautet: »Warframe«. Ein Computerspiel, das ich entgegen dem Vorsatz, keine Games mit »War«, »Honor« oder »Duty« mehr anzufassen, doch installiert habe. Ein sogenanntes »Free-to-play«-Spiel, was ein schamlos irreführender Titel ist, denn der Spieler zahlt für »Warframe« vielleicht nicht mit seinem Geld, dafür mit Lebenszeit. Viel davon.

Meine Freundin fragte mich kürzlich, was mich daran so fasziniere. Die enorme Komplexität der Spielmechanismen, antwortete ich. Und an dieser Stelle hätte ich wirklich aufhören sollen. Stattdessen führte ich mit wachsendem Enthusiasmus und ihren zunehmend besorgten Gesichtsausdruck ignorierend aus: Man spielt einen Weltraum-Ninja, der in einem Sonnensystem aus drei rivalisierenden Fraktionen – Cyborgs, einer Art Weltraum-Orks und explodierenden Space-Zombies – rasend schnell durch lange Korridore hüpft und sich die Taschen mit Rohstoffen, Geld und Bauteilen vollstopft, mit denen er neue Waffen bauen kann, um noch effizienter Weltraumzombies töten zu können, wofür er neue Rohstoffe bekommt, mit deren Hilfe er neue Waff… Moment mal. Egal, total komplex auf jeden Fall. Und das Tollste ist: Es wird einem überhaupt nichts erklärt! Es gibt tausend ineinandergreifende Spielmechanismen und Phänomene, die man überhaupt nicht versteht und erst langsam entschlüsselt. Ob es denn eine Geschichte dahinter gebe, fragte sie. Ja – aber ich verstehe sie noch nicht. Gut, aber ich spiele ja auch noch nicht so lange. 200 Stunden vielleicht. 250 maximal. Ach ja, und der Kubrow, für den ich das Nutrio Incubator Upgrade Segment brauche: Das ist ein etwa brusthoher Mutantenhund mit Ziegenbart, der rudelweise in einer Biberburg lebt und aus Eiern schlüpft. Aber bis die ausgebrütet sind, das dauert … es sei denn, man hat eben das Nutrio Incubator Upgrade Segment. Ich halte mir zwei der monströsen Vierbeiner: Terrorschnuffi und Dr. Pansenberger. Was soll ich sagen: Es gibt eben keine Allergikerhunde. Als wir beide am nächsten Tag am Bahnhof einen jungen Mann sahen, der eifrig mit seiner Spiegelreflexkamera jeden vorbeifahrenden Zug aufnahm, und meine Freundin sich freute: »Boah, bin ich froh, dass ich mit keinem Trainspotter zusammen bin!«, hätte ich ihm zum Dank gern ein paar Geldscheine in die Hand gedrückt.

Spielen ist wichtig, finde ich. Grundsätzlich, nicht nur am Computer. Auch die »Sieben Schritte« sind ja im Grunde ein Spiel. Wenn auch ein verdammt problematisches. Das Hauptproblem an diesem Spiel ist dabei nicht einmal, dass sein Spaßfaktor zumindest beim Schreiben etwa so ist, als ginge man barfuß auf den Fußballplatz und würde zwei Halbzeiten mit einer stacheldrahtumwickelten Pille kicken. Das Problem ist, dass es ein ausuferndes Spiel ist, bei dem man immer irgendwo anders landet, als man eigentlich wollte. Gerade darum ist Ordnung ja auch das A und O. Und damit meine ich nicht nur die Struktur des Textes und die Methodik der Recherche, sondern auch die der Umgebung. Natürlich brennt es mir an diesem Punkt des Arbeitsprozesses wirklich unter den Nägeln, nun endlich den »Sieben Schritte«-Text runterzutippen. Vorher muss ich nur noch schnell in den …

## 7. Höllenkreis: Aufräumen

Eigentlich bin ich wirklich kein besonders ordentlicher Mensch – es sei denn, das Aufräumen ist die einzige Möglichkeit, die notwendige mentale Klarheit wiederzuerlangen, um die »Sieben Schritte« erfolgreich fertigzustellen. Was könnte mir mehr am Herzen liegen? Ähnlich wie bei meiner Textreihe verfolge ich auch beim Aufräumen eine nonlineare Methodik: Ich fange beispielsweise an, indem ich die Socken von gestern vom Sofa auflese (rein hypothetisches Beispiel, real lägen da natürlich nie Socken rum), um sie zum Wäschekorb zu bringen. Mit diesen hypothetischen Socken in der Hand mache ich mich auf die Reise zum Schlafzimmer, dem letzten bekannten Aufenthaltsort des Wäschekorbes. Doch dort stelle ich fest: Auf dessen Deckel liegt noch der Rucksack, in dem ich gestern mein Sportzeug transportiert hatte. Der muss ja nun erst mal weg. Ich nehme also den Rucksack in die eine Hand, die hypothetischen Socken in die andere, und bringe den Rucksack zum Kleiderschrank im Nebenzimmer, in dem er normalerweise liegt. Gerade will ich ihn hineinpacken, da fällt mir am Gluckern auf, dass ich die Trinkflasche vom Sport gestern im Rucksack vergessen haben muss. Also lasse ich den Schrank offen (brauch ich ja eh gleich wieder) und gehe mit Rucksack und hypothetischen Socken in die Küche, um die Trinkflasche in die Spülmaschine zu legen. Die ist aber noch voll mit sauberem Geschirr. Also räume ich erst den Geschirrspüler aus – was etwas länger dauert, da ich es mit einer Hand mache, während ich in der anderen den Rucksack mit der vergessenen Trinkflasche sowie die hypothetischen Socken halte. Wobei mir auffällt, dass die Blume auf der Küchenfensterbank dringend mal wieder gegossen werden müsste. Aber eins nach dem anderen. Gerade will ich die Trinkflasche aus dem Rucksack auspacken, da fällt mir dieses Blinklicht am Geschirrspüler auf. Keine Ahnung, was das heißen soll, aber sonst macht der das nicht. Wo ist denn jetzt die verdammte Anleitung? Ich parke Rucksack und Trinkflasche auf dem Küchenboden vor der Spülmaschine, stopfe mir die hypothetischen Socken in die Hosentasche (was immer ein bisschen aussieht, als würden Kaninchenohren aus meiner Tasche hängen) und begebe mich auf die Suche durch die Bücherregale der Wohnung. Im Arbeitszimmer vielleicht, zwischen den Musikbüchern und den

Musikequipmenthandbüchern? Oder doch im Esszimmer in dem dicken Ordner mit den Unterlagen zur Wohnung? Ich entscheide mich für das Arbeitszimmer. Das Regal mit den Musikbüchern durchzublättern, entpuppt sich allerdings als unmöglich: In das Regal habe ich nämlich noch so dicht Gitarrenzeitschriften gequetscht, das man Einzelexemplare höchstens mit der Kneifzange rausgezogen bekommt. Aber was machen die Zeitschriften überhaupt hier? Die Computerspielzeitschriften hab ich doch auch im Esszimmer einsortiert, warum nicht auch die? Gut, dann mal zu: Ich lockere einzelne Exemplare und ziehe dann die Gitarrenzeitschriften aus dem Regal hervor, um sie stapelweise ins Esszimmer zu tragen. Auf dem Weg dahin muss ich durch die Küche, wo ich bei dem Gedanken, ob der Topf der Zimmerpflanze eigentlich noch groß genug ist, fast über einen aus unerklärlichen Gründen auf dem Boden herumliegenden Rucksack stolpere, den ich mit einem Fuß in den Flur hinüberkicke – damit ich auf keinen Fall vergesse, ihn wegzuräumen, im Flur verliere ich ihn nicht aus den Augen. So, jetzt aber nicht vorschnell: Wenn ich eh dabei bin, die Zeitschriften umzulagern, kann ich sie auch endlich mal chronologisch durchsortieren. Ordnung muss ja sein. Für die Jahrgänge bilde ich Stapel auf dem Esszimmerboden, die wiederum nach Monaten sortiert sind. Platz genug ist zum Glück noch im Regal – aber mein Gott, ist das ein Staubfilm? Steht wohl echt schon zu lange leer. Da muss ich erst noch mal ran – wie praktisch, dass wir gerade letzte Woche diesen Handstaubsauger bestellt haben, der liegt noch im Nebenzimmer des Schlafzimmers. Auf halbem Weg dorthin spüre ich, wie etwas kurz unter meinem Schuh

nachgibt, dann ein leises Knacken – und die gelbe Plastik-
trinkflasche ist den Weg alles Irdischen gegangen. Was für
ein Tag. Ich sammle gelbe Plastikstücke zusammen, um sie
in die Verpackungsmülltonne zu werfen – aber den Deckel
kriegt man ja so schon kaum noch zu. Okay, also gelben
Sack raus und runter in die Müllsammelbox im Hof, neuen
Sack rein und … echt jetzt? Keine gelben Säcke mehr?

Als einige Stunden später meine Freundin heimkommt,
bietet sich ein Bild der Verwüstung in unserer Wohnung.
Das Buchregal im Esszimmer ist komplett ausgeräumt,
gelbe Müllsackfetzen haben sich auf dem Küchenboden
gesammelt, die Zimmerpflanzen sind der Größe nach
auf Zeitungspapier im Wohnzimmer aufgereiht, daneben
ein geöffneter Sack Blumenerde und ein zertrümmerter
Handstaubsauger, mehrere Wäschehaufen haben sich im
Flur gebildet, sortiert nach 60 Grad dunkel, 60 Grad hell,
30 Grad hell, 30 Grad dunkel, Putzzeug und Wollwäsche,
und im Kühlschrank liegt ein Handy. Sie schaut mich nur
an und sagt: »Dir hängen Socken aus der Hosentasche.«
Dabei ist das doch ein Kaninchen.


Der Weg ist das Ziel, soll Konfuzius mal gesagt haben. Und
der musste es wissen, schließlich war er hauptberuflich
Weltgenie. Ich finde Philosophie wichtig. Leider ist mein
eigenes Gehirn zu klein, um philosophische Texte zu lesen –
mit Grauen und Erheiterung, etwa zu gleichen Teilen, erin-
nere ich mich immer noch an ein Kunstwissenschaftssemi-
nar zu Heideggers Existenzphilosophie im ersten Semester,
das vermutlich die engste Annäherung an eine echte Dro-
generfahrung sein dürfte, die ich in meinem Leben machen

werde. Trotzdem finde ich Philosophie wichtig, auch wenn ich sie nur auf einem viel, viel banaleren Level handhaben kann als Martin »Dasein ist Seiendes, das sich in seinem Sein verstehend zu diesem Sein verhält« Heidegger. Schließlich stellt die Philosophie die wirklich wichtigen Fragen, denen wir alle uns letztendlich stellen müssen, zum Beispiel: Was kann ich wissen? Was ist der Mensch? Und was wollte ich noch gleich? Ach richtig: nur einen Moment noch.

»Liebe ist … sagen zu können, dass es einem leidtut«, schrieb die neuseeländische Cartoonistin Kim Casali 1972 unter ihr vielleicht berühmtestes Bild, das als Poster weltweit verkauft wurde. Seit den Sechzigerjahren waren ihre Comics mit einem kindgleichen Paar ein Renner, unter denen stets stand, was »Liebe ist …«. Zum Beispiel »… füreinander da zu sein«, »… zu sagen: Ja, ich will!« oder »… sich so fest zu umarmen, dass man das Herz des anderen hört«. Das war ziemlich kitschig – aber sprach Menschen überall auf der Welt an, und das gerade Ende der Sechziger, als der »Summer of Love« und die »freie Liebe« Herzen und Betten eroberten. Erfunden hatte Casali den Comic für ihren Mann Roberto Casali. Als er 1975 starb, war für sie ein letzter Akt der Liebe, ihm postum mithilfe seiner eingefrorenen Spermien noch ein Kind zu schenken.

Denn Liebe ist Fortpflanzung, sagen zumindest Evolutionsbiologen. Wobei der aufgezwungene Sex, der vielfach im Tierreich – auch unter Primaten – zu beobachten ist, sich kaum mit unserem Begriff von »Liebe« vereinbaren lässt.

Eine Spannung, mit der Psychoanalysebegründer Sigmund Freud weniger Probleme hatte: Er betrachtete Frauen als von Natur aus unterwürfig und unterstellte, sie könnten nur aus diesem »femininen Masochismus« heraus Genuss an der körperlichen Liebe mit dem von Natur aus aggressiven Mann finden.

»Liebe ist eine Aktivität und kein passiver Affekt«, entgegnete der abtrünnige Freudianer und Sozialpsychologe Erich Fromm in seinem 1956 erschienenen Bestseller *Die Kunst des Liebens*. Für Fromm war Liebe das exakte Gegenteil passiver Unterwerfung. Er sah darin eine aktive Fürsorge, ein Erkennen und Anerkennen des Geliebten. Er kritisierte, die kapitalistische Konsumgesellschaft bezeichne etwas als Liebe, das in Wahrheit eine Marktwirtschaft der Aufmerksamkeit sei. Es gehe den Menschen dabei nur darum, sich geliebt zu fühlen, um den eigenen Marktwert zu fühlen. Darum, einen Partner gegen einen mit höherem Marktwert zu tauschen. Es gehe darum, ob man genug Liebe bekomme – nicht, ob man überhaupt fähig ist zu lieben.

Der Kapitalismus hingegen hat selbst so seine Meinungen zur Liebe: »Wir lieben Lebensmittel«, sagt Edeka in einem Slogan. »Wir lieben Technik«, der Elektromarkt Saturn. VW schwört »Wir lieben Autos«, die Fluggesellschaft Condor »Wir lieben Fliegen« und ProSieben »We love to entertain you«. Interessanterweise wirbt die Dating-App Tinder hingegen nur »Single küsst, wen Single küsst«. Der zurzeit wohl erfolgreichste Verwalter der Marktwirtschaft der Liebe kommt in seiner Werbung ganz ohne Liebe aus. Und dazu kann man nur sagen, dass es einem leidtut.

Auf den folgenden Seiten wird die platonische wie körperliche Liebe von ihren sonderbarsten Seiten beleuchtet werden: Sie werden einen Herzensbrecher bei Herztransplantationen beobachten und erfahren, wie die Watergate-Affäre zur BDSM-Affäre wurde. Es wird darum gehen, wie Amerika mit einem Pornodreh den Kommunismus besiegen wollte – und wie Erdnussbutter und Marmelade sich zu Liebe addieren.

## Wie eine fliegende Kuh Viagra salonfähig machte

### 1. Schritt: Die verleiht Flüüügel!

Am 18. Februar 1930 tat Nellie Jay, besser bekannt als **Elm Farm Ollie,** etwas für ihre Art, Bos taurus, äußerst Ungewöhnliches: Sie flog, und zwar über 115 Kilometer weit. Nellie Jay war die vermutlich erste fliegende Kuh der Welt. In einem dreimotorigen Ford-Propellerflugzeug (im Volksmund bekannt unter dem Namen »Blechgans«) reiste das Guernsey-Rind von Bismarck, Missouri, knapp 100 Kilometer nach St. Louis. Wobei es bei dem Flug weniger darum ging, einfach eine Strecke A nach B zurückzulegen. Nellie Jay hatte vielmehr zwei verschiedene Rollen zu erfüllen: Zum einen hob sie angeblich im Dienste der Wissenschaft ab. An ihr sollte getestet werden, ob Lufttransport der Gesundheit von Rindern schadet. Zum anderen flog sie, um Werbung zu machen für die vitalisierende Wirkung des wahrscheinlich ältesten Energydrinks der Welt: Milch. Beides tat sie so erfolgreich, dass sie dafür später sogar in Liedern besungen werden sollte. Der Folksong »The Bovine Cantata in Bb Major« schwärmte etwa: »Near St. Louis City / Where cows are so pretty / 'twas where I first met my sweet Ollie the cow«.

Während ihres Fluges wurde Elm Farm Ollie, die bekannt dafür war, außergewöhnlich viel Milch zu geben, gemolken. Noch in der Luft packte man die von ihr produzierten 22 Liter Milch in Kartons ab und warf diese an kleinen Fallschirmen über den Besuchern der International Air Exposition in St. Louis ab, auf dass diese sich an dem gesunden Getränk laben konnten. Einer der Gäste, die in den Genuss dieser ultrafrischen Flugmilch kamen, war …

## 2. Schritt: Milchbubi mit stählernen Nerven

… der Starpilot **Charles Lindbergh.** Drei Jahre vor dem Jungfernflug von Elm Farm Ollie hatte Charles, Sohn des US-Kongressabgeordneten Charles Augustus Lindbergh aus Minnesota, ebenfalls Luftfahrtgeschichte geschrieben: Der ehemalige Postflieger hatte 1927 im Alter von zarten 25 Jahren den sogenannten Orteig-Preis gewonnen, benannt nach seinem Stifter, dem New Yorker Hotelbesitzer Raymond Orteig. Dieser Preis war dotiert mit damals fürstlichen 25 000 Dollar für den ersten Menschen, dem es gelingen würde, ohne Zwischenstopp von New York nach Paris oder von Paris nach New York zu fliegen. Eine Reihe von Teams hatten dies bereits vor Lindbergh versucht – stets erfolglos. Sechs Männer waren bei dem Versuch gestorben. Lindbergh hingegen versuchte es als Erster allein, ganz ohne Team. Am 20. Mai hob er mit seiner Maschine, der »Spirit of St. Louis«, in New York ab. Nicht einmal einen Fallschirm hatte er an Bord, er wollte das Gewicht sparen. Das Unglaubliche gelang: 33,5 Stunden und 5800 Kilometer später landete Lindbergh am 21. Mai in Paris – und war auf einen Schlag weltberühmt.

Als er daher im Februar 1930 auf der International Air Exposition auftrat, auf der sich auch die Kuh Nellie Jay in die Lüfte erhob, war er bereits bekannt als furchtloser Teufelskerl. Aber schon bald würde Lindbergh noch ganz andere Qualitäten beweisen. Denn als wäre Lindbergh der lebende Beweis für den Slogan »Milch macht müde Männer munter«, strotzte der Abenteurer nach dem Genuss der per Fallschirm abgeworfenen Milch von der fliegenden Rekordkuh nicht nur vor Mut und Energie, sondern offenbar auch vor unbändiger Geisteskraft. Denn nur kurz darauf machte Lindbergh eine bahnbrechende Erfindung, die so wohl kaum jemand von ihm erwartet hätte, und zwar …

## 3. Schritt: Ersatzteil für den Menschenmotor

… begann er ab 1931, am Rockefeller Institute in New York mit dem französischen Chirurgen und Nobelpreisgewinner Alexis Carrel die künstliche Blutversorgung von Organen außerhalb des Körpers zu erforschen. Obwohl er kein Mediziner war, konnte Charles Lindbergh hierbei von seinem technischen Wissen über Motoren profitieren. Er entwickelte eine **künstliche Herzpumpe,** die sogenannte »Model T«-Pumpe.

Als die beiden Forscher ihre Entwicklung 1935 im »Journal of Experimental Medicine« vorstellten, horchte die Fachwelt auf. Tatsächlich sollte die Erfindung ein Meilenstein in der Entwicklung der modernen Herzchirurgie werden. Drei Jahre später stellten Carrel und Lindbergh in ihrem Buch *The Culture of Organs* sogar die Idee eines vollständig künstlichen Herzens vor – ein Konzept, das seiner Zeit Jahrzehnte voraus war. Lindberghs Kunstherz führte zur Entwicklung der ersten Herz-Lungen-Maschine, die heute bei Operationen die Funktion von Herz und Lunge außerhalb des Körpers übernimmt und den Körper weiter mit Blut und Sauerstoff versorgt. Eine Erfindung, die …

## 4. Schritt: Herz verschenkt

… am 3. Dezember 1967 in Kapstadt die **erste Herztransplantation der Welt** ermöglichte: In einer fünfstündigen Operation sollte dem aus Litauen stammenden Louis Washkansky am Groote-Schuur-Krankenhaus ein neues Herz eingepflanzt werden. Der schwer herzkranke Washkansky hatte mit 54 Jahren bereits drei Herzattacken erlitten.

Die medizinische Prozedur war ein ungeheures Wagnis, und der zuletzt unternommene derartige Versuch war spektakulär gescheitert: Drei Jahre vorher, im Januar 1964, hatte der US-Chirurg James Hardy in Jackson, Mississippi, der Stiefschwester des sterbenden Boyd Rush angeboten zu versuchen, dessen Herz zu transplantieren. Sie willigte ein. Was die von ihr unterschriebenen Formulare jedoch nicht verrieten: Hardy versuchte nicht, seinem Patienten ein menschliches Herz einzusetzen – sondern das eines Schimpansen. Etwa eine Stunde lang soll Rushs Herz nach dem bizarren Eingriff noch weitergeschlagen haben, ohne dass er das Bewusstsein wiedererlangte. Dann verstarb er. Die Medien hatten Hardy daraufhin förmlich in der Luft zerrissen.

Bei dem nun 1967 in Kapstadt unternommenen nächsten Versuch drohte zumindest keine Empörung darüber, dass ein Organ einer anderen Spezies verwendet wurde. Dem todkranken Louis Washkansky sollte ein menschliches Herz transplantiert werden – das bis dahin im Körper der

25-jährigen Denise Darvall geschlagen hatte. Sie war kurz zuvor bei einem Autounfall ums Leben gekommen. Zum Glück verlief die Operation erfolgreich – allerdings wurde Washkanskys Immunsystem danach durch Medikamente, die eine Abstoßung des implantierten Herzens verhinderten, massiv geschwächt. Zwar erlangte er das Bewusstsein wieder, und sein Herz hörte auch nach über einer Stunde nicht auf zu schlagen – aber nach nur 18 Tagen erlag er einer Lungenentzündung. Dennoch war die Operation eine internationale Mediensensation: Rund um die Welt berichteten Zeitungen, Radio- und Fernsehsender über den Eingriff und die Klinik sowie das Leben Washkanskys. Vor allem aber machte die Transplantation …

## 5. Schritt: Party-Papst aus dem OP

… den südafrikanischen Chirurgen **Christiaan Barnard,** der die leitende Rolle bei der OP übernommen hatte, auf einen Schlag zum Popstar. Zwar hatte sein Patient nur gut zwei Wochen weitergelebt, und kritische Stimmen merkten an, dass Barnards Versprechen an Washkansky und dessen Frau, es bestehe eine 80-prozentige Erfolgschance, vollkommen irreführend gewesen seien. Doch für die meisten Menschen war der Chirurg, der einem Menschen das Herz einer Toten gegeben hatte, nichts weniger als ein Zauberer. Eine Ehrerbietung, die Barnard durch überaus aktive Selbstvermarktung in den folgenden Jahren zu nutzen wusste.

Barnard sollte zahlreiche Bücher schreiben, Vorträge halten und vor allem: feiern, feiern und noch mehr feiern. Er wurde Teil des Jetset, ging auf wilde Partys im berühmten

New Yorker Club Studio 54 und im Pariser Crazy Horse. Berühmtheiten wie US-Präsident Lyndon B. Johnson, der Schah von Persien, der philippinische Diktator Ferdinand Marcos und der Papst luden ihn zur Audienz. Der plötzliche Ruhm veränderte den einst unauffälligen Sohn eines Pastors und einer Kirchenorganistin völlig: Barnard genoss das Leben im Rampenlicht in vollen Zügen, ließ sich mit einem Nacktmodell ablichten und umgab sich mit Stars wie Grace Kelly, Peter Sellers und Sophia Loren. Ganz besonders jedoch veränderte sich durch Barnards Berühmtheit sein ...

## 6. Schritt: Nackt im Nerz

... Verhältnis zum anderen Geschlecht. War er gerade noch ein unbekannter Arzt mit schlaksiger Statur und fliehendem Kinn gewesen, flogen ihm nun die Herzen weiblicher Fans zu: Bis zu 200 Liebesbriefe pro Tag bekam Barnard auf der Höhe seines Ruhms. Genug, um damit ins Guinnessbuch der Rekorde einzugehen. Lange konnte er den Versuchungen des Popstarlebens nicht widerstehen.

So begann er trotz seiner langjährigen Ehe mit der Krankenschwester Aletta Louw unter anderem eine Affäre mit *dem* Sexsymbol der Fünfziger- und Sechzigerjahre schlechthin – Gina Lollobrigida. In seiner Autobiografie *The Second Life* beschrieb Barnard die italienische Schauspielerin 1993 als »außergewöhnlich lebhafte und sexuell hemmungslose Frau« und schwelgte in pikanten Details ihrer Seitensprünge. So habe Lollobrigida ihn etwa einmal nach einem Liebestreffen zu seinem Hotel zurückgefahren und sei dabei unter ihrem Nerzmantel splitterfasernackt gewesen. Der Chirurg erlebte seinen zweiten Frühling. Er zeigte sich sexuell zunehmend unersättlich. Als Lollobrigida einmal eine Angestellte zu ihm schickte, um ihn zum Stelldichein abzuholen, ging Barnard stattdessen direkt mit der Gesandten ins Bett. Das sei »nur höflich« gewesen, schrieb er später in seiner Biografie – es habe sich schließlich quasi um ein »Trinkgeld« für ihre Dienste gehandelt. Es folgten zahllose weitere Affären mit anderen Gespielinnen. Immer mehr wurde Barnard **besessen vom Sex.** Schließlich nutzte er diesen Ruf, um als prominenter Botschafter für …

## 7. Schritt: Blaues Wunder gegen Herzinfarkt

… das **Potenzmittel Viagra** in Aktion zu treten. Barnards Begeisterung für das Medikament hatte offenbar schon kurz nach dessen Markteinführung 1998 begonnen: So reichte seine dritte Frau, das ehemalige Fotomodell Karin Barnard, 1999 die Scheidung ein – mit der Begründung, in seinem Kulturbeutel Viagratabletten gefunden zu haben, obwohl sie schon lange keinen Sex mehr miteinander hätten. Der Begeisterung ihres Ex-Gatten für das Mittel tat das keinen Abbruch: »Regelmäßiger Sex ist die schönste, gesündeste und angenehmste Art, den Kreislauf in Schwung zu bringen und das Herz gesund zu halten«, empfahl er etwa 2000 in seinem Buch *50 Wege zu einem gesunden Herzen,* das gleich ein ganzes Kapitel mit dem programmatischen Titel »Nimm Viagra« enthielt.

Auch in Interviews pries der Arzt den heilsamen Nutzen der blauen Erektionspillen – so sagte er etwa 2000 in einem

Interview der *Deutschen Apotheker Zeitung:* »Impotenz ist eine Krankheit, die riesigen Stress macht. Und Stress ist nicht gut fürs Herz. Also – warum nichts einnehmen gegen diesen Stressauslöser? Ist doch kein Problem!« Ob sein Liebesleben ausschlaggebend war oder nicht: Als Christiaan Barnard am 2. September 2001 während eines Urlaubs auf Zypern verstarb, war tatsächlich keine Herzattacke schuld – sondern ein asthmatischer Anfall.

# Wie Asthma Hausfrauen
# Sado-Maso-Sex schmackhaft machte

## 1. Schritt: Schnupfen im Gehirn

Husten, Atemnot, verschleimter Hals und pfeifende Lungen: Die entzündliche Atemwegserkrankung **Asthma bronchiale** plagt Menschen seit Menschengedenken. Auch wenn man sich die medizinischen Hintergründe früher noch ein wenig anders erklärt hat als heute. In der Antike stellte man sich Asthma nämlich noch vor als »im Hirn kondensierenden und von dort die Lunge herabfließenden Katarrh, der die Atemwege verstopfte, sie allmählich eitrig werden und verfaulen ließ«.

Tatsächlich ist mit dem Gehirn eines Asthmatikers im Regelfall alles in bester Ordnung. In Wirklichkeit handelt es sich bei der Krankheit nämlich um eine Entzündung der Bronchien, die eine erhöhte Schleimproduktion und eine Verkrampfung der Bronchialmuskulatur nach sich zieht. Hierdurch entstehen die typischen Atembeschwerden. Auslöser der Krankheit können Allergien sein, aber auch einfach vererbte Überempfindlichkeiten der Bronchien gegen Reizfaktoren wie kalte Luft oder Erkältungskrankheiten.

In leichteren Fällen ist das für die Betroffenen einfach nur nervig. Man wird ein wenig kurzatmiger, ist auf Kriegsfuß mit Klimaanlagen oder hat etwas länger an Erkältungen herumzulaborieren. In schwereren Fällen hingegen schränkt das Asthma Wohlbefinden und Leistungsfähigkeit der Erkrankten empfindlich ein, führt zu beängstigenden Erstickungsanfällen und kann es sogar unmöglich machen, im früher ausgeübten Beruf weiterzuarbeiten. Diese leidvolle Erfahrung machte auch …

## 2. Schritt: Nachtschicht mit Überraschungen

… der Amerikaner Frank Wills. Wills hatte in den Sechzigerjahren in der »Motor City« Detroit gearbeitet, an der Fertigungsstraße einer Ford-Fabrik. Es war harte Arbeit, nicht unbedingt gesund, aber immerhin ein Job. Wills hatte es nie leicht gehabt: Als er noch klein war, hatten seine Eltern sich getrennt. Nach der 11. Klasse brach er die Highschool ab und schlug sich irgendwie durch. Da er schwarz war, hatte er zudem unter dem noch immer schwelenden Rassismus in den USA der Sechzigerjahre zu leiden.

Die Arbeit in der Industrie forderte ihren Tribut: Wills erkrankte an Asthma bronchiale. Die Atemprobleme zwangen ihn schließlich, seinen Job an den Nagel zu hängen. Also suchte er einen neuen Broterwerb und wurde 1971 Wachmann in Washington, D. C. Seine Einsatzorte variierten, er bewachte verschiedene Hotels und Bürogebäude. Darunter auch der sechs Gebäude umfassende Watergate-Komplex am Potomac River, der aus Genossenschaftswohnungen, einem Hotel und Büros bestand. Da Wills neu im Team war, musste er zunächst die unbeliebtesten Schichten schieben – nachts. Die ständige Nachtarbeit war zermürbend, zudem verdiente er dabei nicht einmal einigermaßen gut, wie Wills sich später erinnerte: »Als Corporal machte ich nur 80 Dollar pro Woche.« Darum habe er auch mit dem Gedanken gespielt, sich eine andere Arbeit zu besorgen, die besser bezahlt war.

Doch es sollte dieser miese Job sein, der den **Wachmann Frank Wills** in die Geschichtsbücher eingehen ließ. Denn als er in der Nacht zum 17. Juni 1972 verschlafen durch die verlassenen Korridore des Watergate-Komplexes stapfte, fiel ihm etwas Seltsames auf: Jemand hatte ein Klebeband über dem Schloss an der Tür zur Tiefgarage angebracht, sodass die nicht zufallen konnte. Doch wer? Es war mitten in der Nacht, und eigentlich sollte von 2 bis 7 Uhr morgens außer Wills niemand im Haus sein. Er tat den Gedanken ab: »Ich dachte, jemand hatte an dem Tag einen Umzug gemacht und das Klebeband angebracht, damit er wieder reinkonnte.« Also nahm er das Band einfach ab und setzte seine Patrouille fort. Wills ging aus dem Haus und über die Straße, um in einem kleinen Restaurant gegenüber eine Kleinigkeit zu essen. Nach etwa einer halben Stunde kehrte er zurück und setzte seine Tour fort. Doch als er an der Tür zur Tiefgarage ankam, war sie wieder offen – und beklebt mit einem neuen Klebeband. Er war nicht allein! Wills rannte zurück zur Lobby und rief sofort die Polizei. Um es mit einer Einbrecherbande aufzunehmen, war er nicht gewappnet: Außer einer Dose Pfefferspray hatte er nichts zur Verteidigung, wenn die Eindringlinge bewaffnet sein sollten. Zum Glück dauerte es nur wenige Minuten, bis die Ordnungshüter eintrafen, um das Gebäude zu durchsuchen. Doch statt der vermuteten gewöhnlichen Einbrecher entdeckten sie …

## 3. Schritt: Weiße Westen, Weißes Haus

… einen der größten Politskandale der US-Geschichte, der um ein Haar im Verborgenen geblieben wäre. Denn im sechsten Stock des Gebäudes befand sich das Hauptquartier der Demokratischen Partei der Vereinigten Staaten. Und just in diesem Büro sollten die verdutzten Polizisten einen verblüffenden Fund machen: Fünf gut gekleidete Männer hockten dort zwischen Aktenbergen, die einige von ihnen abfotografierten, während andere dabei waren, versteckte Abhörmikrofone zu installieren. Anstandslos ließen die Anzugträger sich abführen.

Die Herren stellten sich allerdings nicht einfach als beliebige Einbrecher heraus: Einer von ihnen, James McCord, war ein ehemaliger CIA-Agent und damals angestellt als Sicherheitskoordinator des »Committee for the Re-Election of the President«. Diese Gruppe, die sich selbst CRP nannte, aber schon bald in den USA bekannter werden sollte unter der spöttischen Abkürzung CREEP (deutsch: Widerling), hatte keine Kosten gescheut, um die Wiederwahl des im Vietnamkrieg in Kritik geratenen republikanischen US-Präsidenten Richard Nixon zu sichern. Und offenbar auch keine Mühen. Nachforschungen der *Washington Post*-Reporter Bob Woodward und Carl Bernstein legten vielfache Verbindungen des Watergate-Einbruchskommandos zu engen Vertrauten des US-Präsidenten offen.

Mit den Enthüllungen der Medien, die in den kommenden Monaten folgten, nahm der **Watergate-Skandal** ungeahnte Dimensionen an: Nicht nur der im Auftrag des Weißen Hauses erfolgte Einbruch und die vorbereiteten

Abhörmaßnahmen der politischen Gegner waren dabei Thema, sondern auch mannigfaltige Behinderungen der Untersuchungen im Watergate-Fall, imposante illegale Parteispenden, mit denen die CRP ihre Arbeit finanziert hatte, Steuerhinterziehung Nixons sowie ein regelrechter Verkauf von Botschafterposten als Gegenleistung für Wahlkampfspenden. Diese und weitere Enthüllungen gipfelten schließlich 1974 in einem Amtsenthebungsverfahren gegen den tatsächlich wiedergewählten Präsidenten Richard Nixon. Eine Demütigung, der Nixon allerdings zuvorkam – indem er am 9. August von seinem Amt zurücktrat. Die Staatsaffäre hinterließ tiefe Spuren in der amerikanischen Gesellschaft. Das Vertrauen vieler US-Bürger in die Rechtschaffenheit ihrer Regierung war zutiefst erschüttert, Argwohn über staatliche Vertuschungen und Mauscheleien machte sich breit. Zu der Generation, die von diesem Gefühl des tiefen Politikskeptizismus geprägt wurde, gehörte auch ein junger Mann namens …

## 4. Schritt: Paranoia für die Quote

… Christopher Carter, der sich noch viele Jahre später als »Kind von Watergate« bezeichnen sollte. »Dort habe ich«, sagte Carter einmal, »mein Misstrauen in die Regierung entwickelt.« Als er erwachsen wurde, studierte dieser misstrauische junge Mann an der California State University Journalismus, um seinen Helden nachzueifern, die die Watergate-Affäre aufgedeckt hatten: »Ich war ein großer Fan von Woodward und Bernstein und investigativen Journalisten.« Doch zunächst musste er den eigenen Lebensunterhalt mit weniger staatstragenden journalistischen Texten verdienen – er wurde Redakteur für das *Surfing Magazine*.

Über die Kontakte einer Freundin stieg Carter schließlich ins Filmgeschäft ein und fing an, Drehbücher für Fernsehserien zu schreiben. Anscheinend entfernte er sich immer weiter von seinem durch Watergate geweckten Misstrauen in die Regierung. Und doch sollte er in genau diesem Job zu seiner Inspiration zurückfinden: Im Jahr 1992 entwickelte er für den US-Sender Fox eine Fernsehserie, die sich ganz um finstere Machenschaften der Regierung und deren Vertuschung drehte. Er nannte sie *Akte X.* Als Nixon 1974 unter dem Druck der Watergate-Enthüllungen abgedankt habe, so Carter, sei bei der US-Bevölkerung immer ein Rest von Misstrauen in die Behörden geblieben – »und Akte X schlug daraus Kapital«.

Carters Serienhelden, die FBI-Agenten Dana Scully und Fox Mulder, bekamen es mit Menschenversuchen der US-Regierung zu tun, mit verschleierten Kontakten zu Außerirdischen, mit Versuchen zur Schaffung genetisch modifizierter Supersoldaten, geheimen Überwachungstechnologien und sogar einem Pakt, den Großteil der Weltbevölkerung ahnungslos in den Untergang marschieren zu lassen, um eine privilegierte Elite zu retten. Doch obwohl die Regierung selbst ihnen immer wieder Steine in den Weg legte, deckten die beiden Agenten unermüdlich weitere Schweinereien auf. Carter baute sogar mehrfach ausdrückliche Bezugnahmen auf Watergate in *Akte X* ein: So nannte er den wichtigsten Geheiminformanten der beiden Agenten »Deep Throat« – nach dem Decknamen des Insiders, der im Watergate-Skandal Informationen an die *Washington*

*Post* durchgestochen hatte. Er ließ Mulder und Scully für geheime Besprechungen in der geschichtsträchtigen Tiefgarage des Watergate-Komplexes zusammentreffen. Und in einem Rückblick, der die Entführung von Mulders Schwester Samantha durch Außerirdische im November 1973 zeigt, ließ er im Hintergrund auf einem Fernseher Aufnahmen der Watergate-Anhörungen laufen. Obwohl Carters Herzensprojekt *Akte X* zunächst von dem Sender Fox abgelehnt worden war, wurde es schnell zu einem Überraschungserfolg, der eine riesige Gefolgschaft von treuen Fans hervorbringen sollte. Zu ihnen gehörte auch …

## 5. Schritt: Die Fans sind irgendwo da draußen

… der junge, in Los Angeles lebende Softwareentwickler Xing Li, der gerade erst seinen Collegeabschluss gemacht hatte, als *Akte X* Mitte der Neunzigerjahre zur Kultserie der Verschwörungstheoretiker und Sci-Fi-Nerds wurde. Doch Li war nicht nur ein riesiger *Akte X*-Fan, er kannte sich auch bestens mit Computern und Internetanwendungen aus – zu einer Zeit, als das World Wide Web gerade erst von der breiten Masse entdeckt wurde und kaum jemand wusste, wie man selbst eine anständige Website bauen konnte.

Li wusste, wie. Also brachte er seine beiden Passionen zusammen und erschuf im Sommer 1998 die **Fan-Website** **»The Definitive X-Files Source«**. Hier konnten *Akte X*-Aficionados Infos zu ihrer Lieblingsserie und deren Schauspielern bekommen, Alien-Galerien ansehen, Gleichgesinnte treffen und aktuelle News zur Serie lesen. Viele der Besucher wünschten sich aber noch mehr: Schon kurz nach dem Start der Site, am 21. September 1998, schrieb Xing Li dort, er habe viele Anfragen erhalten, ob er der »Definitive X-Files Source« nicht einen Fan-Fiction-Bereich hinzufügen könne, in dem Fans ihre selbst geschriebenen *Akte X*-Geschichten veröffentlichen könnten. Ein Wunsch, dem er gern entgegenkam. Allerdings wurde Li angesichts dieser Bitte direkt von seinem professionellen Ehrgeiz gepackt: Er wollte sich nicht einfach mit einer kleinen Sektion im Gästebuch zufriedengeben, sondern gleich eine ganze Website schaffen, die sich dem Schreiben von Fan-Fiction und deren Veröffentlichung widmete. Das sollten in erster Linie Do-it-yourself-Geschichten über *Akte X* sein – aber eben nicht nur. Er nannte die neue Site …

## 6. Schritt: Der Club der Do-it-yourself-Dichter

… Fanfiction.net. Die kurz auch FFN genannte Website ging am 15. Oktober 1998 online und wurde weitaus größer, als selbst Li es sich je vorgestellt haben konnte. Offenbar hatten nicht nur *Akte X*-Fans brennendes Interesse daran, die Geschichte ihrer Lieblingshelden weiterzuspinnen. Die Entscheidung, Hobbyautoren nicht nur zu einer einzelnen fiktiven Welt schreiben zu lassen, erwies sich als goldrichtig: Fanfiction.net expandierte. Bald fanden sich auf der Site erfundene Familiengeschichten der *Ghostbusters* neben *Knight Rider*-Stories über Beziehungskrisen zwischen Michael und K. I. T. T. und Bibel-Remixes, in denen Jesus versucht, sich seinen Kinderwunsch zu erfüllen. Zigtausende solcher mitunter wirren, manchmal aber auch faszinierenden Geschichten türmten sich bald in den

Themenkategorien von Fanfiction.net, oft angeregt diskutiert zwischen Autor und Lesern. Die meisten von ihnen waren nur ein bloßes Hobby und erreichten nie ein größeres Publikum. Doch es gab auch Ausnahmen: so wie im Fall von …

## 7. Schritt: 50 Nuancen von grauenvoll

… Erika Mitchell. Die Amerikanerin führte ein eigentlich eher unspektakuläres Leben als Hausfrau, doch sie hatte eine besondere Leidenschaft: die *Twilight*-Bestseller der Autorin Stephenie Meyer, die ab 2005 mit ihren romantischen Geschichten über die Liebe zwischen dem Vampir Edward und dem Mädchen Bella die Herzen von Millionen Lesern erweichte. Auch das von Mitchell. Sie konnte gar nicht genug bekommen von den Blutsauger-Romanzen. Und so beschloss sie, einfach selbst weitere Geschichten über Edward und Bella zu schreiben – auf Fanfiction.net, unter dem Usernamen »Snowqueens Icedragon«. Allerdings fügte sie den im Original recht keuschen Schmachtromanen einen neuen Twist hinzu: Sie beschrieb Edward und Bella als SM-Liebhaber, die ihre ewige Liebe mit detailliert geschildertem Folterkeller-Sex garnierten. Die Geschichten waren sehr beliebt, aber den Betreibern der Site zu gewagt, sodass Mitchell sich gezwungen sah, sie dort zu entfernen.

Kurzerhand startete sie eine eigene Website, auf der sie ihre literarischen Gehversuche weiter veröffentlichte, erst unter dem eigentümlichen Titel »Master of the Universe«, später unter dem Namen, mit dem sie weltbekannt werden sollten: *Fifty Shades of Grey.*

Unter dem Pseudonym E. L. James veröffentlichte Mitchell im Mai 2011 ihre erotischen Geschichten auch in Buchform bei einem kleinen Self-Publishing-Verlag. Die *Twilight*-Anspielungen hatten aus Urheberrechtsgründen natürlich weichen müssen, statt Edward und Bella hießen die Protagonisten nun Christian und Anastasia, statt in einem Küstenkaff lebten sie in der Stadt, und aus dem Vampir war nun ein ebenso gut aussehender wie stinkreicher Geschäftsmann geworden.

Es hagelte Verrisse: Die *New York Times* beschimpfte Mitchell als »frei von Talent«, Star-Autor Salman Rushdie erklärte: »Ich habe noch nie in meinem Leben etwas so schlecht Geschriebenes gelesen, das veröffentlicht wurde.« Die Leser aber liebten sie: Innerhalb des ersten Jahres verkaufte Mitchell allein 30 000 Exemplare als E-Books. In den nächsten Jahren sollten es weit mehr werden: Bis 2017 hatte Mitchell von ihren mittlerweile zur Romanreihe angewachsenen und verfilmten einstigen Fan-Fiction-Geschichten mehr als 100 Millionen Buchexemplare an den Mann gebracht – oder vielmehr die Frau. Denn den Erfolg verdankte die Buch- und Filmreihe nach Einschätzung vieler Medien vor allem einer ganz speziellen Zielgruppe: Hausfrauen. Genauer: Hausfrauen, die ihrer geheimen Leidenschaft für BDSM mädchenabendkompatibel frönen möchten. Wie genau diese demografische Auswertung erfolgte, ist nicht so genau nachvollziehbar – wohl aber, dass die Presse sich in diesem Urteil erstaunlich einig war: Während die *Süddeutsche Zeitung* das Werk als »Hausfrauen-Softporno-Reihe« bezeichnete und die *Welt* es als »Von-Hausfrauen-für-Hausfrauen-SM-Mega-Bestseller« einordnete, sprachen der *Stern* und *GQ* schlicht von einem »Hausfrauenporno«. International setzte sich allerdings die Wortwahl durch, für die sich die *Stuttgarter Zeitung* und *Cosmopolitan* nach dem Vorbild englischsprachiger Medien vom *Telegraph* bis *ABC News* entschieden: »Mommy Porn«.

# Wie ein CIA-Porno Tschechiens Präsidenten ein Palais für Tom Cruise fordern ließ

## 1. Schritt: Stewardessen-Party beim Präsidenten

In den Fünfzigerjahren bereitete er der **CIA** Kopfzerbrechen: Sukarno, erster Präsident Indonesiens, der nach Ende der niederländischen Kolonialherrschaft ab 1945 die politische Neugestaltung des Landes prägte. Sein Streben nach einer »geführten Demokratie« klang für die US-Regierung im Kalten Krieg nach einer Liebeserklärung an den Kommunismus. Als Sukarno 1956 auch noch China und die UdSSR bereiste, entschied Alfred Ulmer, Leiter der CIA-Abteilung für den Fernen Osten: »Es ist Zeit, dass wir Sukarnos Füße übers Feuer halten.«

Das war schwieriger als gedacht: Die CIA zahlte Millionen, um Wahlen zu manipulieren, verbündete sich mit abtrünnigen Militärs und schickte Luftstreitkräfte, um Sukarnos Truppen zu bombardieren. Erfolglos. Der Geheimdienst versuchte, persönliche Schwächen des Präsidenten ausfindig zu machen und zu nutzen. Wobei eine sich besonders anbot: Sukarno galt als sexuell unersättlicher Frauenheld. »Als Künstler«, so pflegte er es auszudrücken, werde er eben »naturgemäß von dem angezogen, was die Sinne beglückt.« Neben seinen zehn Ehefrauen soll er unzählige Geliebte gehabt haben – bevorzugt Stewardessen, die er auf Reisen zu »Partys« mit aufs Zimmer nahm.

Über eine davon kursierten Gerüchte, die der CIA zupasskamen, wie sich Ex-Agent Joseph Burkholder Smith 1976 erinnerte: »Es hatte Berichte über eine gut aussehende blonde Stewardess gegeben, die 1956 an Bord seines Flugzeugs gewesen sei, wo immer er in der Sowjetunion hingeflogen war.« Dem Gerücht zufolge sei diese auch mitgekommen, als im folgenden Jahr das sowjetische Staatsoberhaupt Kliment Jefremowitsch Woroschilow nach Indonesien gekommen war. Eine einmalige Gelegenheit: Die Amerikaner beschlossen kurzerhand …

## 2. Schritt: Porno-Casting mit Gummimaske

… Gerüchte zu verbreiten, die Stewardess sei eine KGB-Agentin, mit deren Hilfe die Sowjetunion Sexfotos von Sukarno geschossen und ihn erpresst hätte. Der Seitensprung allein, so Smith, hätte im patriarchalischen Indonesien nicht für einen Skandal gereicht. Doch »ausgetrickst […] zu werden von einem der Geschöpfe, die Gott zur Freude des Mannes geschaffen hatte, war unverzeihlich«. Smith zufolge hatte diese fingierte Geschichte damals »beträchtlichen Erfolg« und wurde von internationalen Medien aufgegriffen.

Das Problem, so Smith: »Unser Erfolg stieg uns zu Kopf.« Die CIA wollte einen Schritt weiter gehen und »Beweismaterial« für die angebliche Erpressung produzieren: Einen **Porno mit Sukarno-Doppelgänger** und einem Double der Stewardess. Er sollte unter Indonesiern in Umlauf gebracht werden und sie überzeugen, dass der KGB Sukarno erpresste. Allerdings überzeugte die Vorführung der ersten Fassung nicht. Der Film war laut Smith lediglich »die körnige und etwas heruntergekommene Aufnahme genitaler Aktivitäten zwischen einem mexikanisch aussehenden Mann und einer verwahrlosten Frau«. Ein »Sukarno-Komitee« begann, den Dreh eines professionelleren Pornos zu planen. Diverse Darsteller wurden begutachtet, aber man fand einfach keine glaubwürdigen Kandidaten. Also beschloss die CIA, einfach eine Sukarno-Latexmaske zu bauen und sie einem Pornodarsteller überzuziehen. Um ihr cineastisches Projekt zur Vollendung zu treiben, griff der Geheimdienst auf externe Mitarbeiter zurück, wie oft bei Operationen, mit denen die CIA nicht in Verbindung gebracht werden wollte. Und so wurde der Porno mit dem Arbeitstitel »Happy Days« produziert, und zwar von …

## 3. Schritt: Geheimdienst-Minijobber

… dem Privatdetektiv und **ehemaligen FBI-Agenten Robert Maheu,** den die CIA aufgrund seiner exzellenten Verbindungen zur Unterwelt schätzte. Zudem hatte er Beziehungen zur Filmbranche, war er doch persönlicher Assistent des berühmten US-Filmproduzenten Howard Hughes. Bei dem CIA-Porno fungierte Maheu nun selbst als Produzent, zudem in Personalunion als Regisseur, Kameramann, Visagist und Casting Director.

Trotz aller Mühe: Nach Fertigstellung wurden weder der Sukarno-Sexfilm noch die zugleich entstandenen Fotos vom falschen Präsidenten und seiner angeblichen KGB-Gespielin je von der CIA verwendet. Die USA hatten sich inzwischen darauf verlegt, wirtschaftlichen Druck auf Indonesien auszuüben, um eine Allianz mit der UdSSR zu unterbinden. Dennoch war die CIA offenbar so zufrieden mit Maheus Diensten, dass sie die Zusammenarbeit fortsetzte: Bis 1960 arbeitete er an diversen ausgelagerten Aufträgen des Geheimdienstes – für rund 500 Dollar im Monat. Unter anderem rekrutierte Maheu nach eigenen Aussagen im Auftrag der CIA mithilfe hochrangiger Mafiosi einen Attentäter, der Fidel Castro töten sollte. Die Operationen, die Robert Maheu als externer Geheimdienstmitarbeiter ausführte, wurden laut dem US-Journalisten Jim Hougan schließlich …

## 4. Schritt: Mr. Spock in geheimer Mission

… zur Inspiration für die ab 1966 ausgestrahlte US-Fernsehserie *Mission: Impossible,* in Deutschland bekannt als **Kobra, übernehmen Sie.** In ihren 171 Folgen führten die freiberuflichen Agenten der »Impossible Missions Force« (IMF) Geheimaufträge aus, die von der Regierung als »unmöglich« eingestuft worden waren. Berühmt wurde die immer ähnlich aufgebaute Anfangssequenz: Die Agenten erhalten Aufträge auf versteckten Tonbändern, die sich nach dem Anhören selbst zerstören. Gruppenleiter Jim Phelps (Peter Graves) koordinierte das bunt zusammengewürfelte Agententeam, das unter anderem aus dem Fotomodell Cinnamon Barter (Barbara Bain), Gewichtheber Willy Armitage (Peter Lupus) und dem Verwandlungskünstler »The Great Paris« bestand, gespielt von »Mr. Spock«-Darsteller Leonard Nimoy. Überhaupt spielten Verwandlungen eine große Rolle in der Serie: Ähnlich wie bei Robert Maheus CIA-Porno waren auch bei den Serienfällen oft Gummimasken ein entscheidendes Werkzeug.

Die Serie wurde zu einem der großen Fernsehhits der Sechzigerjahre und gewann diverse Golden Globes und Emmys. Komponist Lalo Schiffrin erhielt für seine berühmte Titelmusik einen Grammy, einen weiteren für den gesamten Serien-Soundtrack. Wenig verwunderlich, dass die Kultsendung auch lange nach ihrem Ende 1973 attraktives Material für …

## 5. Schritt: Drahtseilakt mit Maulwurf

… ein Remake bot. 1996 startete Regisseur Brian De Palma eine Neuauflage der Serie als Hollywood-Agentenfilmreihe unter dem Titel *Mission: Impossible*. Zum Ärger alter Fans nahm die Verfilmung sich allerdings viele Freiheiten mit dem Stoff heraus: So werden bereits am Anfang des ersten Films fast alle Agenten der »Impossible Missions Force« getötet, und Gruppenleiter Jim Phelps, Protagonist der Serie, wird im Film zum Antagonisten. Sehr zum Unmut des ursprünglichen Phelps-Darstellers Peter Graves übrigens, der eine Mitarbeit am Film deshalb ablehnte. Held ist stattdessen der Agent Ethan Hunt, gespielt von Tom Cruise. Da Hunt nach dem Tod seiner Teammitglieder in den Verdacht gerät, ein Doppelspion zu sein, flieht er rund um die Welt und versucht unter Einsatz zahlreicher für die Neunzigerjahre atemberaubender Hightech-Hilfsmittel (Laptops und E-Mails), den wahren Maulwurf zu enttarnen. Sein Weg führt ihn dabei aus den USA über Paris bis nach Prag. *Mission: Impossible* sollte der erste millionenschwere Hollywood-Blockbuster werden, der in der tschechischen Hauptstadt nach Ende des Kalten Krieges gedreht wurde. Die Stadt bot dem Filmteam …

## 6. Schritt: Für eine Handvoll Dollar

… äußerst malerische Ansichten: Mit großem Aufwand leuchtete man die Prager Altstadt aus, um das pittoreske Ambiente der Kopfsteinpflastergassen zu unterstreichen. Besonderen Wert legten die Filmemacher auf ein standesgemäß prunkvolles Gebäude, das im Film die Prager US-Botschaft darstellen sollte. Die Wahl fiel auf das 1696 am Ufer der Moldauinsel Kampa erbaute und zeitweise von der tschechischen Regierung genutzte **Prager Liechtenstein-Palais.** Für die dortigen Aufnahmen schloss die Crew, so Co-Produzentin Paula Wagner 1995 zur *New York Times,* einen günstigen Deal mit der Stadt Prag: Nur 2000 Dollar pro Tag sollten sie für die Nutzung bezahlen.

Unmittelbar vor Drehbeginn sei ihnen dann aber mitgeteilt worden, dass die Stadt ihren Preis verzehnfacht habe – auf 23 000 Dollar pro Drehtag. »Enttäuscht« seien die Filmemacher laut Wagner gewesen, zumal sich Behördenvertreter geweigert hätten, mit ihnen zu sprechen. Tatsächlich war es mehr als Enttäuschung: In Interviews wüteten die Produzenten über den vermeintlichen Betrug und rieten davon ab, weitere Filme in der tschechischen Hauptstadt zu drehen. Auch Hauptdarsteller Tom Cruise machte seiner Wut über die Angelegenheit öffentlich Luft. Der Streit eskalierte …

## 7. Schritt: Steuerzahler gegen Hollywood

… immer weiter: Die tschechische Zeitung *Telegraf* verspottete Tom Cruise für seine öffentlichen Proteste und verteidigte den aufgerufenen Preis als angebracht. Sie wies auf frühere Dreharbeiten eines anderen US-Filmteams hin, bei dem ein Prager Palais zu Schaden gekommen sei. Vorsicht sei also angezeigt – das Liechtenstein-Palais, so argumentierte das Blatt, sei schließlich »ein neu restauriertes Regierungsgebäude, das vom Geld unserer Steuerzahler unterhalten wird«. Auch der tschechische Politiker und spätere Prager Bürgermeister Igor Nemec stellte sich gegen die Beschwerden der amerikanischen Filmemacher: Der von ihnen behauptete niedrigere Preis sei in dieser Höhe nie autorisiert worden.

Schließlich bekam die *Mission: Impossible*-Crew Zuspruch von höchster Stelle: Der Schriftsteller und damalige **tschechische Staatspräsident Václav Havel** mischte sich im Mai 1995 in den Streit ein und erklärte in einem Radiointerview, die Prager Stadtverwaltung habe offenbar nicht verstanden, wie sehr ihre Stadt indirekt von einem derartigen Hollywood-Dreh profitieren würde – durch Zunahme des Tourismus und weitere Filmaufträge nach dem Kinostart von *Mission: Impossible*. Daher, so Havel, hätte man eigentlich für den Dreh **Tom Cruise** das Palais kostenlos überlassen sollen. Ganz selbstlos war diese Stellungnahme Havels dabei allerdings nicht: Sein Vater und sein Onkel hatten die Filmstudios Barrandov, die den *Mission: Impossible*-Dreh in Prag realisierten, in den Dreißigerjahren gemeinsam gegründet.

# Wie die Pest Harry Potters Liebesleben beflügelte

## 1. Schritt: Eichhörnchen des Todes

Murmeltiere? Eichhörnchen? Süüüß! So viel ist bekannt. Weniger bekannt: Hinter ihrem possierlichen Getue verbergen die Nager oft ein tödliches Geheimnis – Yersinia pestis. Das Bakterium, Auslöser der **Pest,** gab sich im Laufe seiner Evolution leider nicht lange mit einem Dasein im Tierreich zufrieden und sprang auf den Menschen über. Nachdem die Pest aus Asien nach Europa eingeschleppt worden war, forderte der »Schwarze Tod« hier allein von 1347 bis 1353 etwa 25 Millionen Menschenleben. Der großen Pandemie folgten etliche weitere Pest-Epidemien, die bis ins 15. Jahrhundert vor allem in Nordeuropa wüteten. Diese wurden damals jedoch nicht als Infektionskrankheit verstanden – sondern als Strafe Gottes.

Also versuchte man, der tödlichen Krankheit durch Frömmigkeit und Bußübungen zu entgehen. Dadurch gewann neben dem gemeinsamen Gebet in der Kirche nun auch das stille Beten zu Hause an Bedeutung, bei dem die sogenannten »Pestheiligen« um Schutz vor der Seuche ersucht wurden. Zu ihnen gehörten etwa die Jungfrau Maria, der Heilige Sebastian oder Johannes der Täufer. Diesen Heiligen zu Ehren wurden schließlich sogar …

## 2. Schritt: Pest-Panini

… ab Beginn des 15. Jahrhunderts Sammelbild-Editionen herausgegeben, die dazu dienen sollten, das Gebet in den eigenen vier Wänden noch effektiver gegen das fakultativ anaerobe Stäbchenbakterium zu machen, das außerhalb dieser Wände gerade Europa dahinraffte. Auch wenn ihre medizinische Wirksamkeit heute eher umstritten ist – die sogenannten »Pestblätter« erfreuten sich bald großer Beliebtheit. Neben den Heiligenbildnissen enthielten sie später auch Gebete oder ganze Pestpredigten sowie Verhaltensregeln, die helfen sollten, auch während der Pestepidemie bei guter Gesundheit zu bleiben oder die Pesterkrankung sogar wieder zu heilen. Obwohl damals angesichts der um sich greifenden Pest sehr viele dieser Blätter im Umlauf waren, sind heute nur wenige davon erhalten – oft nur, weil sie später in manchen Klöstern als Hilfsmaterial zum Einschlagen von Büchern verwendet wurden.

Zum Beginn der Verbreitung der Pestblätter jedoch war der Buchdruck noch gar nicht erfunden. Die Kärtchen wurden damals hergestellt mithilfe des ältesten in Europa bekannten Bilddruckverfahrens – des **Holzschnitts,** genauer: des Einblattholzschnitts. Durch die Pestblätter fand auch dieses damals noch junge Bildvervielfältigungsverfahren große Nachfrage. Natürlich stellte man bald fest, dass sich damit nicht nur gottesfürchtige Bildchen, sondern auch Lasterhaftes in großen Auflagen herstellen ließ, etwa …

### 3. Schritt: Satan auf dem Vormarsch

… das sogenannte »Gebetbuch des Teufels«, heute besser bekannt unter seinem profaneren Titel »**Kartenspiel**«. Frühe Kartenspiele, in denen es noch nicht um die vorgegebenen Regeln folgende Kombination bestimmter Karten miteinander ging, hatte es bereits im 12. Jahrhundert in China und Korea gegeben – doch waren diese noch lediglich in Einzelfertigung hergestellt worden. Es sollte noch mehrere Jahrhunderte dauern, bis das Spiel mit Karten von Ostasien aus bis nach Europa vordrang. Dort tauchte es zuerst in Italien und Frankreich auf – ohne allerdings bei der Kirche auf allzu viel Gegenliebe zu stoßen, die es als Glücksspiel und Teufelswerk verdammte.

Trotz mehrerer regionaler Verbote der verderblichen Karten, die auch schon mal auf Scheiterhaufen landeten, begann ihre Massenfertigung durch Holzschnittverfahren ebenfalls im 15. Jahrhundert, nur kurz nach dem Boom der Pestblätter. So stammt das älteste gedruckte Kartenspiel, das noch erhalten ist, etwa aus dem Jahr 1450 – das »Hofämterspiel«. Und auch die heute üblichen Spielkartenblätter mit Zahlen und den Bildwerten Bube, Dame und König entstanden in jenem Jahrhundert. Diese Serienproduktion führte in Europa zu einer schnelleren Verbreitung von Kartenspielen. Im Laufe der folgenden Jahrhunderte fanden sie immer mehr leidenschaftliche Anhänger, zu denen auch …

## 4. Schritt: Graf Pausenbrot

… der Brite **John Montagu, 4. Earl of Sandwich** (1718–1792) gehörte, Mitglied des Oberhauses und zeitweise britischer Marineminister. Und auch wenn der berühmte englische Entdecker James Cook ihm zu Ehren später eine Inselkette im Südatlantik die »Südlichen Sandwichinseln« taufen sollte: Als Marineminister war Montagu im Großen und Ganzen eine ziemliche Niete. Der Überlieferung nach machte er sich durch seine Inkompetenz und Korruption, die unter anderem zum Kampfeinsatz mit nicht-seetüchtigen Schiffen führten, einen außerordentlich schlechten Ruf. Zu diesem angekratzten Leumund trug zudem seine Begeisterung für das Glücksspiel bei: Der Earl of Sandwich galt nämlich als besonders glühender Verehrer des britischen Kartenspiels Cribbage. Hierbei wird neben einem 52 Karten umfassenden Pokerblatt ein eigenwilliges Spielfeld, das Cribbage-Brett, verwendet, auf dem die Spieler mit Holzstiften ihre Punktzahlen festhalten. Tatsächlich, so der französische Schriftsteller Pierre-Jean Grosley 1770 in seinem Reisebericht *Londres,* soll Montagu oft über Stunden derart in das Spiel versunken sein, dass er nicht einmal mehr bereit war, es auch nur für Mahlzeiten zu unterbrechen.

Schließlich aber habe der Earl eine Lösung für die lästige, aber doch nicht komplett vermeidbare Nahrungsaufnahme gefunden: Er ließ einen Diener Fleisch zwischen zwei Brotscheiben anrichten, sodass er das Essen in einer Hand halten und dabei zugleich weiterspielen konnte. Mit der Zeit begannen seine Gäste, angetan von der appetitlichen Zwischenmahlzeit, »das gleiche wie Sandwich« zu bestellen. Ohne es zu wissen, hatte Montagu damit einen Meilenstein des Convenience-Food geschaffen: das …

## 5. Schritt: Tod durch Cholesterin

… nach ihm benannte **Sandwich.** Schon bald entwickelten sich aus dem Snack, der in seiner Urform nur aus zwei Toastbrotscheiben und gepökeltem Rind bestand, zahlreiche Variationen: Von Turiner Tramezzini über das Hamburger »Rundstück warm« bis zu liebevoll entrindeten Club-Sandwich-Türmen aus New York entstanden rund um die Welt neue Sandwiches.

Ein besonders nahrhaftes Exemplar entwickelte in den Siebzigerjahren das kleine Restaurant »Colorado Mine Company« in Denver. Sein Koch, der Teenager Nick Andurlakis, entwickelte ein belegtes Brot, das selbst den gesteigerten Energiebedarf der jugendlichen Wachstumsphase locker stillte: Ein ganzer Laib italienisches Sauerteigweißbrot wird dazu außen mit Butter beschmiert und ein zweites Mal gebacken, dann der Länge nach aufgeschnitten und ausgehöhlt. In den Hohlraum der einen Hälfte füllte Andurlakis ein komplettes Glas Blaubeerkonfitüre, in die andere Seite ein Glas Erdnussbutter. Zur Abrundung fügte er zwischen beide Seiten eine Trennschicht aus einem Pfund knusprig gebratenem Frühstücksspeck. Und taufte seine Kreation: das »Fool's Gold Loaf«-Sandwich. So viele Kalorien auf so engem Raum erregten natürlich auch die Aufmerksamkeit des weltbekannten Sandwich-Connaisseurs …

6. Schritt: Ich steh sogar manchmal nachts auf und hol mir welche!

… **Elvis Aaron Presley.** Auf einer Reise durch Denver soll das rekordverdächtig ungesunde Riesensandwich der »Colorado Mine Company« beim King of Rock 'n' Roll bleibenden Eindruck hinterlassen haben. So bleibenden Eindruck, dass er später in einer einmaligen Nacht-und-Nebel-Aktion zurückkehrte, um sich einen Nachschlag zu holen: Am Abend des 1. Februar 1976, so überlieferte es David Adler in seinem Buch *The Life and Cuisine of Elvis Presley,* saß der King zu vorgerückter Stunde in Memphis im Jungle Room seiner Villa Graceland mit Jerry Kennedy und Ron Pietrafeso, zwei befreundeten Polizisten. Die drei schwelgten in Erinnerungen an das Riesensandwich aus Denver, bis Presley solchen Heißhunger darauf hatte, dass er die Männer zu einem nächtlichen Ausflug einlud: Mit seinem Privatjet flogen sie spontan die 1500 Kilometer nach Denver.

Dort um 1.40 Uhr morgens angekommen, ließ Presley sich, seine Gäste und die Piloten im Taxi zu einem Hangar chauffieren. 30 »Fool's Gold Loaf«-Sandwiches lieferte Buck Scott, Eigentümer der »Colorado Mine Company«, hier mitten in der Nacht an. In einem zweistündigen Gelage, so Adler, schafften es die Männer, die Sandwiches tatsächlich zu verdrücken – indem sie mit reichlich Champagner nachspülten. Nach vollendetem Mahl stiegen sie schließlich wieder in den Jet und flogen nach Memphis zurück, ohne den Flughafen in Denver verlassen zu haben. Elvis' Begeisterung für das monströse Erdnussbutter-Marmeladen-Bacon-Pausenbrot machte den »Fool's Gold Loaf« berühmt.

Und das weit über den Tod Presleys im Jahr 1977 hinaus: Noch Jahrzehnte später würde …

## 7. Schritt: Liebe schlägt auf den Magen

… das sagenumwobene Sandwich sogar eine Filmrolle bekommen – in Michael Dowses romantischer Komödie *The F-Word – Von wegen nur gute Freunde!* aus dem Jahr 2013. Sie erzählt die Geschichte des verbitterten Mittzwanzigers Wallace (gespielt von **Harry-Potter-Darsteller Daniel Radcliffe**), der nach einer gescheiterten Beziehung ziemlich desillusioniert als Single lebt. Dummerweise verliebt sich der Zyniker in Chantry (Zoe Zazan) – die nicht nur in einer langjährigen Beziehung ist, sondern auch bald nach Taiwan wegziehen muss. Es wird eine überaus komplizierte Beziehung: Die beiden werden beste Freunde, kommen sich aber nie näher, trotz der Kuppelversuche ihrer Bekannten, nächtlicher Schwimmausflüge und langer Diskussionen über das Leben und die Liebe. Wallace reist Chantry bis nach Irland hinterher, kassiert Fausthiebe für sie – es nützt alles nichts. Erst, als es fast zu spät ist, schafft er es endlich, das Herz seiner Angebeteten zu gewinnen, und zwar mithilfe eines Gegenstands, der für sie beide eine ganz besondere Bedeutung hat: des »Fool's Gold«-Sandwichs. Als beide sich vor Chantrys Abflug nach Taiwan gegenseitig eines der hochkalorischen Brote überreichen, erkennen sie endlich ihre wahren Gefühle füreinander – und küssen sich.

# Der **Weltraum**, unendliche Weiten

Seit Urzeiten hat der Blick in den Sternenhimmel den Menschen fasziniert. Die Frage, was dort draußen, in den unendlichen Weiten des Alls, an Welten, Sonnensystemen, Lebensformen sein könnte, treibt das menschliche Vorstellungsvermögen an seine Grenzen, genau wie der Versuch, sich das Universum in seiner Gänze vorzustellen. Über Jahrtausende hinweg haben die klügsten Köpfe der Menschheitsgeschichte versucht, diese unergründlichen Tiefen zu ergründen: Mesopotamische Astronomen hielten etwa bereits um 3000 vor Christus präzise Beobachtungen des Sternenhimmels und seiner Bewegungen fest. Nikolaus Kopernikus konstruierte 1543 erstmals ein Modell unseres Sonnensystems, in dem die Erde sich wie die anderen Planeten um die Sonne dreht – und erschütterte mit dieser »Kopernikanischen Wende« auch das philosophische Weltbild des Menschen. Und der belgische Astrophysiker und Theologe Georges Lemaître stellte 1931 die Urknalltheorie vor, die die Entstehungsgeschichte des Universums auf neue Weise erhellen sollte.

Die 99,99 Prozent der Menschheit, die hingegen nicht zu den hellsten Köpfen selbiger gehörten, entdeckten ihre ganz eigene Form der Auseinandersetzung mit den Mysterien des Alls: beispielsweise mit Fernbedienung in der einen und einer Tüte Popcorn in der anderen Hand und einem Turm *Star Trek*-DVDs zu Füßen beim Binge Watching aller *Enterprise*-Folgen übers lange Wochenende. In den Dreißigerjahren eroberte die Science-Fiction vor allem von den USA aus die Popkultur weltweit – und zählt seither mit millionenschweren Marken wie *Star Wars, The Matrix* oder *Guardians of the Galaxy* zu den beliebtesten Unterhaltungsgenres.

In die eher abseitigen Winkel des Universums und seiner Geschichte wird Sie das folgende Kapitel führen. Falls Sie sich schon immer gefragt haben sollten, warum sich Außerirdische in den Zweiten Weltkrieg einmischten oder was übermenschliche Schildkrötenwesen mit Mussolini zu tun haben, finden Sie auf den folgenden Seiten die Antworten. Falls nicht ebenfalls. Außerdem wird verraten, welchem amerikanischen Police Department *Star Trek* seine tapfersten Krieger verdankt. Und warum es sich lohnt, zum nächsten Date NASA-Gesteinsproben mitzubringen.

# Wie Rudolf Diesel eine Ufo-Attacke auf Los Angeles startete

## 1. Schritt: Godfather of Bleifuß

Seine historische Bedeutung zu überschätzen, ist kaum möglich: Der 1858 in Paris geborene **Rudolf Diesel** formte die Welt wie nur wenige andere. Viel ist über den deutschen Ingenieur geschrieben worden, der prägte, wie wir menschliche Fortbewegung heute betrachten – indem er dem epochalen Charakterdarsteller Mark Sinclair zu seinem Künstlernamen (Vin Diesel), dem Künstlernamen zu Berühmtheit und der Welt zu dem definitiven postmodernen Sagenzyklus motorisierter Mobilität (»Fast & Furious«) verhalf.

Doch nur wenige wissen: In seiner Freizeit gab sich der hauptberufliche Namenspate für Actiondarsteller und Jeansmarken auch drolligen Hobbyprojekten hin. Etwa der Erfindung des »Dieselmotors«. Im Februar 1892 meldete er in Berlin sein Patent für eine »Neue rationelle Wärmekraftmaschine« an. Durch druckluftkompressorgestütztes Einblasen eines mehrstufig verdichteten und zerstäubten Mineralölblends in einen Brennraum bei gleichzeitigem verdichtungsinduziertem Erhitzen der über ein Einlassventil zugeführten Luft im Zylinder sollte eine Selbstzündungsreaktion die Bewegung einer per Pleuelstange mit dem Kolben verbundenen Kurbelwelle initiieren. Ein offensichtlich mit lustigen Quatschwörtern zusammengesponnener Ulk also. Doch absurderweise …

## 2. Schritt: Eingedieselt zur Druckbetankung

… funktionierte die Fantasiekonstruktion tatsächlich: Am 17. Februar 1894 lief der Dieselmotor zum ersten Mal und versetzte die Welt in Staunen. Schnell wurde die Erfindung zu einem Schrittmacher der Industrialisierung. 1900 präsentierte Rudolf Diesel sie in Paris auf der Weltausstellung der Öffentlichkeit, wenig später begann die Serienfertigung. Binnen weniger Jahre betrieben Dieselmotoren rund um den Globus Fabrikmaschinen, Lokomotiven, Traktoren, Lastkraftwagen oder Pkw. Selbst riesige Schiffe wie **Öltanker** fuhren schließlich mit Dieselkraft: Es war der schwedische Erdölmagnat Emanuel Nobel, Neffe des Nobelpreisbegründers Alfred Nobel, der 1903 den Flusstanker »Vandal« erbauen ließ – das erste Dieselmotorschiff der Welt.

Eine folgenreiche Erfindung: Der Antrieb etablierte sich auch als Motor für Seetanker, die noch heute meist von Zweitaktdieselmotoren mit niedrigen Drehzahlen angetrieben werden. Bald fuhren immer größere Öltanker per Dieselkraft über die Weltmeere. Der globale Handel mit Erdöl florierte durch die motorisierte Seeschifffahrt, sodass einer der modernen Öltanker …

## 3. Schritt: Hollari, hollari, hollar … au!

… gegen Ende des Jahres 1930 laut einem Bericht des amerikanischen *Parade*-Magazins eine folgenreiche Reise von Japan in die Vereinigten Staaten gemacht haben soll. Demnach sei ein japanischer Öltanker am kalifornischen Ellwood-Ölfeld bei Santa Barbara eingetroffen, um dort Erdöl zu laden. Zur Begrüßung der weit gereisten Gäste sollte ein feierlicher Empfang abgehalten werden, zu dem Kapitän Kozo Nishino sich zu Fuß auf den Weg machte. Nun wuchsen rund um das Ölfeld im heißen kalifornischen Klima viele Opuntien, landläufig auch als **Feigenkaktus** bekannt. Verhängnisvollerweise soll der japanische Kapitän auf dem Weg zum Empfang ausgerutscht und unglücklich in eine der Opuntien gestürzt sein. Die Arbeiter auf dem Ölfeld hätten ihrerseits wenig diplomatisches Feingefühl für Kozo Nishino gezeigt: Der Überlieferung nach lachten sie ihn aus, während der Gedemütigte schmerzhafte Dornen aus dem Hinterteil entfernen lassen musste. Auch wenn es nach einer Räuberpistole klingen mag: Das California State Military Museum zitierte den Vorfall als »möglichen Grund« für ein Ereignis, das sich zwölf Jahre später am selben Ort zutrug – allerdings unter völlig anderen Rahmenbedingungen. Denn …

## 4. Schritt: Feuer ins Öl

… am 23. Februar 1942 kehrte Kozo Nishino an die Küste Kaliforniens zurück. Die USA und Japan waren nun allerdings nicht mehr friedliche Handelspartner, sondern verfeindete Parteien im Zweiten Weltkrieg. Entsprechend reiste Nishino auch nicht auf einem Tanker an, um Öl zu laden. Sondern als Kapitän des japanischen U-Boots I-17 – mit dem Auftrag, den **ersten Seeangriff auf das US-Festland im Zweiten Weltkrieg** durchzuführen. Direkt an den Ellwood Oil Fields. Um 19.15 Uhr abends ließ Nishino das Feuer auf das amerikanische Festland eröffnen. Granaten zerfetzten Ölpumpen rund um das Ellwood-Ölfeld, den Ort seiner einstigen Demütigung. Sie schlugen in mehreren Ranches ein, zerstörten einen Bohrturm und trafen einen Pier. Um 7.35 Uhr, noch bevor das überrumpelte US-Militär reagieren konnte, verschwand das U-Boot aus Japan so plötzlich wieder, wie es aufgetaucht war. Zurück ließ es …

## 5. Schritt: Phantom-Japaner vor dem Fenster

… zutiefst verunsicherte Amerikaner. Nach dem Angriff auf Pearl Harbor im Dezember 1941 hatte sich bis zu jener Nacht immerhin das US-Festland sicher vor Angriffen glauben können. Das änderte sich nun schlagartig. In **Panik vor Angriffen aus dem Pazifik** flohen Hunderte Bürger ins Inland, auf Anordnung der Regierung wurde in der Region für den Rest der Nacht der Strom ausgeschaltet, um ein weniger leichtes Ziel abzugeben. Zeugen berichteten von angeblichen Signalen, die dem U-Boot vom Land aus gemacht worden seien. Japanischstämmige Amerikaner standen plötzlich unter Generalverdacht – und sollten wenig später auf Geheiß von Präsident Roosevelt Opfer von Masseninternierungen werden. Die örtlichen Landwirte bewaffneten sich derweil mit Gewehren, um für eine Invasion gewappnet zu sein. »Ich wurde unkontrollierbar zittrig«, erinnerte sich Zeitzeugin Ruth Pratt später im Interview mit dem *History Channel*. »Wir wussten nicht, ob Japaner von dem U-Boot an Land gekommen waren. Ich war so vor Angst gelähmt, dass ich in jener Nacht lauter Japaner zu sehen glaubte, die durch die Fenster hereinstarrten.« Diese Hysterie sollte nur eine Nacht später …

# 6. Schritt: Unsichtbarer Feind

… so drastische wie absurde Folgen zeigen: Mitten in der Nacht vom 24. zum 25. Februar 1942 erklangen Fliegeralarmsirenen über Los Angeles. Um 1.44 Uhr orteten mehrere Radarstationen ein unbekanntes Objekt über dem Meer, das sich der Küste näherte, dann aber plötzlich verschwand. Der Strom über der Stadt wurde sicherheitshalber abgeschaltet. Gegen halb drei Uhr morgens meldeten immer mehr aufgeregte Bürger, sie hätten feindliche Flugzeuge gesichtet. Um 3.16 Uhr eröffnete schließlich die 37. Brigade der Küstenartillerie das Feuer mit Maschinengewehren und Luftabwehrgeschützen auf den vermeintlichen Feind über Los Angeles. So begann ein bizarres Gefecht, das als **Schlacht um Los Angeles** in die US-Geschichte einging: Mehr als 1400 Granaten wurden in der folgenden Stunde abgefeuert. Manche Zeugen berichteten von kleinen, schnellen Objekten über der Stadt, andere von einem riesigen, langsamen Flugkörper. Suchscheinwerfer tasteten zum Dauerfeuer nervös den Himmel über Los Angeles ab – auch wenn bald kaum mehr als Pulverdampf zu sehen war.

Um 4.14 Uhr stellte die Artilleriebrigade das Feuer endlich ein. Das Fazit war ernüchternd: Neben diversen Schäden an Fahrzeugen und Gebäuden durch die Luftabwehrgeschütze waren fünf Menschen zu Tode gekommen – drei durch in dem Durcheinander entstandene Autounfälle, zwei durch Herzinfarkte, die sie in dem lärmenden Chaos erlitten hatten. Von dem Feind jedoch, auf den eine Stunde lang gefeuert worden war, fehlte jede Spur. Was genau eigentlich das Geballer ausgelöst hatte, konnte im Anschluss nicht zweifelsfrei geklärt werden. Marineminister Frank Knox sprach von einem »Fehlalarm«, Colonel John G. Murphy erklärte, ein um 1 Uhr gestarteter Wetterballon habe die ersten Schüsse auf sich gezogen: »Sobald das Feuern anfing, schuf die Vorstellungskraft alle möglichen Ziele am Himmel und jeder machte mit.« Aber nicht jedem reichte diese Erklärung. Vor allem …

### 7. Schritt: Unheimliche Begegnung der retuschierten Art

… ein am 26. Februar 1942 in der *Los Angeles Times* veröffentlichtes Foto aus jener Nacht erregte Aufsehen: Darauf waren die Lichtkegel von neun Suchscheinwerfern zu sehen, die ein großes, augenscheinlich tellerförmiges Gebilde am Himmel über dem kalifornischen Culver City einfingen. Zahlreiche weitere US-Medien zeigten die mysteriöse Aufnahme in den kommenden Tagen ebenfalls und heizten Spekulationen über einen **Ufo-Angriff auf Los Angeles** weiter an. Spätere Stellungnahmen der *Los Angeles Times*, das Foto sei zur Erzielung eines dramatischeren Effekts retuschiert und das tellerförmige Gebilde auf diese Weise hineingebastelt worden, wurden zumindest von Ufo-Jüngern als Verschleierungsversuche abgetan. Schließlich konnte die US-Army doch wohl unmöglich eine Stunde lang wie irre gegen einen Feind gekämpft haben, den sie sich nur eingebildet hatte. Oder?

# Wie der Steinhammer Klingonen zu Klingonen machte

## 1. Schritt: Genial behämmert

Er gehörte zu den allerersten primitiven Werkzeugen, die unsere frühen Vorfahren auf dem Weg zum modernen Menschen in die Hand nahmen: der Hammer. Auch wenn er vor ein paar Millionen Jahren vielleicht noch nicht ganz so ordentlich aussah wie heute im Baumarkt, sondern eher wie ein in die Hand genommener Stein. Weil er genau das war. Das Prinzip war trotzdem gleich: Mit etwas Hartem in der Hand lassen sich Dinge besser einschlagen. Egal, ob Wildschweinschädel oder Zimmermannsnägel. Selbst Primaten verwenden Steine auf diese Weise – doch der Homo sapiens verfeinerte das Werkzeug weiter: Er spitzte ein Ende an und schuf so den Faustkeil, mit dem sich auch schaben und schneiden ließ. Er konstruierte Steinbeile aus Feuerstein, die zur Klinge geschärft waren. Und er verband Steine und Holzstiele mit Tiersehnen zu **Steinhämmern.** Diese letzte Form bewährte sich in ihrer Grundkonstruktion so gut, dass sie – wenn auch seit der Bronzezeit mit einem Metallkopf – bis heute als Werkzeug eingesetzt wird.

Ausgestattet mit solch elaboriertem Gerät, entwickelte sich der Mensch zu einem wahren Spezialisten darin, mit Hämmern auf Dinge einzudreschen. So sehr sogar, dass er …

## 2. Schritt: Seines Glückes Zimmermann

… dieser Tätigkeit einen ganzen Berufsstand widmete: den des Zimmermanns. Im Mittelalter erlebte dieses Gewerbe seine Blütezeit mit den pittoresken Fachwerkhäusern, die fleißige Zimmerer überall in Mitteleuropa errichteten. Die Handwerker, die mit ihren Zimmermannshämmern Stützskelette aus Holzbalken errichteten, aus denen später Häuser wurden, genossen hohes Ansehen und prägten das architektonische Gesicht Europas wesentlich.

Doch auch weit von Europa entfernt, auf der anderen Seite des Atlantiks, sollten Zimmerer den Gang der Geschichte mitprägen. Ganz besonders der **Zimmermann James Wilson Marshall.** Er arbeitete im Januar 1848 im Dienste des ausgewanderten Schweizers John Sutter in Nordkalifornien am Bau einer Sägemühle. In der Nähe des kleinen Nests Coloma sollte die Sutter's Mill am Ufer des South Fork American River entstehen. Eines Tages fiel Marshall bei einem Gang durch die den Fluss umgebenden Hügel weißes Quarz auf – und er erinnerte sich, in einem Buch davon gelesen zu haben, dass dies ein Hinweis auf Gold in der Nähe sei. Kurzentschlossen ließ er sich von einem Mitarbeiter eine Bratpfanne bringen, um den Sand und Schotter im Flussbett zu waschen. Und in der Tat wurde Marshall fündig: Zunächst waren es nur einige wenige Goldflocken, die er stolz in seinem Hut sammelte und den staunenden Kollegen präsentierte. Daraufhin begannen auch die anderen Männer, in dem Flussbett nach Gold zu suchen – und es sollte sich herausstellen, …

## 3. Schritt: Blut und Gold

… dass der South Fork American River noch weit größere Schätze bereithielt als die paar goldenen Flocken, die Marshall gefunden hatte. Mit seiner zufälligen Entdeckung begann eine prägende Ära der amerikanischen Besiedlungsgeschichte: **der kalifornische Goldrausch.** Es dauerte ein paar Monate, bis die Nachricht über die Goldfunde beim Mühlenbau die Runde gemacht hatten und die Leute ihnen überhaupt Glauben schenkten. Dann aber rollte eine gewaltige Welle von Glücksrittern an, die sich zunächst vor allem in der nächsten größeren Hafenstadt sammelten, die rund 170 Kilometer westlich von Coloma an der Küste lag: eine Tausend-Seelen-Gemeinde namens San Francisco. Bald sollte man sie aufgrund der Goldsucherinvasion nur noch Golden Gate nennen.

Schon im Jahr 1849 hatte die Region rund um die Stadt rund 100 000 neu zugezogene Bürger auf der Jagd nach Reichtum zu verzeichnen. In jenem Jahr kamen so viele von ihnen nach Kalifornien, zum Teil sogar aus Übersee, dass man die Goldsucher hier bald nur noch »49ers« nannte (und später sogar das Footballteam von San Francisco nach ihnen benannte). Für viele lohnte sich die weite Anreise: In den kommenden Jahren gewann man in der Gegend Edelmetalle im Wert von rund 2 Milliarden Dollar.

Aber es waren nicht nur Goldsucher, die der Traum vom schnellen Geld nach Kalifornien trieb. Die Ballung vieler Menschen, die vom einen auf den anderen Tag reich geworden waren, zog ihrerseits Menschen an, die ihnen diesen plötzlichen Reichtum wieder abnehmen wollten: Im Nu

wurde Kalifornien zu einem Mekka für Diebe, Kopfgeldjäger, Mörder und Gewalttäter verschiedenster Couleur, die
das Leben hier noch gefährlicher machten, als es ohnehin
schon war. Und unter all diesen zwielichtigen Gestalten befand sich auch …

## 4. Schritt: Als der Wilde Westen zu wild wurde

… ein Desperado namens Gabriel Senati, der wegen Mordes gesucht wurde. Einer der Männer, die ihm auf den Fer-
sen waren, war Jack Whaling, City Marshal von Los Angeles
und damit oberster Gesetzeshüter der Stadt. Whaling, von
einem Zeitgenossen als »tapferer, ehrlicher Ire« charakteri-
siert, fürchtete den gewalttätigen Senati nicht. Das wurde
ihm am Ende zum Verhängnis: Als er den Verbrecher nämlich an einem Tag im Jahr 1853 aufstöberte und festnehmen
wollte, erschoss Senati ihn kurzerhand. Es war anschließend
aber kein staatlicher Ordnungshüter, der diesen Angriff auf
die öffentliche Ordnung ahndete: Zwar wurde Senati nach
seiner Tat getötet – allerdings von einem Kopfgeldjäger.

Nun wäre der Wilde Westen natürlich nicht der Wilde
Westen gewesen, wären die Bürger von Los Angeles nicht
einiges gewohnt gewesen. Eine richtige Polizei gab es damals noch nicht, auf Verbrecher wurden Prämien ausgesetzt, und Kopfgeldjäger taten den Rest. Der City Marshal
und der County Sheriff versuchten dabei, diese archaische
Verbrechensbekämpfung irgendwie zu koordinieren. Doch
dass nun der **City Marshal von Los Angeles niedergeschossen** worden war, am helllichten Tage, war selbst für
die hartgesottenen Bürger hier zu viel: Die Rechtschaffe-

nen fühlten sich immer mehr den Gesetzlosen gegenüber in der Minderheit, und Whalings Tod bestärkte diese Angst. Es musste etwas passieren. Man traf die Entscheidung, …

## 5. Schritt: Verbrecherjagd als Ehrenamt

… die Wahrung der Gesetze erstmals in die Hände eines Trupps fester Stadtbediensteter zu stellen. Ein 100 Männer umfassender Schutztrupp trat am 1. August 1853 unter Leitung des ehemaligen Senators A. W. Hope zusammen. Er bestand aus Freiwilligen, ernannt vom Los Angeles Common Council, dem Vorläufer des Stadtrats. Für ihre Ausrüstung und Pferde kam zum einen Teil die Stadt Los Angeles selbst auf, zum anderen die Rancher der Umgebung, die besonders von den Desperados geplagt worden waren. Man taufte diese **erste Polizeitruppe von L. A.**, die künftig County Sheriff und Marshal unterstützen sollten, die Los Angeles Rangers. Wobei die Gesetzeshüter allerdings erst noch nicht wirklich wie heutige Polizisten aussahen: Denn Uniformen bekamen die Rangers nicht. Ihnen wurde nur ein schlichtes weißes Band umgebunden, mit der Aufschrift »Städtische Polizei – im Auftrag des Stadtrats von Los Angeles«. Die Beschriftung war doppelt, einmal auf Englisch und einmal auf Spanisch, damit auch Ganoven aus dem nahen Mexiko wussten, was ihnen nun blühte. So provisorisch wie in diesen ersten Jahren jedoch sollte …

## 6. Schritt: Willkommen im Chaos-Dezernat

… der Polizeiapparat von Los Angeles nicht bleiben. Aus den Rangers wurden die Los Angeles City Guards, die erstmals auch eine Polizeiuniform trugen, ansonsten aber zum Rückgang der Kriminalität wenig beitrugen. Weshalb man sie auch schnell wieder auflöste. Insgesamt musste die Polizei der kalifornischen Küstenstadt noch einen recht ruckeligen Werdegang durchlaufen, bevor sie zum Los Angeles Police Department wurde, wie man es heute kennt: Um 1860 entglitt ihnen die Ordnung in der Stadt so, dass besorgte französischstämmige Bürger kurzerhand Militärunterstützung aus ihrer Heimat anforderten – und sie auch bekamen. Ein Polizeichef folgte auf den nächsten, keiner hielt es lange im Amt aus. Erst 1916 wurde ein systematisches Polizeiausbildungsprogramm eingeführt. Doch noch lange hatte das LAPD mit Korruption, Amtsmissbrauch und massiver Einflussnahme des organisierten Verbrechens zu tun, dem auch interne Sonderermittler zunächst nur wenig anhaben konnten.

Der große Umbruch für die örtliche Polizei begann mit dem Amtsantritt des Polizeichefs William H. Parker im Jahr 1950. Er war es, der im Laufe seiner 16 Jahre andauernden Leitung viele lange notwendige Reformen auf den Weg brachte und innerhalb des LAPD gründlich aufräumte. Unter Parker tat auch ein weiterer, weniger bekannter Gesetzeshüter seinen Dienst. Auch der sollte historische Bedeutung erlangen – allerdings auf ganz andere Weise: **Wilbur Clingan** war 1954 gerade zum Sergeant aufgestiegen, und schon während seiner sechsmonatigen Probezeit …

## 7. Schritt: Der Wachtmeister und die Weltraum-Orks

… lernte er einen anderen frischgebackenen Sergeant namens Gene Roddenberry kennen. Genes Vater war bereits Polizist in Los Angeles gewesen, und er selbst war seit 1949 als Verkehrspolizist auf den Straßen der Stadt im Dienst. Doch das machte seinen Einstand als Sergeant nicht leichter. Plötzlich sollte er als Vorgesetzter über das Handeln von Polizisten wachen, die mehr als das Zehnfache seiner eigenen Dienstzeit aufweisen konnten. Doch Roddenberry fand Rückhalt in seiner Freundschaft zu Clingan – und sollte ihm zum Dank später ein ganz eigenes Denkmal setzen.

Zeitgleich zu seinem Polizeidienst verfolgte der ehrgeizige Roddenberry noch eine zweite Karriere: als Drehbuchautor für das Fernsehen. Nur mit eiserner Disziplin gelang es ihm, die beiden Jobs auszubalancieren. Doch die doppelte Belastung zahlte sich für ihn Jahre später aus: 1964 begann er, für die Produktionsfirma Desilu eine neue Science-Fiction-Serie zu erschaffen, in der die Besatzung eines großen Raumschiffs die unerforschten Tiefen des Weltraums erschloss wie einst die europäischen Pioniere zur Besiedlungszeit Amerikas in Trecks den Kontinent durchkreuzt hatten. Er taufte sie *Star Trek*. Die Serie, die ab 1972 als *Raumschiff Enterprise* auch im deutschen Fernsehen ausgestrahlt wurde, ließ die Weltraumpioniere auf ihrer langen Reise mit diversen Spezies in Berührung kommen, die mal freundlich, mal feindselig auf sie reagierten. Zu den imposantesten gehörte ein Volk so stolzer wie aufbrausender Krieger vom Planeten Qo'noS (gesprochen: Kronos) mit zerfurchten Stirnplatten und übermenschlicher Stärke.

In Verneigung vor seinem Freund aus Polizeitagen taufte Roddenberry diese außerirdischen Orks »**Klingonen**« beziehungsweise auf Englisch »Klingons«. Was genauso ausgesprochen wird wie der Nachname Wilbur Clingans. Clingan, der im Gegensatz zu Roddenberry im Polizeidienst geblieben und zum Lieutenant aufgestiegen war, wusste die Würdigung jedenfalls zu schätzen: Er bezeichnete sich fortan augenzwinkernd als den »ersten Klingonen«.

# Wie Aliens den
# Eurovision Song Contest erfanden

## 1. Schritt: Außerirdische mit Blutdurst

Das »Wolkenvolk« nannten sich die Zapoteken, Ureinwohner, die bereits um 1500 vor Christi Siedlungen im südlichen Mexiko errichteten. Die Bezeichnung bezog sich dabei nicht nur auf ihre Nähe zu den Wolken im bergigen Gelände des heutigen mexikanischen Bundesstaates Oaxaca. Nein, die Zapoteken glaubten auch fest daran, dass ihre Vorfahren keine Menschen gewesen waren, sondern **Schildkröten ähnelnde übernatürliche Wesen, die vom Himmel herabgekommen waren** und in den Wolken lebten. Über Jahrhunderte fristeten die Zapoteken (diesen Namen hatten sie sich nach dem schmackhafte Früchte tragenden Sapote-Baum gegeben) ein beschauliches Leben im Tal von Oaxaca. Sie bauten Mais an, fertigten kunstvolle Töpferwaren und erbrachten gelegentlich das eine oder andere Menschenopfer. Und ging dieses idyllische Leben einmal seinem Ende entgegen, machten sie ebenfalls eine Transformation zu einem solchen Schildkrötenwesen durch und stiegen einfach zu ihren außerirdischen Vorfahren auf – so jedenfalls ihre Erwartungshaltung. Die Kultur dieses Volkes vermeintlich übermenschlicher Wesen überdauerte Jahrtausende, auch über die Ankunft europäischer Siedler hinaus. Ihr wohl berühmtester Vertreter wurde …

## 2. Schritt: Kleinwüchsiger Gigant

… der im Jahr 1806 geborene liberale Politiker und Anwalt **Benito Juárez García,** der von ungewöhnlich kleiner Statur (er maß nur 1,35 Meter) war, aber bis heute von vielen Mexikanern als größter Staatsmann angesehen wird, den ihr Mutterland je hervorgebracht hat. Juárez wuchs ursprünglich in einfachsten Verhältnissen auf: Seine Eltern Brígida García und Marcelino Juárez lebten als Kleinbauern in einer einfachen Lehmhütte in den Bergen. Benito lernte sie kaum kennen, denn beide verstarben an den Folgen ihrer Diabeteserkrankungen, als ihr Sohn erst drei Jahre alt war. Zunächst zogen ihn die Großeltern auf, doch als auch die starben, zog er zu seinem Onkel. Aus diesem von Armut geprägten Umfeld arbeitete Benito Juárez sich mühsam nach oben: zunächst als Feldarbeiter, dann als Schafhirte und als Diener. Ein Franziskanermönch erkannte schließlich das Potenzial des Jungen und verschaffte ihm einen Platz im Priesterseminar von Oaxaca. Doch Juárez schwebte etwas anderes vor als ein Priesterleben – nach dieser Grundbildung studierte er Rechtswissenschaften an der örtlichen Universität – die heute nach ihm benannt ist. Denn Juárez' weiterer Lebensweg ging in die Geschichte des Landes ein.

Der Bauernsohn, der noch bei seiner Ankunft in der Großstadt nur Zapotekisch gesprochen hatte, stieg zum Regierungsmitglied auf, zum Justizminister, zum Vorsitzenden des obersten Landesgerichtshofs – und schließlich, im Jahr 1858, wurde Juárez der 26. Präsident von Mexiko. Mit dieser Macht nahm García ab der Mitte des 19. Jahrhunderts tief greifende politische Veränderungen in Mexiko

vor, die als »La Reforma« bis heute unvergessen sind: So führte er die strikte Trennung von Kirche und Staat ein, erkämpfte die Religionsfreiheit und die Zivilehe und ließ die Klöster auflösen. Er überstand selbst die 1861 einsetzende Intervention Frankreichs, das unter Napoleon III. wegen Staatsverschuldung Mexikos eine eigene Regierung in Mexiko installierte und Juárez zeitweise zum Exil in nicht französisch besetzten Gebieten zwang. Doch 1867 kehrte er mit Unterstützung der USA wieder in sein Amt zurück – und blieb Präsident bis zu seinem Tod durch Herzinfarkt im Jahr 1872. Noch heute zollt die Prunkstraße von Mexiko-Stadt, der Paseo de la Reforma, Garcías politischem Lebenswerk Tribut. Doch nicht nur die Mexikaner bewunderten ihn, auch …

## 3. Schritt: Schicksalsschmied

… jenseits des Atlantiks hinterließ das politische Schaffen Benito Juárez Garcías tiefe Spuren: So verehrte etwa ein verarmter **Schmied namens Alessandro** in Dovio, einem Vorort des kleinen italienischen Städtchens Predappio, den mexikanischen Politiker sehr. So sehr sogar, dass der leidenschaftliche Sozialist den Sohn, den seine Frau Rosa am 29. Juli 1883 gebar, nach seinem politischen Vorbild »Benito« nannte. Alessandro war überzeugter Sozialist, und mit seinem politischen Eifer hatte er es bis in den Stadtrat der kleinen Gemeinde Predappio gebracht, schließlich war er sogar stellvertretender Bürgermeister geworden. Wenig überraschend, dass auch der kleine Benito gemäß der sozialistischen Ideale seines Vaters erzogen wurde, doch …

## 4. Schritt: Rechtsabbieger auf Kriegskurs

… seine politische Haltung sollte in späteren Jahren eine radikale Wende durchmachen. Schon bald zeigte sich, dass der junge **Benito Mussolini** auch bereit war, Gewalt anzuwenden, um sich durchzusetzen: Auf dem Internat, auf das ihn seine Mutter geschickt hatte, kam er nicht mit den anderen Kindern, die meist aus reichen Familien stammten, zurecht. Er wehrte sich gegen sie mit Fäusten – und zuletzt auch mit einem Messer. Damit flog er von der Privilegiertenschule und brachte seine Schullaufbahn an einer öffentlichen Schule zu Ende.

Mussolinis Versuch, als Grundschullehrer im norditalienischen Gualtieri seinen Lebensunterhalt zu verdienen, endete 1902 bereits nach wenigen Monaten mit seinem Rauswurf. Er versuchte sich daraufhin eine Zeit lang als Steinmetz in der Schweiz, wo er mit den Schriften Friedrich Nietzsches in Berührung kam, die ihn faszinierten. Er kam zunehmend zu der Überzeugung, dass Demokratie und Kapitalismus mit gewaltsamen Mitteln überwunden werden müssten. Zunächst begann Mussolini ab 1909 eine politische Karriere als Sozialistenführer. Doch schon fünf Jahre später wandte er sich einer radikal rechtsgerichteten Politik zu. Und die war bestimmt von Nationalismus und Kriegsverherrlichung. Mit den von ihm gegründeten »Fasci Italiani di Combattimento«, den »Italienischen Kampfbünden«, riss Mussolini 1922 die Macht in Italien an sich und wurde zum Urvater des Faschismus – zum »Duce«, wie die Italiener ihren Führer bald ehrerbietig nannten. Ein Führer, der sie geradewegs in den Abgrund führte, denn …

## 5. Schritt: Das Imperium fällt zurück

… 1939 trat Italien unter seinem Diktator Mussolini in den **Zweiten Weltkrieg** ein. Der durch seine aggressive außenpolitische Expansion international zunehmend isolierte »Duce« hatte sich schon 1936 mit Adolf Hitler zu einer »Achse Berlin–Rom« abgesprochen. Als Achsenmächte sollte die größenwahnsinnige Kriegstreiberei des faschistischen Italiens mit der größenwahnsinnigen Kriegstreiberei von Nazi-Deutschland Hand in Hand zusammenarbeiten. Allerdings hing Italien dem NS-Regime in puncto militärischer Aufrüstung deutlich hinterher, weshalb Mussolini zunächst an der »non belligeranza« (Nichtkriegsführung) festhielt, bevor er schließlich am 10. Juni 1940 doch Frankreich und Großbritannien den Krieg erklärte. Mussolinis Ziel: Kreta, Albanien, Korsika, Malta, Nizza, Tunesien, Ägypten, der Sudan und Teile Somalias und Kenias sollten einem neuen »Imperium Romanum« einverleibt werden. Ein Plan, der bekanntermaßen ebenso wenig aufging wie Hitlers Vision eines weltumspannenden »Tausendjährigen Reiches« der Nazis. Italien konnte während des Krieges keine nennenswerten militärischen Erfolge für sich verbuchen, Offensiven gegen Großbritannien in Afrika, gegen Frankreich und Griechenland endeten für Italien erfolglos.

Nach Ende des Zweiten Weltkriegs war nicht nur Mussolinis Vorstellung von einem »Neuen Römischen Imperium« rund um das Mittelmeer gescheitert. Der einstige »Duce« wurde zudem nach Ende seiner grausamen Gewaltherrschaft von seinen Gegnern hingerichtet und seine Leiche öffentlich ausgestellt. Aber auch Italien selbst schien nach

Mussolinis Kriegstreiberei dem Ende nahe: Das gebeutelte Land war wirtschaftlich am Boden. Daher …

## 6. Schritt: Singen gegen Armut

… bemühten die Italiener sich nach Kräften, die darbende Wirtschaft wieder anzukurbeln. Und das taten sie mitunter auf ungewöhnliche Weise: In dem nahe der französischen Grenze gelegenen Küstenort Sanremo etwa kam man wenige Jahre nach Kriegsende auf die Idee, ein Musikfestival zu veranstalten. Es sollte Besucher in die Stadt locken und so die örtlichen Geschäfte wieder auf Touren bringen. Vom 29. bis zum 31. Januar 1951 wurde diese Idee erstmals in die Tat umgesetzt: Im städtischen Casino wurde das **Sanremo-Festival** abgehalten. Im Rahmen dieses Songschreiber-Wettbewerbs wurden 20 Lieder verschiedener Komponisten von den italienischen Sängern Nilla Pizzi und Achille Togliani sowie den Geschwistern Delfina und Dina Fasano vorgetragen. Am Ende prämierte eine Jury den besten Song – im ersten Jahr das von Pizzi vorgetragene schwermütige »Grazie dei Fior«.

Das von der staatlichen Rundfunkanstalt Radiotelevisione Italiana (RAI) organisierte und ausgestrahlte **Festival della Canzone Italiana** wurde ein voller Erfolg – und eine bleibende Institution: Von Jahr zu Jahr wurde der Musikwettbewerb in der ligurischen Stadt größer, zog mehr Publikum und Stars an. Schon bald ging das Interesse über die Grenzen Italiens hinaus, denn …

## 7. Schritt: Singen für Arme

… nur wenige Jahre später fühlte sich 1956 die Europäische Rundfunkunion (EBU) durch das Sanremo-Festival dazu inspiriert, einen ganz ähnlichen Wettbewerb ins Leben zu rufen: den zunächst in Lugano abgehaltenen Gran Premio Eurovisione della Canzone Europea. In Deutschland wurde er unter dem französischen Titel Grand Prix Eurovision de la Chanson bekannt, ehe man ihn Jahre später in **Eurovision Song Contest** (ESC) umtaufte. Auch wenn Deutschland bereits im zweiten Jahr des Wettbewerbs mit Frankfurt am Main den Austragungsort stellte, spielte es musikalisch stets eine Nebenrolle. Denn die Beliebtheit des Grand Prix Eurovision nahm in Europa zwar von Jahr zu Jahr zu – aber nicht unbedingt die der deutschen Beiträge. 1996 etwa schied der deutsche Titel, »Planet of Blue« von dem Münchner Friseur Leon, bereits bei einer Jury-Vorauswahl aus. Die ARD beschloss nach dieser Schmach, den Wettbewerb gar nicht auszustrahlen – ein Mediendebakel für den ESC. Um aber Deutschland als finanzstarkes Mitgliedsland der EBU nicht zu verprellen, wurde eine neue Regelung eingeführt, nach der die Teilnehmer der EBU-Mitglieder mit dem größten Anteil am Etat grundsätzlich am Finale teilnehmen. Ganz gleich, wie miserabel ihr Lied auch ankommen sollte. Nicht dass es für die deutschen Teilnehmer viel geändert hätte: 63 Beiträge schickte Deutschland von 1956 bis 2018 ins Rennen – 25 davon von dem deutschen Grand-Prix-Dauerkomponisten Ralph Siegel geschrieben. Aber gerade mal zwei Beiträge aus Deutschland schafften es in dieser Zeit ganz oben aufs Siegertreppchen: Nicole mit ihrem Song »Ein bisschen Frieden« im Jahr 1982 und Lena Meyer-Landrut 2010 mit dem Lied »Satellite«. Vielleicht hatte bei Letzterem ja ein wenig geholfen, dass es von einem Dänen und einer Amerikanerin geschrieben worden war.

# Wie Johannes Gutenberg einem abtrünnigen Mormonen Sex auf dem Mond bescherte

## 1. Schritt: Goldjunge unter Hochdruck

Man kennt ihn als rauschebärtigen Jahrhunderterfinder, als berühmtesten Sohn der Stadt Mainz, Urvater aller Drucker oder gar als »Mann des Jahrtausends«: **Johannes Gutenberg** zählt fraglos zu den berühmtesten Deutschen weltweit. Auch wenn es für seinen Rauschebart wenig Belege gibt. Überhaupt ist man unsicher, wie er aussah. Ob er tatsächlich in Mainz geboren wurde, ist ebenso fraglich. Und eigentlich hieß er auch nicht Johannes Gutenberg, sondern Henne Gensfleisch. Zudem war er kein Drucker, sondern Goldschmied. Und erfunden hat er das Drucken im Übrigen auch nicht. Trotzdem prägte Gutenberg die Menschheitsgeschichte wie nur wenige andere, indem er nichts weniger als eine Kulturrevolution einleitete – und zwar mit …

## 2. Schritt: Immer mitten in die Presse rein

… der Einführung beweglicher, handgegossener Lettern sowie durch die Verwendung einer Spindelpresse um 1442 im **Buchdruck.** Außerhalb Ostasiens waren Techniken zum Drucken von Schriftstücken in Serie damals noch unbekannt, handschriftliche Abschriften mussten mühsam von Kopisten erstellt werden. Diese kostspielige, fehleranfällige und langsame Methode wurde durch Gutenbergs

Technik überflüssig. Dies stellte Gutenberg selbst um 1454 mit seiner berühmten Gutenberg-Bibel unter Beweis, die er in der damals sensationellen Auflage von 180 Stück herausbrachte. Seine Innovation wurde der Anfang eines gewaltigen Umbruchs für Bildung und Medien: Binnen weniger Jahre wurde Gutenbergs Methode in ganz Europa übernommen. Statt Bibeln druckte man im Laufe der Zeit auch nichtreligiöse Werke und schließlich Zeitungen und Zeitschriften. Schriftkultur und Bildung, früher einer elitären Oberschicht vorbehalten, öffnete sich nun großen Teilen der Gesellschaft.

Die Spindelpresse zog modernere Nachfolger nach sich, mit denen man immer höhere Auflagen immer schneller drucken konnte: dampfbetriebene Zylinder-Schnellpressen zum Beispiel. Oder die Rotationsdruckmaschine, die der US-Amerikaner Richard March Hoe 1843 einführte und die den Zeitungsdruck völlig veränderte. Das Papier wurde bei dieser Maschine zwischen einem Druckzylinder und einem zweiten Zylinder so schnell durchgezogen, dass bis zu 20 000 Drucke pro Stunde möglich wurden. Damit begann das Zeitalter der Massenproduktion von Zeitungen und Zeitschriften – die bald selbst nach der Erfindung, die sie ermöglicht hatte, nur noch »die Presse« genannt wurden. Und eine dieser Rotationspressen stand …

### 3. Schritt: Schmierfink mit verbogenen Federn

… Anfang des 20. Jahrhunderts in den Büros der ungarischen Wochenzeitung »Előre« (deutsch: vorwärts). Einer ihrer Mitarbeiter, der **Journalist Lászlo Biró,** war selten

in den Redaktionsräumen anzutreffen. Denn Biró verfasste seine Beiträge eigentlich am liebsten handschriftlich im Café. Allerdings war er genervt von den Tücken seines Schreibwerkzeugs: Machte er Notizen mit dem Füllfederhalter, so bekleckste der oft das Papier oder zog lückenhafte Striche, weil die Tinte eingetrocknet war. Drückte Biró dann stärker auf, spaltete sich die Feder und die Schrift wurde breit und unleserlich.

Eines Tages kam dem Journalisten jedoch ein Geistesblitz: Biró arbeitete ausnahmsweise gerade mal in den Redaktionsräumen, da er zur Korrekturschicht eingeteilt war. Dabei setzte er sich an die Druckerpresse, um die Probedrucke zu überprüfen und Anmerkungen hineinzuschreiben – mit seinem notorisch klecksenden Füller. Neidisch beäugte er die Pressen, die unterdessen weiterliefen: Mit ihren Druckwalzen rollten sie blitzschnell die Tinte auf dem Papier aus. Und die war anscheinend augenblicklich nach dem Druckvorgang auch schon getrocknet. Wenn es doch nur möglich wäre, genauso mühelos Tinte aus einem Stift auf das Papier zu bringen! Von diesem Moment an reifte eine Idee in Biró heran: Er ersann …

## 4. Schritt: Er gab uns die Kugel

… ein völlig neuartiges Schreibgerät, in dessen Spitze sich eine winzige Kugel befand, die im Inneren des Stifts Tinte aufnahm. Wie eine in alle Richtungen bewegliche Druckwalze trug die Kugel die Tinte auf das Papier auf. Zwar waren bereits seit Ende des 19. Jahrhunderts ähnliche Konstruktionen erprobt worden, doch erst Biró gelang es, ein funktionierendes Modell zu konstruieren. Dies verdankte er vor allem der Hilfe seines Bruders György Biró, eines Chemikers. György entwickelte für ihn eine spezielle Tinte, die dünnflüssig genug war, um die Kugel zuverlässig zu befeuchten, aber dabei ähnlich schnell trocknete wie Druckmaschinentinte. Ihre Schöpfung ließen sich die Birós 1938 patentieren. Sie ging als **Kugelschreiber** in die Geschichte ein – im englischsprachigen Raum bis heute auch einfach nach seinem Erfinder »biro« genannt. Nahezu unverändert wird der Kuli nach wie vor weltweit für Liebesbriefe, Einkaufszettel, Mietverträge und so ziemlich alle anderen denkbaren Schreibanlässe verwendet. In einem geschichtlichen Schlüsselmoment der Menschheit jedoch zeigte sich noch ein anderer Nutzen des Kugelschreibers – nämlich als ...

## 5. Schritt: MacGyver auf dem Mond

... Multifunktionswerkzeug für Astronauten. Ursprünglich hatte die NASA dem Personal ihrer frühen Missionen Druckbleistifte mitgegeben. Zum einen bestand bei denen aber die Gefahr, dass Grafitfragmente in der Schwerelosigkeit von Astronauten eingeatmet werden konnten oder in die Augen gerieten. Zum anderen entlud sich in den USA ein Sturm der Entrüstung, als bekannt wurde, dass die NASA für diese doch ziemlich simplen Schreibgeräte stolze 128,89 Dollar pro Bleistift gezahlt hatte – aus Steuergeldern. Also musste ein neuer Stift her. Man entschied sich für den von Paul Fisher für diesen Zweck entwickelten Space Pen, einen temperaturunempfindlichen Kugelschreiber, in dem ein Metallstift die Tinte zur Kugel hindrückt. Er war so konstruiert, dass er auch unter Wasser funktioniert – oder eben in Schwerelosigkeit. Und sechs Dollar pro Stück waren im Vergleich zum Vormodell ein Schnäppchen. Ab 1968 wurden Space Pens auf allen bemannten NASA-Missionen verwendet.

So auch auf der berühmten Apollo-11-Mission, der am 20. Juli 1969 die **erste Mondlandung** gelang. Doch die Astronauten Neil Armstrong und Buzz Aldrin, die die ersten Schritte auf dem Erdtrabanten taten, sollten mit dem Stift nicht nur schreiben: Wie 2006 der Dokumentarfilm *Apollo 11: The Untold Story* belegte, hätten sie ohne Kuli wohl einen einsamen Tod auf dem Mond sterben müssen. Denn als die beiden nach ihrem Mondbesuch abheben wollten, fanden sie heraus, dass Aldrin einen zum Start nötigen Schalter unbemerkt abgebrochen hatte. Doch der findige Astronaut, so die australischen ABC News, habe kurzerhand einen Kugelschreiber in das Loch gesteckt und so den Schaltkreis schließen können. Durch Aldrins Basteltrick glückte der Rückflug, Apollo 11 kehrte heim und …

## 6. Schritt: Steine im Weltall

… brachte Amerika, das seinen Sieg im »Space Race« gegen die Sowjets bejubelte, die Astronauten wohlbehalten zurück. Sowie insgesamt 21,5 Kilogramm **Mondgestein** – Bodenproben, die Aldrin und Armstrong auf dem Erdtrabanten zu Forschungszwecken gesammelt hatten. Diese und spätere bei Apollo-Missionen gemachten Proben wurden wissenschaftlich untersucht und dann sicher in dem Laborsafe des NASA-Wissenschaftlers Everett Gibson verwahrt.

Relativ sicher zumindest. Bis ins Jahr 2001, als der junge Thad Roberts in das NASA-Förderprogramm für künftige Astronauten aufgenommen wurde. Roberts war als Mormone aufgewachsen, aber von seiner Familie und Gemeinde verstoßen worden, weil er Sex vor der Ehe gehabt hatte. Völlig ohne Unterstützung fiel es ihm schwer, sich finanziell über Wasser zu halten, aber er ging voll in seiner Tätigkeit im Johnson Space Center in Houston auf. Unter den Wissenschaftlern und Nerds, denen er hier begegnete, fühlte er sich zum ersten Mal voll akzeptiert. Als aber Roberts eines Tages den Safe mit den Mondgesteinsproben sah, war es um seine Karriere geschehen. Er konnte nicht verstehen, weshalb die NASA Gesteinsproben, die unter Sammlern hoch begehrt und nach Schätzungen rund 21 Millionen US-Dollar wert waren, einfach in einem Schrank wegschloss. Daher …

## 7. Schritt: Wie man sich bettet, so liebt man

… schlich sich Thad Roberts an einem Wochenende abends mit zwei Praktikantinnen in das Nasa-Labor und stahl das Mondgestein. Das heißt: Genau genommen stahl er den kompletten, 270 Kilogramm schweren Panzerschrank. Er fuhr ihn einfach mit einer Sackkarre raus, weil er ihn nicht knacken konnte. Auf die Frage nach seiner Motivation erklärte Roberts später im Interview mit CBS: »Ich tat es, weil ich geliebt werden wollte. Ich wollte einer anderen Person zeigen, wie viel sie mir wert war. Und ein Symbol haben, mit dem ich sie daran erinnern konnte.« Sprich: Er wollte mit dem Geröll aus dem All Mädchen beeindrucken.

So unglaublich der Plan schien – fast unglaublicher war, dass Roberts damit Erfolg hatte: Es gelang ihm, mithilfe der Steine das Herz seiner Komplizin, der 22-jährigen Tiffany Fowler, zu erobern. Er hatte sie erst drei Wochen zuvor kennengelernt. Mit Fowler verbrachte er am 20. Juli 2002 eine **Liebesnacht auf Mondgestein,** nachdem er die NASA-Bodenproben unter die Bettdecke gesteckt hatte, auf der sie lagen. Ja, so räumte er in einem späteren Interview ein: »Das war schon eher unbequem.« Aber darum sei es schließlich nicht gegangen. So romantisch die Geste auch war – Roberts brachte der Mond, den er seiner Liebsten vom Himmel geholt hatte, kein Glück: Als er in Orlando zwei interessierte Käufer traf, entpuppten die sich als FBI-Agenten. Er landete für sechs Jahre hinter Gittern und hatte jede Chance verspielt, je wie seine Helden Neil Armstrong und Buzz Aldrin ins All zu fliegen. Immerhin: Held eines Buches wurde er. Es trug den Titel *Sex on the Moon*.

## Zeitreisen auf dem Holzweg: Bastelbögen in (nicht ganz) sieben Schritten

»Man soll immer aufhören, wenn's am schönsten ist«, weiß der Volksmund. Wovon der Volksmund keine Ahnung hat: Was zum Henker man tun soll, wenn es gerade richtig übel läuft. Bei der an Sackgassen und lauten Flüchen nie armen Arbeit an den »Sieben Schritten« habe ich jedenfalls aus diesem Sprichwort logisch folgende Strategie abgeleitet: weiterarbeiten. Damit es irgendwann doch wieder am schönsten ist – und ich endlich aufhören kann.

Klappte leider nicht immer. Unzählige Male habe ich verflucht, die Rubrik nicht »In fünf Schritten« genannt zu haben, oder »In drei Schritten«, verdammt, mal ehrlich: »In einem Schritt« hätt's doch auch getan, oder? Warum nicht Twitter-affin »In 140 Zeichen«? War leider zu spät, das elende Ding hieß nun mal »In sieben Schritten«. Darum immer wieder das gleiche Elend: Zwei Schritte finden sich zufällig am Wegesrand, eine absurde historische Kausalität. Ein bisschen graben, da ist ein dritter Schritt, davor oder danach, manchmal auch ein vierter. Aber spätestens bei dem fünften: kein Erdreich mehr, um tiefer zu buddeln, Biss auf Granit, nicht schön, aber am Ende.

So wuchs über die letzten Jahre ein Haufen von Fragmenten, von schrägen Ereignisketten, die einfach nicht lang genug werden wollten, ein Friedhof der unvollendeten Zeitreisen. Und um denen Leben einzuhauchen, ist jetzt

Ihre Hilfe gefragt: Finden Sie überraschende Ereignisse, ohne die diese abgebrochenen Wegstücke sich womöglich nie ereignet hätten? Oder haarsträubende Folgen, die sie nach sich zogen? Und gelingt es Ihnen, die ganzen sieben Schritte zu Ende zu gehen? Versuchen Sie es mit den folgenden Zeitreisen-Bastelbögen. Füllen Sie einfach die Lücken auf. Und wenn Sie mögen, senden Sie mir Ihren Lösungsweg zu unter danny.kringiel@spiegel.de. Ich würde mich sehr freuen zu sehen, wohin das Hakenschlagen Sie verschlägt.

**1. Schritt:** Am 25. Mai 1977 startete in den USA ein Science-Fiction-Film in den Kinos, dessen Erfolg wohl kaum jemand vorausgeahnt hätte: **Krieg der Sterne,** im Original *Star Wars.* Der Film lockte Millionen in die Kinos, darunter auch …

**2. Schritt:** … einen amerikanischen **Trucker namens James,** der in seinem Lastwagen Mittagessen für Schulen ausfuhr. In seiner Freizeit malte James fantastische Außerirdische und schrieb Science-Fiction-Geschichten. George Lucas' *Star Wars* rüttelte ihn auf: Wenn es möglich war, imaginäre Welten im Film so überzeugend zum Leben zu erwecken, dann wollte er das auch unbedingt lernen. Und so wechselte er den Beruf und schaffte es, …

**3. Schritt:** … den Namen James Cameron tatsächlich zu einem der größten in Hollywood zu machen. Seinen Durchbruch hatte der ehemalige Lkw-Fahrer natürlich mit einem Science-Fiction-Film: **Terminator** aus dem Jahr 1984. Der Film etablierte …

**4. Schritt:** … den österreichischen Bodybuilder **Arnold Schwarzenegger** endgültig als Filmstar. Dessen rasante Hollywood-Karriere machte ihn zum Millionär und ließ ihn leben wie ein Rockstar – mit allen Marotten. Als Schwarzenegger etwa 1990 beim Dreh von »Kindergarten Cop« einen Militärkonvoi von 50 riesigen Humvee-Jeeps vorbeifahren sah, beschloss er: So einen völlig überdimensionierten Monster-Geländewagen wollte er auch – für den normalen Straßenverkehr. Erst wurden Schwarzeneggers Anfragen abgebügelt, doch er blieb so hartnäckig, dass …

**5. Schritt:** … der Hersteller schließlich erkannte, dass es einen Markt für das eigentlich völlig straßenuntauglich scheinende Militärmobil gab. Und so kam 1992 tatsächlich eine zivile Version des Humvee heraus: der **Hummer**. Das imposante Automobil wurde …

**6. Schritt:** …

**7. Schritt:** …

**1. Schritt:** Ende des 19. Jahrhunderts veränderten Elektrizität und Glühfadenlampen die Art, wie Menschen mit der Dunkelheit umgingen. Hatte der Sonnenuntergang früher das Ende des Tages eingeläutet und war in Privathäusern nur mit funzeligen Kerzen und Öl- oder Gaslampen der Dunkelheit zu trotzen gewesen, konnte man nun zu jeder Nachtzeit bequem und ungefährlich das Eigenheim erleuchten. Damit man aber von den neuen Lichtquellen im Haus nicht direkt angestrahlt und geblendet wurde, und um den grellen elektrischen Lichtschein ein wenig wohnlicher zu zerstreuen, setzten sich **Lampenschirme** in allen erdenklichen Farben und Formen durch. Eine Erfindung, die viele Jahre später ...

**2. Schritt:** ... unerwartete Folgen hatte: Im Jahr 1972 stellten der Erfinder Leonard A. Fish und der Chemiker Robert P. Cox während einer **Präsentation in der Unternehmenszentrale des kalifornischen Spielzeugherstellers Wham-O** ein neuartiges Produkt vor. Eigentlich hatten die beiden eine Art Gipsverband aus der Sprühdose erfinden wollen – doch dabei hatten sie zufällig auch eine Art klebrige Sprühspaghetti erfunden, die man per Aerosol zur eigenen Erheiterung meterweit durch die Luft auf seine Mitmenschen versprühen konnte. Bei der Präsentation versprühten Fish und Cox munter ihre kunterbunten Stränge durch den Raum – was die Wham-O-Mitarbeiter offenbar nicht begeisterte. Man warf sie heraus und reinigte den Raum. Doch unbemerkt war an einem Lampenschirm ein

Stück der Sprühwürste zurückgeblieben – und später den Firmeninhabern aufgefallen. Die schickten …

**3. Schritt:** … Fish und Cox umgehend ein Telegramm und baten um weitere Proben für Markttests. Und tatsächlich brachte Wham-O das sonderbare Produkt wenig später auf den Markt – mit dem Namen **Silly String**. Bis heute erfreuen sich die klebrigen Sprühspaghetti vor allem in den USA großer Beliebtheit, ganz besonders zu Halloween. Doch mit der Zeit entdeckte man auch weit ernstere Einsatzmöglichkeiten für Silly String, die sogar Menschenleben retten können: Denn …

**4. Schritt:** … nach dem 2003 begonnenen Dritten Golfkrieg im Irak stationierte US-Soldaten fanden heraus, dass man mit dem Party-Accessoire Silly String hervorragend die fast unsichtbaren Stolperdrähte tödlicher **Sprengfallen enttarnen** konnte: Aus sicherer Entfernung über die betreffende Stelle gesprüht, bleiben die Sprühschnüre nämlich an den Sprengschnüren hängen, ohne eine Explosion auszulösen. Auf diese Weise …

**5. Schritt:** … _____

_____

_____

_____

_____

_____

_____

**6. Schritt:** ...

**7. Schritt:** ...

# Wie die Verkehrsampel …

**1. Schritt:** Im Jahr 1868 erfand der britische Ingenieur John Peake Knight eine Gerätschaft, die den Straßenverkehr revolutionieren und unzählige Leben retten sollte: Die **Ampel.** Das weltweit erste Exemplar wurde noch im selben Jahr in London nahe der Westminster Bridge aufgestellt, und bald nahmen Verkehrsampeln in der ganzen Stadt ihren Dienst auf. Fußgängern wie Autofahrern brachte das mehr Sicherheit, aber auch mehr Wartezeiten – was unerwartete Nebenwirkungen haben konnte: Denn als …

**2. Schritt:** … am Morgen des 12. Dezember 1933 der ungarische Erfinder Leó Szilárd an einer Ampel in der Londoner Southampton Row innehielt, schweiften seine Gedanken ab, und ihm kam die Idee zu einer bahnbrechenden Erfindung, die die Welt verändern sollte: die nukleare Kettenreaktion auf Basis einer kritischen Masse – das Grundprinzip der **Atombombe.** Auf Drängen Szilárds und anderer Wissenschaftler hin brachte die US-Regierung ab 1942 im »Manhattan-Projekt« tatsächlich den Bau der Atombombe voran und startete überirdische Atombombentests in den USA – oft unter katastrophalen Sicherheitsbedingungen. Einer dieser Tests, …

**3. Schritt:** … die Zündung der Atombombe »Harry«, fand am 19. Mai 1953 statt. Dieser **Atombombenversuch in der Wüste Nevadas** ging in die Geschichte ein als jener, der den verheerendsten radioaktiven Fallout auf US-Gebiet nach sich zog. Zufällig fanden zur gleichen Zeit in Windrichtung und nicht fern vom Testgelände …

**4. Schritt:** ... die Dreharbeiten zum Film *Der Eroberer* statt, in dem John Wayne als legendär fehlbesetzter Mongolen-herrscher Dschingis Khan auftrat. Auffällig viele Darsteller und Crewmitglieder, die an dem Film beteiligt gewesen waren, erkrankten nach den Dreharbeiten an Krebs, unter ihnen auch ...

**5. Schritt:** ... _____

_____

_____

_____

_____

_____

**6. Schritt:** ... _____

_____

_____

_____

_____

_____

**7. Schritt:** ... _____

_____

_____

_____

_____

_____

# Wie der Sturz der Königin von Hawaii ...

**1. Schritt:** Am 17. Januar 1893 **stürzten Revolutionäre Lili'uokalani, die letzte Königin von Hawaii.** Ein Ziel der Revolutionskräfte war es gewesen, den damals noch selbstständigen Staat Hawaii an die USA anzugliedern, und entsprechend tatkräftige Unterstützung bekamen sie von der US-Armee: Schwer bewaffnete Marines von der USS »Boston« befanden sich vor Ort, die es den Anhängern Lili'uokalanis schwer gemacht hätten, sich gegen den Staatsstreich zu wehren. Im Gegenzug wurde Hawaii nur fünf Jahre später von den USA annektiert und am 21. August 1959 zum 50. Bundesstaat der USA ernannt. Daher erblickte ...

**2. Schritt:** ... der am 4. August 1961 in Honolulu geborene **Barack Hussein Obama II.** auch als US-Staatsbürger das Licht der Welt. Was notwendige Bedingung war für das Amt, das ihn Jahrzehnte später weltberühmt machen sollte: Von 2009 bis 2017 regierte Obama als erster schwarzer **Präsident der Vereinigten Staaten von Amerika.** Ein weniger bekannter Nebeneffekt dieser Präsidentschaft war, ...

**3. Schritt:** ... dass am anderen Ende der Welt in Japan der Fremdenverkehr angekurbelt wurde: Zuvor war das 30 000-Seelen-Fischerörtchen Obama (was auf Japanisch so viel wie »kleiner Strand« bedeutet) eher unbekannt gewesen. Doch mit der Wahl von Barack Obama zum Präsidenten der USA geriet die Gemeinde in die internationalen Medien – und erlebte einen Tourismusboom, der Mehreinnahmen in Millionenhöhe brachte. Hierdurch ...

**4. Schritt:** ...

**5. Schritt:** ...

## 6. Schritt: ...

## 7. Schritt: ...

# Wie E. T. – Der Außerirdische …

**1. Schritt:** Am 11. Juni 1982 lief in den USA Steven Spielbergs rührender Science-Fiction-Film *E. T. – Der Außerirdische* in den Kinos an. Die Geschichte eines freundlichen Außerirdischen, der versehentlich auf der Erde vergessen wurde und sich mit dem Menschenjungen Elliott anfreundet, lockte Millionen Zuschauer an und wurde ein gigantischer kommerzieller Erfolg. Zugleich wurde der Film einer der Wegbereiter des lukrativen Product-Placements: Besonders folgenreich wurde das an einer Stelle des Films, an der …

**2. Schritt:** … Elliott den scheuen E. T. mit einer Spur aus kleinen Bonbons in sein Zimmer lockt. Für den Werbevertrag dieser offenbar im ganzen Universum beliebten Leckereien hatte die Produktionsfirma angeblich zunächst mit den Herstellern von M&M's verhandelt – allerdings ergebnislos, da denen der Erfolg des Films wohl zu unsicher schien. Stattdessen war man handelseinig geworden mit dem Hersteller von Reese's Pieces, kleinen zuckerumhüllten Drops mit Erdnussbutterfüllung. Der Deal zahlte sich aus: Noch innerhalb des ersten Monats nach Kinostart stiegen die Verkäufe von Reese's Pieces um 65 Prozent an. Und so …

**3. Schritt:** … _____

_____

_____

_____

_____

## 4. Schritt: …

## 5. Schritt: …

**6. Schritt:** ...

**7. Schritt:** ...

# Wie ein Schaf, ein Huhn und eine Ente im Heißluftballon ...

**1. Schritt:** Am 19. September 1783 schlug am Schloss von Versailles eine Sternstunde der bemannten Luftfahrt. Wobei »bemannt« vielleicht der falsche Begriff ist, denn die ersten fliegenden Lebewesen an Bord eines Heißluftballon-Prototypen waren keine Männer, sondern ein Schafsbock, eine Ente und ein Huhn. So ganz überzeugt war man von der Sicherheit des getesteten Flugvehikels eben doch nicht. Doch der Versuch war ein grandioser Erfolg und ...

**2. Schritt:** ... _____

_____

_____

_____

_____

_____

_____

_____

**3. Schritt:** ... _____

_____

_____

_____

_____

_____

_____

_____

**4. Schritt: ...** _____

_____

_____

_____

_____

_____

_____

_____

_____

_____

_____

_____

_____

_____

**5. Schritt: ...** _____

_____

_____

_____

_____

_____

_____

_____

_____

_____

_____

_____

_____

_____

**6. Schritt: ...** _____

_____

_____

_____

_____

_____

_____

_____

_____

_____

_____

_____

_____

_____

**7. Schritt: ...** _____

_____

_____

_____

_____

_____

_____

_____

_____

_____

_____

_____

_____

_____

_____

# Wie ...

**1. Schritt:** ...

**2. Schritt:** ...

## 3. Schritt: ...

## 4. Schritt: ...

**5. Schritt: ...** _____

_____

_____

_____

_____

_____

_____

_____

_____

_____

_____

_____

_____

_____


**6. Schritt: ...** _____

_____

_____

_____

_____

_____

_____

_____

_____

_____

_____

_____

_____

_____

_____

_____

## 7. Schritt: …

Verlag Kiepenheuer & Witsch, FSC-N001512

1. Auflage 2019

© 2019, Verlag Kiepenheuer & Witsch, Köln
© SPIEGEL ONLINE GmbH & Co KG, Hamburg 2019
Alle Rechte vorbehalten. Kein Teil des Werkes darf in irgend-
einer Form (durch Fotografie, Mikrofilm oder ein anderes
Verfahren) ohne schriftliche Genehmigung des Verlages
reproduziert oder unter Verwendung elektronischer Systeme
verarbeitet, vervielfältigt oder verbreitet werden.
Umschlaggestaltung: Barbara Thoben, Köln
Umschlagmotive: © ullstein bild; © stock adobe.com;
© Die Welt; © stellana
Gesetzt aus der Minion
Satz: Wilhelm Vornehm, München
Druck und Bindung: GGP Media GmbH, Pößneck
ISBN 978-3-462-05262-6

RANGA YOGESHWAR
# Nächste Ausfahrt Zukunft
Geschichten aus einer
Welt im Wandel

KiWi

Ranga Yogeshwar blickt aus seiner ganz speziellen Perspektive auf unsere sich rasch wandelnde Welt. Die digitale Revolution, Fortschritte in der Gentechnik oder die Entwicklungen der künstlichen Intelligenz greifen auf fundamentale Weise in unser Leben ein. Ein informatives, aber auch sehr unterhaltsames Buch.

»Ein-Mann-Kompetenzzentrum ... Lotse im Nachrichtenstrom« *Der Spiegel*

»Medialer Chefaufklärer über die großen und kleinen Wunder der Natur« *FAZ*

# Testen Sie Ihr Wissen!